KB210607

외로움의 책

다이앤 엔스 | 박아람 옮김

외로움의 책

Thinking Through Loneliness

ᅵ
ㅅ
ㅈ

브라이언 필립스에게 이 책을 바칩니다.

■

외로움이라는 것은 미로로 이루어진 성채 같다.

　사람들은 보물을 감추고 있는 성의 숨겨진 방을 어렵게 찾아낸다. 여기는 세상의 소음에서 벗어나 고독 속에서 조용히 자신의 가치를 찾을 수 있는 방이다. 어쩌면 놀이방처럼 책과 음악과 게임기가 있을지도 모른다. 그러나 막상 문을 열고 들어서면 마술이 휩쓸고 지나간 듯 천장이 사라져 바람이 들이치고 거대한 모래벌판이 아름다운 카펫을 대신하는 폐허가 기다리고 있다. 찬 바람이 몰아치는 마음속에선 외로움이 먹이를 쫓는 야수처럼 고개를 든다.

　이 방이 아니다! 소중한 것은 격조 있는 홀로 있음이 아니라, 서로 위안을 줄 수 있는 사람들과의 더불어 있음이라는 것을 왜 몰랐나? 그리하여 애써 다른 방을 찾는다. 거기에는 사람들의 거슬리는 외침, 타인에 대한 지배욕, 의견 대립, 싸움과 시기가 있다. 타인과의 관계가 아무리 중요하더라도 이 실망스러운 방에는 도저히 머물 수 없다. 홀로 주변의 모든 것을 정돈할 수 있는 고독의 방을 다시 찾아야 한다.

　우리는 지금 미로에 갇힌 한 마리의 불쌍한 짐승을 보고 있다. 인간은 고요한 고독을 구해 떠나고, 다시 외로움에 못 견뎌 사람들과의 관계를 찾는다. 이 운동은 자기 꼬리를 잡으려고 뱅글뱅글 도는 고양이처럼 무한한 순환의 궤도를 그린다. 이 방황 속에 던져진 인간의 운명에는 안식이 없는 것이다.

　인간의 저 삶에 균형과 지혜를 찾아줄 수 있을까?

　『외로움의 책』은 이 물음에 답하려는 시도이다. 고대로부터 현대에 이르는 수많은 철학 고전, 문학 작품, 그리고 사회학적 탐구를 징검다리 삼아, 외로움의 웅덩이에 빠진 인간을 끌어올릴 길을 찾아나간다는 점에서 분명 이 책은 깊이 있는 철학서이다.

그러나 이 책은 결코 따분한 학술서는 아니다. 철학 교수인 저자는 자신의 삶이 피할 수 없이 감내해야만 했던 여러 외로움의 국면들을 용기 있게 고백하고, 또 담담하게 분석하면서 외로움의 비밀에 다가간다.

저자는 캐나다의 어느 폐쇄적인 종교 공동체에서 태어나 스무 살 때 비로소 이 공동체로부터 탈출한다. 이후 결혼을 하지만 실패하고 아들을 혼자 기르는 싱글맘이 된다. 매우 강렬했던 연애의 경험 역시 파국으로 끝나고, 직장, 즉 이익 창출에 몰두하는 대학에서도 진정한 인간관계를 체험하지 못한다. 꼭 한 편의 소설 같지 않은가? 그렇다. 저자는 추상적인 논의의 뜬구름에서 내려와, 마치 희생양을 바치듯, 자신의 체험을 생생한 외로움의 비밀을 찾는 탐사선으로 삼은 것이다. 그런 까닭에 이 책은 외로움에 대한 사색적인 소설 같다. 태어나면서부터 몸담은 마을 또는 종교, 결혼, 연애, 직장 등 일반적인 사람이라면 보통 거쳐가는 인간관계의 장을 우리는 저자의 체험 속에서 구체적으로 바라보게 되는 것이다. 그러면서 인간관계의 파국이 어떤 치명적인 외로움을 만들어내는지, 그 외로움을 넘어설 지혜는 무엇인지 이해하게 된다.

외로움은 모난 인간만이 성격상의 결함 때문에 겪는 형벌이 아니다. 어떤 인간의 삶이든 오후 다섯 시의 긴 그림자처럼 외로움을 무겁게 끌고 다니는 것인데, 그 무게를 같이 나누어 짊어지고 위로와 지혜의 말을 건네줄 책을 만나게 되었다.

— 서동욱(서강대학교 철학과 교수, 『철학은 날씨를 바꾼다』 저자)

외로움에 대해서라면 언제나 할 말이 있다. 그러나 그것은 혼잣말에 가깝다. 누구에게나 할 수 있는 말이 아니다. 커피 마실래요? 아, 저는 이미 마셨어요. 두 잔을 마시면 밤에 잠이 오지 않아요. 그래요, 그럼 다음에. 만약 커피를 마시겠냐고 묻는 대신 외로운데 함께 있어주겠냐고 묻는다고 상상해보라. 우리는 그럴 수 없다. 그것이 인간의 기질이다. 외롭고 불행한 것들과 사람들한테서 절대적으로 멀어지려 한다. 표면적으로는 개인의 불행이 고립되지 않도록 연대하여 공동의 불행이 되도록 해야 한다고 선언하더라도 말이다.

다이앤 엔스는 외로움의 본질을 상세히 기록한다. 그것이 불편한 진실을 드러낸다 하더라도 서슴지 않는다. "배고픈 이에게 음식에 대한 갈망을 버려야 한다고 말할 수 있을까?" 이것은 내게 날아와 단번에 꽂힌 다이앤 엔스의 첫 번째 질문이다. "외로운 사람은 정신적 영양실조 상태에 빠진다. (중략) 외로움은 허기와도 비슷하다. 허기는 감정이라기보다는 욕구에서 비롯되는 갈망이다." 그렇다. 인간은 먹지 않으면 서서히 죽는다. 소외된 인간도 마찬가지다. 소외된 인간은 죽어간다.

반면, 홀로 고독한 상태에 있으므로 자신의 역량을 발전시킬 수 있는 외로움이 있다. 나의 경우에는 여러 가지 종류의 외로움 중에서 덜 두려워하는 외로움이 바로 창작의 고독이다. 작가로서 쓰는 동안에는 정신의 활발한 활동이 이루어진다. "경험으로부터 갈수록 멀어지는 사람은 죽음을 향해 가는 것"이라고 다이앤 엔스가 쓴 것처럼 쓰는 사람은 가만히 책상에 앉아 있거나 소파에 누워 있지만 정신의 활동을 통해 수많은 다양한 종류의 경험을 한다. 그러다 쓰기를 멈추면 아무것도 경험하지 않은 육체는 죽음에 가깝다는 공포에 사로잡히기도 한다.

인간은 사유하고 경험하고 기억하고 잊으며 살아간다. 그 가운데 나와 다른 사람들이 함께한다. 혼자인 사람들은 보도에서, 공동 주택의 창가에서, 카페에서, 시장에서 여럿 속에 놓인다. 그리고 방의 한구석에서 비로소 아무것도 될 필요가 없는 사람으로 그저 있게 된다. 타인이 우리의 존재를 확인해주지 않더라도 우리는 계속해서 살아갈 수 있을까? 타인이 우리의 존재를 소중히 여기지 않더라도 태연할 수 있을까? 타인의 사랑을 동반한 지속적인 목격 없이 생을 홀로 보내고 마감할 수 있을까?

우리는 혼자였다가 둘이었다가 여럿인 채로 생의 다양한 주기를 보낸다. 외로움은 그동안에 언제나 우리와 함께하는 것으로 우리 곁에 있을 것이다.

— 유진목(작가, 『작가의 탄생』 저자)

■■■■

자기 삶의 시작과 끝을 온전히 혼자 해내야 하는 인간에게 외로움은 숙명과 같습니다. 그러하기에 생애의 여정에서 동류로부터 응원과 지지를 원하는 모습 역시 본능과 다름없는 듯합니다. 하지만 그 연결의 가능성이 무한대로 허용되는 현대인이 도리어 그 외로움을 더 많이 호소하는 아이러니를 저자는 깊이 공감하고 공부하고 있습니다.

오늘날 우리의 외로움은 오늘의 세상을 꼭 닮았습니다. 소셜 미디어와 광통신망으로 촘촘히 연결된 인류는 단속적 관계의 허겁함에 더욱 갈증을 느낍니다. '좋아요'와 댓글로 서로의 안부와 공감을 얻는 행위는 도파민의 역설을 불러일으킵니다.

한스 크리스티안 안데르센의 동화 「성냥팔이 소녀」 속 겨울은 쓸쓸함의 극한을 보여줍니다. 늦은 저녁 아직 거리를 떠나지 못하는 소녀는 잔뜩 웅크리고 있습니다. 소녀의 추위는 시린 날씨 탓만은 아닙니다. 소녀의 시선은 따뜻한 불빛에 고정되어 있습니다. 창 안엔 크리스마스 저녁 만찬을 즐기는, 자신의 처지와는 너무나도 다른 또래의 아이들과 한없이 자상한 부모들이 있기 때문입니다.

멀고 먼 저 북쪽 나라, 19세기 덴마크의 겨울 이야기만은 아닌 듯합니다. 책 속 저자의 말처럼 특히 오늘의 우리는 "삶을 한껏 누리는 사람들의 침실과 부엌을 들여다보며 자기 삶에 낙담"하기 쉬운 세상을 살아가고 있습니다. 그래서 온라인에 게시된 이웃의 멋진 일상은, 항상 행복할 수만은 없는 우리를 자꾸만 주눅 들게 합니다.

그렇다면 우리의 외로움은 성냥팔이 소녀의 겨울 날씨처럼 명징한 것일까요? 때때로 그리고 항상 느낄 수밖에 없는 소외와 외로움의 해결책은 무엇일까요? 이 고민의 실마리를 찾기 위해 저자는 용기를 내어 자신의 생애를 고백하고, 오랜 지혜와 현대의 담론을 굽이굽이 펼쳐 나갑니다.

책 속 저자의 시선은 동네, 카페, 시장, 우리들의 공적인 시간과 사적인 시간의 구석구석을 향합니다. 그리고 돌봄, 우정, 사랑 등 지금 우리의 영혼에 필요한 소중한 일들을 하나씩 길어 올립니다.

저의 책『그냥 하지 말라』속 다음의 문장은 많은 이들에게 회자되었습니다. "당신은 혼자 삽니다. 당신은 오래 삽니다. 당신 없이도 사람들은 잘 삽니다." 단출해지는 가족의 시대, 장수의 혜택을 고르게 누리는 세상, 외로움이 상수처럼 다가온다면 우리에겐 어떤 대비가 필요할까요.

각자가 자기 삶을 묵묵히 살아가는 핵개인의 시대, 외로움은 시대의 정서입니다. "친밀한 관계와 모르는 사이의 중간 어디쯤" 딱 적당한 거리의 골디락스 지대를 찾고 싶은 분들은 이 책을 끝까지 포기하지 말고 읽어보시기 바랍니다.

— 송길영(마인드 마이너, 『시대예보』 저자)

CONTENTS

제3부 우리에겐 지금 무엇이 필요한가?

이 책은 외로움을 고찰한다. 외로움이 어떤 느낌이고 무엇을 의미하는지, 우리는 왜 외로움을 겪는지, 외로움은 인간의 사회적 삶에 관해 무엇을 말해주는지 살펴보고자 한다. 외로움을 극복하는 법을 알려주기보다는 이 특정한 형태의 고통을 이해하고자 하는 것이 이 책의 목적이다. 따라서 나는 두 가지 방식으로 외로움을 고찰하려 한다. 외로움이라는 주제를 일관성 있게 분석하는 한편, 외로움의 경험을 통해서만 얻을 수 있는 통찰을 제시할 것이다.

나는 외로움처럼 난해하고 복잡한 현상을 추상적으로 탐구하는 법을 알지 못한다. 따라서 나의 경험을 출발점으로 삼아 많은 질문과 생각할 거리를 던지고 이를 통해 독자 스스로 자신의 출발점을 찾도록 하려 한다. 인간의 모든 고통이 그렇듯 외로움은 주관적이다. 외로움을 정의한 책을 읽고 "그래, 이런 게 외로움이군" 하고 말할 수는 있어도 외로움의 강도와 지속 기간, 조건, 대처 능력은 상황에 따라 매우 다양하다. 아울러 외로움은 객관적인 조건에서 일어나는 인간의 기본적인 경험이다. 이 책의 설명과 분석이 독자에게 공감을 불러일으키고 인간의 사회적 욕구와 그것이 충족되지 않을 때 어떻게 되는지에 관해 더 깊이 생각해보는 계기가 되기를 바란다.

세계적인 팬데믹은 '사회적 거리 두기'라는 말이 생겨나기 한참 전부터 서서히 시작된 외로움에 관한 담론에 더욱 불을 붙였지만 이 책의 대부분은 그전에 쓰였다. 마지막 3부를 마무리하고 있을 무렵 내가 사는 도시에 첫 봉쇄(록다운)가 시작되었고, 이 엄청난 사건을 조명해 처음부터 다시 써야 하지 않을까 하는 생각도 들었다. 코로나19를 기준으로 그 이전의 시기는 아주 먼 시대에 속한 것처럼 느껴졌기 때문이다. 그러나 결국 완성한 원고를 뜯어고치고픈 유혹을 떨쳐냈다. 대신 이따금 팬데믹에 대한 언급을 추가하고, 사회적 쇼크라고밖에 할 수 없는 이 사건의 초창기 영향에 관한 성찰을 담았다.

　팬데믹으로 인한 고립은 이 책에서 논의하는 여러 까다로운 문제를 부각시켰다. 요양원 입소자들이 사랑하는 이들을 못 보고 지내느니 차라리 코로나바이러스에 감염되어 죽는 편이 낫다고 말하고 있다면 과연 외로움을 개인의 고통으로만 치부하면서 사회적 결함의 책임을 무시할 수 있을까? 디지털 기술이 재택근무자나 혼자 사는 이들에게는 도움이 될지 몰라도 우리 모두에게 갈수록 과도한 영향력을 미친다면 어떻게 저항할 수 있을까? 집이 일터의 역할을 겸한다면 집에 대한 개념은 어떻게 달라질까? 사무실들이 버려진다면 공적 장소들은 어떻게 될 것이고, 혼자 살면서 이제는 일조차도 혼자 해야 하는 사람들은 어떻게 될까? 우리는 끝없이 신체와 분리된 연결에 적응하며 계속해서 집단 외로움의 증상들을 덮기 위한 새로운 방법을 찾을 것인가? 이러한 의문들에 아무도 명쾌하게 답할 수 없다. 우리가 아는 거라곤 그저 현대의 사회적 교류가 커다란 변화를 겪고 있다는 사실뿐이다.

아룬다티 로이(Arundhati Roy)는 팬데믹을 "한 세계에서 다른 세계로 넘어가는 포털 또는 관문"이라 일컬으며, 자신이 대중에게 끈질기게 폭로하는 세계 경제 및 정치의 실패에도 불구하고 이러한 파열을 계기로 우리가 다른 세상을 상상하고 그것을 위해 싸울 수도 있다는 희망을 드러낸다.¹ 나는 집 근처 도심 공원들을 거닐며 로이의 말을 곱씹어본다. 내가 사는 도시의 공원들은 팬데믹의 겨울을 지나면서 내가 기억하는 그 어느 해보다도 더 활기 넘치는 공공 장소로 바뀌었다. 친구끼리 또는 가족끼리 드넓은 축구장을 점점이 수놓고 있고, 그릴 주위에 모여 간식이나 바비큐를 나눠 먹거나, 개들을 데리고 나와 원반을 던지며 시간을 보낸다. 나무들 사이로 살랑이는 바람 소리에 음악처럼 오르락내리락하는 말소리와 웃음소리가 뒤섞인다. 부디 잊지 않기를 바란다. 괴로운 고립의 시간 끝에 우리가 서로 떨어질 수 없는 존재임을 다시 깨닫게 된 것이 얼마나 기쁜 선물인지…….

제1부

외로움이란 무엇인가?

모순(1)

런던의 테이트 브리튼 미술관 맞은편에는 독특한 공중화장실이 있다. 이탈리아 태생의 예술가 모니카 본비치니(Monica Bonvicini)가 2004년에 만든 설치 미술 작품이다. 본비치니는 미술 전시회 개막식에 오는 관람객들이 딱히 예술을 보려고 하기보다는 개막식의 장관, 즉 화려한 입장과 공짜 음료, 뒷얘기, 특별한 의식 등을 놓치지 않으려 한다는 것을 관찰하고 이에 영감을 얻었다.[1]

'한순간도 놓치지 마세요(Don't Miss a Sec)'라는 제목의 이 설치 미술은 실제로 그것을 사용하는 사람이 아무것도 놓치지 않게 해준다. 여러 종류의 유리를 겹쳐 반투과성 거울과 같은 효과를 내도록 만든 구조물 안에는 온전히 작동하는 변기가 설치되어 있다.[2] 밖에 있는 사람에게는 이 구조물의 내부 대신 거울에 비친 바깥세상만 보이지만, 화장실에 들어간 사람에게는 밖에서 흘러가는 삶이 놀라우리만치 선명하게 보인다. 물론 이 화장실을 사용하기 위해서는 용기가 필요하고, 설사 용기를 낸 사람이라고 해도 대중이 보는 앞에서 가장 은밀한 일을 치르는 듯 노출된 기분을 떨칠 수 없을 것이다.

나는 깊은 외로움에 시달릴 때면 본비치니의 설치 미술 안에 들어간 기분이 든다. 세상과 분리된 채 다가갈 수 없는 거리에서 세상이 돌아가는 광경을 지켜보는 것 같다. 나는 모두를 볼 수 있지만 나를 볼 수 있는 사람은 아무도 없다. 지나가는 사람들이 이따금 유리 칸막이를 흘끗거리며 나와 눈을 맞추는 듯해도 사실 그들의 눈에 보이는 것은 자신의 반영뿐이다. 나는 무엇 하나 놓치지 않지만 실제로 존재하지 않는다.

이것은 외로움의 독특한 모순이다. 누구에게도 보이지 않지만 완전히 노출되어 있다고 느끼는 것. 나의 가장 내밀한 고통이 사람들 앞에 훤히 드러나 있는 듯하다. 세상은 보고 싶어 하지 않는 취약함을 온 세상에 드러내놓고 있는 것 같다.

외로운 나

외로움에 관한 글을 쓸 때 '나'를 유지하기란 여간 어려운 일이 아니다. 1인칭으로 외로움을 논하는 감동적인 글은 찾아볼 수 있지만 실제로 외로움을 겪는 동안 외로움을 묘사하는 작가는 드물다. 올리비아 랭(Olivia Laing)의 『외로운 도시(The Lonely City)』는 남자를 따라 뉴욕으로 이사했다가 얼마 후 실연하면서 외로움을 겪은 "그리 오래지 않은 과거의" 이야기로 시작한다. 에밀리 화이트(Emily White)는 사랑을 시작한 뒤에야 강렬한 "고질적" 외로움을 고찰한다. 토머스 덤(Thomas Dumm)은 아내의 죽음을 애도하던 기간을 나중에야 돌아보며 외로움을 분석한다.[1] 학문적인 분석일수록 '나'는 은폐된다. 외로움을 사회학 또는 심리학의 관점에서 분석한 글에서는 저자가 외롭다고 해도 우리는 알 길이 없다.

그러나 예외도 있다. 미국의 심리학자 클라크 무스타커스(Clark Moustakas)는 아내와 함께 다섯 살짜리 딸의 위험한 수술 여부를 결정해야 하는 상황에서 외로움이 인간 조건의 피할 수 없는 진실임을 깨닫게 되는 과정을 절절히 묘사한다. 그는 독자에게 피할 곳을 주지 않는다. 우리는 그의 취약함에 노출된 채 그가 타인의 목숨을 책임지게 된 상황에서 느끼는 공포와 고독을 함께 겪는다. 그가 수술 후 발작하는 딸을 보는 장면에서 감정은 절정에 달한다. 그 고통을 오롯이 혼자 감당해야 하는 아이의 절망적인 고립과 그의 절망적인 무력함은 그에게 "형언할 수 없는 외로움"을 안긴다.[2]

무스타커스의 글에서 '나'는 숨지 않는다. 현재 시제가 어느새 과거 시제로 바뀌지도 않는다. 그는 자신의 외로움을 거침없이 드러내며 자신을 "고독하고 고립된, 외로운 인간"으로 묘사한다.[3] 여기서 '나'는 그가 타인의 고통과 접촉하는 지점이 된다.

이제 우리는 자신을 보여줄 수 있는 무한한 가상의 공간을 누리게 되었고, 이와 함께 외로운 '나'가 좀 더 자유롭게 드러나고 있다. 한 예로 '론리니스 프로젝트(The Loneliness Project)' 같은 사이트를 생각해보자. 우리는 결코 혼자가 아니라고 단언하며 치유의 힘을 약속하는 이 사이트는 누구나 "한없이 개인적이면서도 더없이 보편적인" 이야기를 기고할 수 있는 공간이다.[4] 그러나 이러한 인터넷상의 '나'는 신체와 분리되고 자기도취에 빠진 익명의 존재다. 그러한 존재가 표현하는 감정은 일차원적이며, 은폐된 '나'와 똑같이 접근하기 어렵다.

외로운 '나'에 관해 이야기하면 외로움을 야기하는 조건이 더해지기도 한다. 최근 나는 한 라디오 방송 인터뷰에서 내 외로움의 이력을 어느 정도 들려주었다. 혼자 아이를 키우던 20대 후반과 30대 초반, 40대 들어 아주 깊은 연애를 끝낸 이후, 그리고 50대 초반의 직장 생활에서 고립감과 소외감을 심하게 느낀 경험을 이야기했다. 외로움이라는 주제를 꺼낼 때면 사람들이 이해할 수 없는 반응을 보인다고 얘기하기도 했다. 예를 들어 철학과 강좌에서 외로움을 주제로 수업할 때 조교들에게 학생들과 외로움에 관해 토론하라고 하면 그들이 불편해하더라고 설명했다. 인터뷰가 끝난 뒤 진행자는 자기 역시 우리의 대화 때문에 조금 "이상한" 기분이 들었다고 고백했다. 라디오 방송국의 방음벽 안에서 나는 그 말에 혼자 움찔하며 이렇게 항변하고 싶은 충동이 들었다. 하지만 지금 나는 외롭지 않다고요![5]

외로움에 관한 글을 쓰고 있다고 누군가에게 말할 때마다 이렇게 항변하고 싶다. 외로움에 관해 얘기하는 건 암에 걸린 사실을 털어놓는 것과도 비슷하다. 그런 일은 지나간 뒤에 얘기하는 편이 낫다.

외로운 우리

내가 처음 외로움에 관한 글을 쓴 것은 하계 문학 저널리즘(literary journalism, 문학적인 서술 방식을 차용하는 르포 형식의 보도 기사를 말한다 - 옮긴이) 프로그램에 다닐 때였다. 나는 문학 저널리즘에 대해선 잘 몰랐지만 '문학'이라는 단어만으로 학문적인 글의 딱딱한 제약에서 벗어날 수 있을 거라고 기대했다. 나와 비슷한 사람들, 비유를 사랑하는 문장가들을 만날 거라고 상상하기도 했다.

매일 아침 나는 나무와 새, 이따금 나타나는 사슴을 유일한 친구로 삼아 캐나다 로키산맥의 작은 오두막으로 들어갔다. 그곳에서 오롯이 홀로 있는 시간은 괴로움이 아니라 즐거움을 안겨주었다. 대기는 적막했지만 정적과 고독이 사유의 밑거름이 되었다. 모르는 새 시간이 훌쩍 흘러가 있곤 했다. 나는 월든 호수의 소로(Thoreau)가 되어 그가 최고의 벗으로 삼았던 고독에 관해 쓰고 있었다.

그러나 이 목가적 환경을 벗어나 그룹 활동으로 돌아갈 때마다 외로움이 나를 덮쳤다. 동료 참가자들은 뛰어난 문장가들이었지만 나는 그들과 달랐다. 나는 그들처럼 글로 생계를 꾸려야 하는 입장이 아니었다. 이러한 자유는 부러움을 살 만한 것이었다. 그러나 깊은 사유를 담아낸 내 글은 인기가 없었다. 내가 흥미를 가진 부분은 이야기 자체의 세부 사항보다는 그 표면 아래 숨겨진 관념이었다. 나는 저널리즘의 기술에 익숙하지 않았다. **직설적이고 평이한 표현을 사용하세요.** 프로그램 지도자는 이렇게 말하면서 '완화하다'에 줄을 긋고 "덜다"라고 고쳐주곤 했다. 나는 분노에 차 있거나 재미있는 사람이 아니었고 내 화자가 어떤 커피를 마시는지 따위의 세부 사항을 묘사하지도 못했다. 하지만 독자들은 그런 것을 원한다고 했다. 설상가상으로 나는 다른 참가자들보다 나이가 훨씬 더 많았고 그들처럼 잠을 줄여가며 술 마시는 것을 즐기지도 않았다.

그러나 어쩌면 나의 가장 큰 죄는 외로운 나를 온전히 드러낸 것, 그리고 결국에는 일련의 과정을 통해 외로운 우리를 내포하려 한 것이었으리라. 나는 외로움의 모호성과 양가성, 인간 조건의 일부인 동시에 사회적으로 만들어지기도 하는 외로움의 속성을 이해하고 싶었다. 그러한 탐구가 다른 이들은 외로움을 어떻게 경험하는지 이해하는 관문이 되기를 바랐다. 이를 위해 나는 나에서 우리로 자연스럽게 넘어가며 독자가 나와 함께 사유하도록 유도했다. 그러나 우리를 사용하면서 저항에 부딪쳤다. 심지어 적대감을 보이는 사람도 있었다. 독자를 소외시키고 있다는 비난을 듣고 나는 입을 다물지 못했다. 다른 참가자들은 개인적인 고통과 저항, 집착 등에 관한 이야기를 써서 격려를 받았지만 나의 폭로는 예외인 듯했다.

나는 깨달았다. 그들은 내가 혼자 외롭기를 바란다는 것을.

낙인

•

누군가가 외로움에 관해 얘기할 때 "이상한" 기분이 든다면 이는 단순한 불편함을 넘어 좀 더 어두운 감정, 어쩌면 지크문트 프로이트의 에세이 「언캐니(The Uncanny)」(원제는 'Das Unheimlich')에 묘사된 감정에 견줄 수 있을 것이다. 독일어로 '운하임리히(unheimlich)'는 '집 또는 집과 같은'(home)을 뜻하는 '하임리히(heimlich)'의 반의어다. 에세이에서 프로이트는 '하임리히'의 역사적 의미를 훑는다. 이 단어는 집의 안락함과 익숙함, 사적 공간의 평온함 등을 환기하는 동시에 감춰진 것, 비밀스러운 것을 지칭한다. '운하임리히'(영어로 'uncanny'는 '섬뜩한', '오싹한'이라는 뜻 – 옮긴이)는 스스로 이방인 또는 외지인이라고 느낄 때, 낯선 환경에 있는 것처럼 편하지 않을 때 드는 감정이다. 물론 프로이트는 이 불편한 감정을 성적인 문제나 거세 불안, 신경증 환자들이 여성의 성기를 봤을 때 느끼는 초조함과 연관 짓기도 한다. 이 세 번째 감정은 '하임리히'가 안락함과 익숙함을 의미할 뿐 아니라 감춰진 것(모든 인간의 최초의 집인 자궁)에 대해 느끼는 초조함을 암시한다는 그의 주장을 뒷받침한다. 이런 점에서 '하임리히'는 '운하임리히'와 맞닿아 있다.[1] 프로이트는 "은밀한 상태, 감춰진 상태로 있어야 하지만 드러나버린 것은 모두 '운하임리히'

라고 일컬을 수 있다"는 프리드리히 셸링의 말을 인용하며 '언캐니' 는 친숙하지만 억압되어 있는 무언가를 마주했을 때 느끼는 감정이 라고 결론짓는다.[2]

외로움이 여성의 성기에 대한 두려움과 연관된다고 말하려는 게 아니다(하지만 누가 알겠는가?). 그보다는 타인의 외로움을 마주했을 때 불편한 느낌이 드는 것은 잊고 싶은 인간의 조건, 즉 인간의 본질 적인 취약함을 상기하기 때문이라는 점을 지적하려 한다. 이는 셸 링의 논지와도 연결된다. 누군가가 외로움을 드러냈을 때 이상한 기분이 드는 까닭은 "감춰진 상태로 있어야" 하는 것, 혹은 적어도 감춰져 있기를 바라는 것을 보았기 때문이다. 외로운 사람은 우리 가 본질적으로 혼자라는 사실, 또는 혼자가 될 수 있다는 사실을 상 기시키고, 이는 외로움의 낙인을 설명하는 중요한 요소가 된다. 어 쩌면 외로움은 인간이 갖고 있는 취약함의 극치, 즉 죽음을 오롯이 홀로 겪어야 한다는 점을 상기시킨다.

간단히 말해 인간이 취약한 것은 유한한 존재이기 때문이다. "연 약한", "취약한"을 뜻하는 "vulnerable"의 라틴어 어원 'vulnerare'는 '상처 입히다'라는 뜻이다.[3] 우리의 취약함을 인정하는 것은 우리 가 지극히 일상적인 상황에서도 비교적 무력하다는 것을, 상처 입 기 쉽다는 것을 인정하는 셈이다. 외로운 사람이 고통을 토로할 때 그 사람의 취약성은 다양한 반응을 자극한다. 누군가는 공감하지 만 또 다른 누군가는 불편함, 적대감, 심지어 분노를 느낀다. 자신 의 취약함을 두려워하는 사람일수록 타인의 취약함을 쉽게 받아들이지 못한다.

타인의 깊은 슬픔을 마주할 때에도 비슷한 상황이 벌어진다. 누군가가 상실의 아픔을 표현했을 때 가장 흔히 보이는 반응은 회피다. 놀랍게도 이런 반응은 결국 상실을 겪은 사람을 고립시키고, 이는 슬픔에 빠진 사람이 갈망하는 것과는 정반대의 결과를 낳는다. 예를 들면 부부 동반으로 어울리던 친구들 무리에서는 배우자를 잃은 친구를 모임이나 야유회에 부르지 않는다. 친한 사이에서도 상실을 겪은 사람에게 고인에 관해 물어보거나 슬픔을 털어놓게 하는 것을 몹시 어색해한다. 때로는 가까운 친구들조차 애도의 기간 동안 연락이 닿지 않는다.

애도와 외로움의 공통점은 누구나 상실과 죽음을 겪는다는 사실을 상기시킨다는 것, 그리고 우리에겐 서로가 필요하다는 사실을 확실하게 보여준다는 것이다. 사랑하는 사람이 세상을 떠나면 우리의 일부도 따라 죽는다. 그 사람과 함께 쌓아온 독특한 부분, 다른 사람과는 절대 모방할 수 없는 둘 사이의 역학이 사라지는 것이다. 우리는 손목시계나 스웨터, 책, 편지 같은 망자의 물건을 소중히 간직하고 그 사람에 관해 얘기하는 방식으로 망자를 기억하며 우리의 일부가 함께 죽는 것을 막기 위해 안간힘을 쓴다.

외로움이 일으키는 '언캐니'한 반응을 이해하면 외로움의 낙인도 쉽게 이해할 수 있다. 롤로 메이(Rollo May)의 표현을 빌리면, 외로운 사람에게는 "손댈 수 없는 더러움 또는 질병처럼 거리를 두게 하는 기운"이 따라다닌다.[4] 그래서 우리는 외로움이나 비탄이 전염될까 봐, 외로움의 균이 퍼져 인간의 유한함을 상기시킬까 봐 두려워하는 것이다.

그러나 어느 지점에서 외로움은 상실의 슬픔과 구별된다. 외로움에 수반되는 수치심은 죽음을 향한 두려움이나 인간의 취약함에 대한 불편함보다 더 지독한 낙인이 된다. 죽음에 관한 얘기나 슬픔의 표출 역시 불안 또는 부정의 반응을 일으키지만 상실의 슬픔은 그 자체로 비난받을 일이 아니다. 슬픔에는 낙인이 남지 않고 수치심도 따라오지 않는다. 앞에서 보았듯이 외로운 이들은 밖이 훤히 보이는 공중화장실에 들어간 사람처럼 자신이 노출된 기분을 느끼지만, 상실의 슬픔을 겪는 사람은 그렇지 않다.

외로운 사람에게 따라다니는 "거리를 두게 하는 기운"은 외로운 사람이 사랑받지 못하거나 사랑할 수 없는 사람이라는 인식에서 비롯된다. 우리는 그런 인식을 내면화하고 외로움이 잘못인 것처럼, 심지어 자신의 잘못인 것처럼 수치스러워하는지도 모른다. 외로움을 겪어본 사람이라면 누구나 이러한 수치심을 느껴보았을 것이다. 우리는 사람들 속에 혼자 있을 때, 함께 있는 이들이 너무도 확실하게 행복해 보일 때 수치심을 느낀다. 예를 들면 연휴에 사람들은 가족이나 친구들과 함께 뒷마당에 모여 즐거운 시간을 보내는데 자신은 혼자 공원을 산책하거나 집 안에 틀어박혀 있을 때, 또는 커플이 가득한 식당에서 혼자 식사할 때가 그렇다.

이런 수치심을 느끼는 예는 상황이나 개인의 성격에 따라 다를 수 있다. 외로운 사람이라고 해서 모두 혼자 식당에 가거나 연휴에 홀로 집에 있기를 꺼리는 것은 아니다. 지역에 따라, 즉 도시에 사느냐 시골에 사느냐에 따라서도 달라질 수 있다. 때로는 주변 사람들이 혼자 있는 사람을 더 의식하기도 한다. 이 경우 외로운 사람은 동정의 대상이 되고 돌연 자신이 안쓰럽게 느껴질 것이다. 내가 식당에 혼자 가서 종업원에게 자리 안내를 부탁했을 때 그들이 테이블이 아니라 바(bar) 자리를 내주는 것은 연인이나 친구끼리 식사하는 사람들 속에서 혼자인 사람이 나뿐이라는 사실이 불편하기 때문에, 말하자면 간접적으로 수치심을 느끼기 때문이 아닐까?

외로운 사람에게 따라다니는 "거리를 두게 하는 기운"은 인간의 취약함을 드러내고, 이러한 취약성 가운데 가장 순도 높은 형태는 무엇으로도 통제할 수 없고 막을 수 없는 신체의 죽음이다. 죽음은 절대적으로 홀로 겪는 일이고, 누구도 함께할 수 없다. 죽음의 물리적 과정은 고통의 경험과 마찬가지로 오롯이 혼자만의 것이다. 외로움에 대한 두려움이 사실상 죽음에 대한 두려움이라면 그것은 거의 접근할 수 없는 무의식적인 두려움일지도 모른다. 타인의 외로움을 마주했을 때 느끼는 이상한 기분과, 죽음을 논하거나 타인의 깊은 슬픔을 마주했을 때 느끼는 불안이 서로 밀접하게 연관된다는 점을 감안하면 실제로 그럴 수도 있다. 죽음과 죽어가는 것에 대해 쓰거나 말할 때는 항상 독자나 청자가 자신의 죽음에 대한 두려움을 느끼고 거부감을 드러낼 수도 있다는 점을 염두에 두어야 한다.

외로움의 표출이 일으키는 '언캐니'한 감정과 그에 따른 낙인은 외로운 사람과의 접촉을 꺼리게 한다. 우리는 자신을 보호하기를 원하기 때문이다. 그렇다면 외로움에 대한 방어 기제들을 살펴봄으로써 외로움의 속성을 어느 정도 이해할 수 있을 것이다.

외로운 사람은 실존의 알몸을 드러낸다. 이와 함께 드러나는 인간의 결핍과 연약함은 매우 불편한 느낌을 일으킬 수 있다. 외로운 사람의 고통이 야기하는 반응은 노숙인의 고통이 일으키는 반응과도 비슷하다. 그것은 바로 죄책감과 혐오다. 죄책감이 드는 까닭은 노숙인에게 동전 몇 개를 쥐여줘봐야 커피 한 잔이나 담배 한 개비의 위안을 줄 뿐 그 이상의 도움은 줄 수 없다는 사실 때문이고, 혐오는 적나라하게 드러난 결핍의 증거들, 즉 씻지 않은 몸과 채우지 못한 배, 애정과 보살핌이 필요한 감정 상태에 대한 반응이다. 인간의 결핍을 상기하고 싶은 사람이 어디 있겠는가.

우리는 스스로 외롭다고 말하는 사람을 마주할 때 그것을 일종의 요구로 여기고 회피하려 하는지도 모른다. 그 사람의 행복을 책임지고 싶지 않을뿐더러 그가 우리를 소진시킬까 봐 두려운 것이다. 이런 반응의 밑바탕에는 외로운 사람이 우리를 외로움에 "감염시킬" 수도 있다는 걱정이 자리하고 있다.

외로움의 경험에 대해 쓸 때 독자에게 이상한 느낌을 주지 않는 방법은 오직 하나, 바로 '나'를 배제한 채 외로운 이들에 관해 쓰는 것이다. 하지만 나는 그런 느낌을 회피하려는 독자를 위해 이 글을 쓰는 것이 아니다.

마을에서

어린 시절 나는 수전 핑커(Susan Pinker)가 사르데냐섬까지 날아가 찾고자 했던, 그런 마을에 살았다. 핑커는 사르데냐에 80세 이상의 주민이 그토록 많은 이유를 탐구한 뒤 그것이 끈끈한 사회적 유대 때문이라고 결론 내렸다. 사르데냐섬 사람들이 보여준 행복한 장수의 비결은 서로 얼굴을 마주하고 사는 것이었다. 그녀의 저서 『빌리지 이펙트(The Village Effect)』에는 얼굴을 맞대는 것이 "더 건강하고 더 행복하며 더 현명한 삶의 비결"이라는 믿음이 드러나 있다. 그녀가 가장 중요하게 꼽는 요소는 건강과 장수다. 핑커는 또한, 고립이 죽음을 불러올 수 있다는 논지를 뒷받침하는 근거로 가족이나 친구의 도움 없이 병을 앓다가 일찍 죽음을 맞은 사람들의 이야기와 주변 사람들 덕분에 죽음과 질병을 물리친 사람들의 이야기를 나란히 제시한다. 심지어 "놀랍게도 고립감은 세포 하나하나에 '외로움'의 지문을 남긴다"며 만성적인 외로움이 우리 몸의 유전자를 바꿔놓는다고 주장한다. 고혈압이나 신장병이 유전되듯이, 외로움의 유전자도 부모에게서 자식에게로 내려올 수 있다는 얘기다.[1]

나는 대가족 집안에서 형제자매에게 둘러싸여 자랐고, 우리가 사는 곳은 이주한 지 얼마 안 된, 신앙과 과거의 상처로 똘똘 뭉친 종교 공동체 마을이었다. 나는 혼자인 적이 없었다. 방은 언니와 함께 썼다. 가족의 식사 시간은 고집 센 부모님과 형제자매들이 활기찬 대화를 나누는 기회의 장이었다. 교회를 중심으로 매주 다양한 활동이 이뤄지기도 했다. 우리는 교회 신자들을 모두 알았고 그들의 집안에 대해서도 알았으며, 그들이 과거에 어떤 마을에 살았고 가문에 어떤 문제가 있었는지, 게으른지 부지런한지, 믿을 만한지 교활한지, 도덕적인지 부도덕한지도 알았다. 상황에 따라 애정과 지지를 보낼 때도 있고 비판하거나 배척할 때도 있었지만 어쨌든 매번 진심을 다했다. 우리는 세속적인 삶이 신앙뿐 아니라 순수하고 자족적인 공동체의 삶을 방해한다고 믿으며 "세상에 거하되 세속적이 되지 말라"는 금언을 가슴 깊이 새겼다.

내가 기억하기로, 어릴 때 외로움을 느낀 적은 한 번뿐이었다. 아홉 살인가 열 살 무렵에 같은 반 여자아이들이 나와 놀지 않으려고 한다는 이유 때문이었다. 쉬는 시간이 되면 나는 자기 연민에 빠져 혼자 앉아 있었다. 보다 못한 언니가 중재에 나섰고, 나는 오해에서 비롯되었다는 사실을 곧바로 깨닫고 무척 부끄러웠다. 아이들은 쉬는 시간에 내가 자기들과 함께 놀기를 원했다고 항변했다. 진짜 문제는 아이들의 놀이가 내겐 따분했다는 점이었다. 나는 비밀을 털어놓을 수 있는 친구와 단둘이 비밀의 정원을 탐험하고 싶었다. 온마음을 쏟을 수 있는 친구, 모든 것을 털어놓을 수 있는 그런 친구를 원했다.

고등학교 시절에는 이런 친밀한 관계를 풍족하게 누렸다. 내게는 개 한 마리와 남자 친구, 그리고 신(神)이 있었다. 셋에게 동등하게 비밀을 털어놓았으니 누군가가 셋 중에서 외로움을 가장 많이 해소해주는 존재를 하나만 꼽으라고 했다면 꽤나 고민했을 것이다. 셋은 저마다 나름의 장점이 있었다. 개는 애정과 먹을 것을 주기만 하면 아무것도 바라지 않고 내 모든 감정을 받아주었다. 남자 친구는 하나의 세계를 만들어주었고 우리가 공유하는 믿음과 목적, 열정으로 그 세계는 나날이 단단해졌다. 그리고 신은 인간이나 개가 내줄 수 없는, 영원불멸하고 무조건적인 사랑을 내주었다. 내게는 대화 상대가 있었고 나를 이해하는 존재, 사랑을 주고받는 존재가 있었다.

핑커는 사르데냐섬의 주민들이 서로에게서 결코 고립되지 않기 때문에 오래도록 행복하고 건강한 삶을 살 수 있을 거라 예측한다. 나는 성인이 되면서 바로 마을을 떠났으니 그들만큼 운이 좋다고 말할 수 없다. 내가 속했던 공동체가 줄곧 두려워하면서 비난하라고 가르친 세상으로 들어서는 순간, 나는 더 깊이 그 안으로 들어가고 싶었다. 사고방식과 행동 양식의 순응을 강요함으로써 다져진 공동체 생활은 안락하고 안전했지만 답답했다. 그것은 나를 옭아매는 양날의 칼과 같았다. 한쪽에는 안위가, 다른 한쪽에는 포용의 모순이 자리하고 있었다. 포용에는 언제나 배척이 따르는 법이니까. 그래서 나는 신을 떠났고, 남자 친구와 이별했다. 개는 영리한 도둑에게 빼앗겼다.

우리의 공동체와 그 배경을 채색한 신앙과 사랑, 예정된 미래로 이뤄진 내 좁디좁은 세상이 완전히 무너진 것은 견디기 어려운 경험이었다. 그때 나는 난생처음으로 깊은 외로움의 고통을 겪었다. 아울러 그보다 더 견디기 힘든 일들이 있다는 것도 알게 되었다.

외로움 연구실에서

2014년 『가디언(Guardian)』지에는 우리 시대가 외로움의 시대이며 그것이 우리를 서서히 죽이고 있다는 조지 몽비오(George Monbiot)의 글이 실렸고, 그 뒤로 외로움은 꾸준히 화두가 되어왔다.[1] 전문가들은 서구 세계에서 외로움이 급증하고 있다고 선포하며 하나같이 손쉬운 해결책을 제시한다. 이제 외로움은 하루에 담배를 15개비씩 피우는 것과 비슷한 수준으로 건강을 위협하는 새로운 위험 인자가 되었다.

몇십 년 전만 해도 외로움을 연구하려는 학자들은 관련 문헌이 턱없이 부족하다고 한탄했다. 외로움에 관한 학술 논문을 쓴 초창기 저술가이자 정신과 의사인 프리다 프롬라이히만(Frieda Fromm-Reichmann)은 1955년 자신의 동료들이 외로움을 과학적으로 명확하게 파헤치려 하지 않는 이유를 분석했고, 그 후 한동안 상황은 크게 변하지 않는 듯 보였다. 프롬라이히만은 외로움을 겪는 것이 본질적으로 괴롭고 두려운 일이며, 따라서 회피가 효과적인 방어 기제로 작용하기 때문에 해당 주제에 관한 연구가 부족한 것이라고 지적했다.

그러나 1980년대 초반이 되자 외로움의 원인과 결과를 분석한 새로운 경험적·이론적 연구들이 나타났는데, 대개는 정신 질환자들의 심각한 외로움을 다룬 프롬라이히만의 사후 출간 논문과 그 밖의 몇몇 초창기 연구에 영감을 받은 것이었다.[2] 여러 학문 분야를 종합해 심리사회적 스펙트럼 전반에 걸친 다양한 형태의 외로움을 탐구한 문헌이 쌓이기 시작했다.[3] 외로운 사람은 연구 대상으로 떠올랐다.

이러한 20세기 연구의 상당수는 외로움을 진단과 치료가 필요한 질병으로 묘사한다. 어느 정도는 사회과학 방법론이 원래 그런 식으로 작동하기 때문이다. 연구자가 대상을 관찰하고, 조사 및 통계 자료를 토대로 특정 사례를 일반화하여 이론과 정의를 도출하는 것이다. 러티샤 앤 페플로(Letitia Anne Peplau)와 대니얼 펄먼(Daniel Perlman)의 1982년 문헌 자료집에서 볼 수 있듯이, 이로써 외로운 사람은 외로운 사람'들'로, 즉 사회에 미치는 부정적 영향의 연구 대상이라는 사회 범주로 분류되었고, 외로움은 이혼이나 범죄와 마찬가지로 더 큰 사회 문제의 한 증상으로 다뤄지기 시작했다.[4] 증상을 짚어낸 뒤에는 예측 인자를 정하는 과정으로 넘어간다. 환자들을 관찰해 간헐적으로 또는 평생 외로움에 시달릴 가능성이 높은 특징들을 찾아내는 것이다.

장기적인 외로움에 익숙한 나는 이런 분석을 읽을 때면 연구실의 시험 대상이 된 기분이 든다. 페플로와 펄먼이 1960년대와 1970년대의 연구들을 요약한 자료에 따르면, 외로운 사람의 특징은 다음과 같이 정리할 수 있다. 수줍음이 많고 내성적이다. 사회적 리스크를 감수하려 하지 않는다. 자존감이 낮고 적절한 사교술을 갖추지 못했다. 자기 비하의 경향이 있다. 자신에게만 집중하고 자의식이 매우 강하다. 다른 사람들과 교류할 때 외롭지 않은 사람들에 비해 질문을 적게 한다. 자신의 행동을 곱씹는 경향이 있다. 사회적 신호에 점점 더 과민 반응을 보이며 다른 사람들의 반응을 오해하거나 과장한다. 이런 특징들 때문에 외로움에 취약해진다. 그 결과 사회적 매력이 떨어진다. 청소년기에 무단결석을 하고 이후에도 우울, 불안, 알코올 의존, 자살 등의 문제 행동을 보인다.[5]

이는 최근의 역사에서 사회의 골칫거리로 취급되던 편모나 동성애자, 사회복지 수급자, 고등학교 중퇴자 등에 대한 설명을 떠올리게 한다. 이런 소외층에 관한 묘사는 해당 개인에 대한 정보를 주기보다는 해당 문화에서 그들이 어떻게 인식되는지 말해주는 듯싶다. 이런 묘사가 어떤 통찰을 제시한다 해도 그것은 당사자가 아닌 전문가 집단의 이익을 위해 공유된다. 이처럼 사회의 골칫거리를 규정함으로써 우리는 굳건히 사회에 속해 있다고 여겨지는 이들이 정상인임을 확증하는 셈이다.

외로운 사람의 일반적인 특징은 외로움의 다양한 사회과학적 정의를 종합해서 나온 것이다. 페플로와 펄먼의 문헌 자료집에는 1980년대에 사용된 수많은 접근법이 등장한다. 그중 하나가 자신이 원하는 관계의 유형과 현실에서 맺는 관계의 유형이 불일치하는 데서 외로움이 생겨난다는 이론에 근거한 인지적 접근법이다. 두 번째는 친밀함에 초점을 맞춘 접근법으로, 인간의 기본적인 애착 욕구가 충족되지 않는 것을 외로움의 원인으로 꼽는다. 그런가 하면 고립과 사회적 지지의 결여를 원인으로 보는 사회적 강화 접근법도 있다.[6] 여러 접근법을 토대로 정서적 외로움(친밀함의 결여)과 사회적 외로움(사회 집단의 결여), "좋은" 외로움(창조적 고독)과 "나쁜" 외로움(견딜 수 없는 고독), 만성적인 외로움과 일시적인 외로움을 구분한다. 이러한 이론들은 모두 외로움의 근본적인 속성에 대해 서로 다른 이해를 토대로 한다. 외로움을 경험으로 보는 견해도 있고, 상황으로 보기도 하며, 정서적 상태로 간주하기도 하고, 결핍 또는 부재의 느낌으로 보기도 한다.[7]

이런 접근법들이 외로움에 관해 어느 정도의 진실을 제시한다고 주장할 수도 있지만 이처럼 엄밀한 분류에 의존하면 외로움과 연관된 다양한 경험의 유동성과 복잡성을 간과하기 쉽다. 예를 들어 사랑에 대한 갈망과 소속에 대한 갈망은 둘 다 사회적인 동시에 정서적인 삶에도 영향을 미친다. 그러므로 정서적 외로움과 사회적 외로움 사이에 명확한 선을 긋기 어렵다. 차이가 있다면 가까움의 정도뿐이다. 우리는 연인 관계에서는 가장 강도 높은 친밀함과 가장 가까운 물리적 인접을 모색하는 반면, 이웃과는 그보다 강도 낮은 애착과 거리감을 모색한다. 우리는 대개 이사할 때보다는 연인이나 배우자와 결별할 때 더 깊은 감정에 시달리지만 때로는 반대의 상황이 일어나기도 한다. 연인과 결별할 때 안도를 느끼고, 고향이라 부르던 곳을 떠날 때 가슴이 미어지는 감정을 느낄 수도 있다는 얘기다. 친밀함을 향한 인간의 욕구는 연인이나 배우자에게서 그치지 않고 우리를 고립과 외로움으로부터 보호하는 여러 형태의 사교 행위로 확대된다.

인지적 외로움과 감정적 외로움을 구분하는 것도 지나친 단순화다. 이는 몸과 정신의 상호 작용을 고려하지 않는다. 나의 외로움이 스스로 충분한 친밀함을 누리지 못한다는 인식에서 나온다고 주장한다면, 이는 내 외로움의 객관적인 조건은 없으며 나의 주관적 인식 전체가 신뢰할 수 없는 것이라고 가정하는 셈이다. 굶주린 사람에게 기대치를 조정하면 음식에 대한 갈망이 사라질 거라고 말하는 사람이 있을까? 생리적인 허기는 음식으로 달래지 않으면 뚜렷한 (결국에는 치명적인) 결과를 낳는 객관적 조건이다. 외로움을 감정 상태로만 간주하면 우리가 그것을 어느 정도 통제할 수 있다고, 즉 사람들에 대한 기대치를 조정하면 외로움에서 벗어날 수 있다고 주장하는 것이 합리적인 듯 보인다. 그러나 나는 외로움이 감정이 아니라 욕망이라고 주장하겠다. 욕망은 쉽게 누그러지지 않는다. 설사 누그러진다 해도 사람들과 가까워지고픈 욕망을 포기해야 **하는지** 생각해볼 필요가 있다.

좀 더 최근의 연구들에서도 외로운 사람이 스스로 그 상태를 통제해야 한다는 믿음이 여전히 우세하다. 예를 들어 21세기 외로움의 복잡한 특징들을 정리했다는 2017년 문헌 자료집의 편집자들은 서문에서 외로움은 스스로 "그것이 문제라고 여길" 때에만 문제가 된다고 주장한다. 이는 스토아학파의 사상가 에픽테토스의 금언을 연상케 한다. "중요한 것은 내가 무슨 일을 겪느냐가 아니라 내가 거기에 어떻게 반응하느냐이다."[8] 1세기 노예 출신의 철학자인 에픽테토스의 이 조언은 우리의 역량을 상기시킨다는 점에서 새겨둘 만한 가치가 있다. 통제할 수 없는 역경이 닥쳐도 자신의 감정과 태도는 통제할 수 있다니 말이다. 그는 또한 이렇게 주장한다. "당신이 협조하지 않으면 아무도 당신을 해치지 않는다. 당신이 스스로 그렇게 믿는 순간, 비로소 해를 입는 것이다."[9] 어쩌면 그는 외로움에 관해 이렇게 말할지도 모르겠다. "당신이 외로운 건 오직 스스로 외롭다고 믿기 때문이다. 친밀함에 대한 욕망을 버리면 더 이상 괴롭지 않을 것이다." 그러나 에픽테토스는 우리가 바꿀 수 없는 상황을 전제한 것이다. 외로움의 상태가 바뀔 수 있는 것이라면 외로울 때 느끼는 고통을 그냥 받아들여선 안 된다. 어떤 사람이나 상황 때문에 음식을 먹지 못해 배고픈 이에게 음식에 대한 갈망을 버려야 한다고 말할 수 있을까? 그렇다면 애착을 갈망하는 외로운 사람에게 결핍의 상태에 적응하라고, 갈망을 버리라고 조언하는 것도 가혹한 일이 되지 않을까?

몽비오는 우리 시대가 외로움의 시대라고 했지만 우리 시대는 또한 불안의 시대이기도 하다. 불안의 시대에는 위험 회피와 확약을 간절히 열망하기 마련이다. 그러다 보니 외로움의 확산을 향한 새로운 경고들은 날카롭고 도발적이다. 주디스 슐레비츠(Judith Shulevitz)는 외로움이 "치명적"이라고, 우리의 몸과 뇌를 유린한다고 경고한다.[10] 『빌리지 이펙트』에서 수전 핑커가 그랬듯, 슐레비츠 역시 외로운 사람들은 암과 치매, 당뇨, 고혈압, 심장병, 퇴행성 신경 질환, 심지어는 일반 감기에도 더 취약하다는 점을 입증하는 연구들을 인용하며, 이러한 나쁜 영향력을 비만이나 흡연과 비견한다. 또한 핑커와 슐레비츠 모두 사회신경과학의 창시자라는 존 T. 카시오포(John Terrence Cacioppo)의 연구를 참고해 외로움은 우리의 유전자에 존재하며, 우리 면역 세포의 DNA 전사를 변경할 수 있다고 주장한다.[11]

외로움이 공중 보건의 새로운 위험 요소로 떠오르면서 다른 건강의 위기와 똑같이 취급되고 있다. 이처럼 새로운 위기가 나타나면 우리는 이름을 붙이고, 질병으로 분류한 뒤, 치료법을 모색하고, 그 병에 취약한 사람들을 정해 낙인을 찍을 뿐 아니라, 이미 그 병에 걸린 사람들을 치료하고 다른 이들이 면역을 갖추도록 돕는 대규모의 전문가 네트워크를 꾸린다. 외로움의 사회적인 원인과 결과는 중요하게 다뤄지지 않거나 기껏해야 인습적이고 보수적인 방식으로 드러날 뿐이다. 사실 이 위기는 현대의 개인주의와 디지털 기술의 발전, 가족 유대의 약화, 도시화가 불러온 공동체 관계의 쇠퇴 때문일 수도 있는데 기성 이론에 도전하는 일은 좀처럼 일어나지 않는다. 결국 논리가 빈약한 분석이 도출되고 이 엉성한 추론은 금세 도덕적 논의로 바뀐다.

슐레비츠의 논리를 예로 들어보자. 그녀는 외로움의 유전적 요인을 강조하면서도 주로 "아웃사이더들, 즉 노인들과 가난한 사람들, 괴롭힘을 당하는 사람들, 보통 사람과는 **다른** 사람들"이 외로운 이들이라고 주장한다. 이를 설명하기 위해 낡아 빠진 사회 부적응 예측 표지를 끌어들인다. 생애 초창기의 애정 결핍, 빈곤, 이혼, (정서를 풍요롭게 해주는 사교 활동에 참가할 시간이나 돈이 없는) 편모의 양육 환경 등이 그것이다.[12] 가족의 유대가 약해지고 있다면 우리를 구원해 줄 것은 결혼이다. 핑커도 결혼을 외로움의 해독제로 꼽으면서 이 독특한 사회적 지지 시스템의 심리적 혜택, 이를테면 단단하고 안정적인 관계의 확보, 정신 건강의 개선, 행복, 장수, 알코올 의존이나 우울증의 감소 등을 열거한다. 또한 핑커는 육체적인 건강과 관련하여, 결혼한 사람은 입원이나 수술 확률, 수술 후 사망 확률, 폐렴이나 류머티즘성 관절염, 치은염, 바이러스 감염, 치매, 임상 우울증, 심각한 심장 발작 그리고 각종 "무시무시한" 암에 걸릴 확률이 "현저히" 낮을 것으로 예상한다. 결혼은 또한 투옥되거나 살해될 가능성, 교통사고로 사망할 가능성, 자살할 가능성도 낮춰주는 것으로 보인다.[13] "좋은" 결혼 생활은 심지어 감기나 실존적 자기 회의에 대한 저항력을 키워준다.[14] 그녀는 결혼이 때로는 죽음을 불러온다는 점, 정확히 말하면 여성을 죽음에 이르게 한다는 점에 대해서는 언급하지 않는다.

오늘날의 외로움 전문가들도 사회적 요인과 심리적 요인 가운데 어느 쪽을 주장하든 대체로 20세기의 선배 학자들처럼 외로움을 질병으로 간주하고 그 책임을 당사자에게 돌린다. 카시오포는 사회적 요인을 전혀 고려하지 않은 채 외로움의 유전인자가 사회적 단절에 얼마나 취약한지를 결정한다고 믿는다. 유전적 요인을 제외하면 나머지는 당사자의 책임이다. 그는 외로움을 어떻게 경험하는지는 사회적 단절에 맞닥뜨렸을 때 감정을 조절하는 능력과 타인에 대한

기대치를 조정하는 능력에 따라 달라진다고 주장한다.[15]

인지 행동 치료는 이런 식으로 희망을 준다. 카시오포의 접근법은 우리에게 자율권을 준다는 점에서 유혹적이다. 외로운 사람도 타인에 대한 기대를 조정하면 외로움의 고통을 통제할 수 있다는 뜻이니까. 그러나 스스로 고통에서 벗어날 수 있다는 말을 뒤집으면, 그러지 못할 경우 그것은 자신의 책임이라는 뜻이다. 카시오포는 이러한 실패를 묘사할 때 외로운 사람에게 면죄부를 주지 않는다. 그의 설명에 따르면, 외로운 사람은 애착에 대한 욕구를 조정하지 못할 때 어떤 사회적 상황에서든 위험을 예상하고 사람들을 더 부정적으로 보게 되며, 이는 다시 그토록 두려워하는 거절로 이어진다. 그는 한 사교 모임에서 "저녁 내내 비방을 날리다가" 다른 사람들이 항변하자 자신을 비난한다고 투덜거리는 외로운 룸메이트를 예로 든다. 언쟁이 벌어졌을 때 그녀는 소리 지르는 반면, 다른 사람들은 차분하고 책임 있는 태도를 유지했다. 그 결과, 이 외로운 사람의 불신과 외로움은 더욱 깊어졌다.[16]

카시오포는 외로운 사람이 기대를 조정하지 못하면 하강 나선이 이어진다고 주장한다. 자제력의 결여가 삶의 모든 측면으로 확장되어 적대적인 태도와 우울, 절망, 사교술의 결손으로 이어진다는 것이다. 결국 이 외로운 사람은 "어리석은 성적 접촉이나 지나친 음주, 이미 다 비어버린 커다란 아이스크림 통의 바닥을 끈적끈적한 숟가락으로 긁는 행위"에서 위안을 찾으려 한다. 더 심하게는 "술집이나 댄스 클럽에서 자주 보게 되곤 하는 통제 불능의 행동을 하기가 쉬워질" 거라고 말한다.[17] 그의 논리는 댄스 플로어에서 끝나지 않는다. 애착에 대한 갈망을 다스리지 못한 외로운 사람의 앞에는 이혼, 가족과의 불화, 이웃과의 갈등, 이상 식욕 항진증, 약물과 알코올 남용, 자살, 조로, 조기 사망까지 기다리고 있다.[18] 이 가혹하고 처참한 시나리오에서 카시오포가 외로운 사람들에게 주는 유일한 위로는 그들도 누구 "못지않게" 매력적이거나 지적인 사람이 될 수 있다는 다독거림뿐이다. 외로운 독자에게는 코미디 같은 위로가 아닐 수 없다.

지금까지 말한 외로움 연구실의 접근법은 노르웨이 철학자 라르스 스벤센(Lars Svendsen)의 짧은 문장으로 요약할 수 있다. "당신은 혼자라서 외로운 것이 아니라 외로워서 혼자인 것이다."[19] 사람들이 함께 있기를 꺼리게 만드는 성격적 결함 또는 짜증 나는 행동이 외로움의 원인이라는 논리다. 스벤센이 꼽은 성격적 결함은 자기중심성과 공감 능력의 결여, 말을 너무 많이 하는 경향, 자신을 피해자로 규정하려는 성향 등이다. 그는 자신이 학생들에게 외롭냐고 물었을 때 강의실을 뒤덮는 "불편한 정적"에 입을 다물지 못한다고 한다. 사실 그렇게 놀랄 일이 아닌데 말이다.[20]

외로움 전문가들이 제시하는 외로움의 해법을 살펴보면 여기에는 외로움이 결국 스스로 해결해야 할 개인의 결함이라는 믿음이 반영돼 있다. 핑커는 외로운 독자들에게 자기만의 마을을 만들고 매일 운동하듯 사회적 접촉을 위한 노력을 하라고 조언한다. 핑커 자신이 혼자 수영하는 것보다 "효율을 높이기 위해" 수영 팀에 합류했듯이 말이다.[21] 카시오포는 외로운 사람도 (그의 도움을 받아) 두려운 반응을 "누그러뜨리고", 삶을 통제할 수 있다고 믿는다. 누구든 약간의 도움을 받으면 왜곡된 사회적 인지의 감옥에서 벗어나 "문제를 키우는 상호 작용의 방식을 바꾸는" 법을 배울 수 있다고 말한다.[22] 이를 위해 외로운 사람들은 말을 지나치게 많이 하지도 않고, 자신의 고통이나 짜증 나는 행동으로 "어떤 모임에든 먹구름을 드리우지도" 않으며 분위기를 잘 띄우는 것으로 유명한 외롭지 않은 이들, 카시오포의 설명대로라면 언뜻 행복해 보이는 이들 무리에게서 배워야 한다는 것이다.[23]

솔직히 누가, 왜 이런 연구를 진지하게 받아들이겠는가? 외로운 사람들 가운데에는 가족이나 친구 같은 지지 집단이 있는 사람들에 비해 건강 문제를 더 많이 겪는 사람도 있을 것이다. 그중 일부는 남들이 받아들이기 어려운 행동을 함으로써 외로워졌다고 가정할 수도 있다. 그러나 이런 행동이 외로운 사람들에게만 국한되는 것은 아니다. 설사 외로움의 책임이 전적으로 당사자에게 있다고 해도, 외로운 사람에게 모든 비난을 돌리는 것은 바람직하지 않다. 외로움의 낙인과 그로 인한 고통이 더해진다는 이유만으로도 이런 전문가들의 주장은 반박할 만하다. 복합적이고 구조적인 외로움의 수많은 원인을 간과한 채 고통을 개인 탓으로만 돌리고 비난해선 안 된다. 이는 세계의 열강들이 경제적 불평등을 야기하는 편리한 시스템을 구축했다는 사실을 무시한 채 빈곤을 개인의 책임으로만 돌리는 것과 다르지 않다.

외로움의 책

외로운 사람들에게 책임을 전가하면 외롭지 않은 이들은 자유로워진다. 그들은 사회적 책임을 질 필요가 없다. 외로운 사람을 제외하곤 아무도 행동을 바꿔야 한다거나 책임감을 느낄 필요가 없다는 뜻이다. 아울러 외로운 사람들에게 책임을 떠넘기면 외로운 사람들과 그렇지 않은 사람들의 간극이 벌어진다. 이 두 부류를 구분하는 분명하고 특징적인 기준이 세워지는 것이다. 외롭지 않은 사람들은 모든 부정적인 특징이나 행동, 심지어는 아이스크림을 마구 퍼먹는 등의 아주 사소한 행동까지도 외로운 이들의 것으로 만들고 자신은 정상인으로 안전하게 남을 수 있다.

외로움에 관한 학술 연구와 대중 담화에서 눈에 띄는 결함을 꼽자면 바로 외로운 사람이 주체, 즉 내러티브의 '나'로 존재하지 않는다는 점이다. 이러한 연구들은 외로운 사람이 쓰지도 않았거니와, 외로운 사람을 독자로 고려하지도 않은 듯 보인다. 외로움의 고통은 임상적인 거리 또는 학술적인 거리를 두고 논의되다가 결국에는 훈계 섞인 비난으로 마무리된다. 외로움이 외로운 사람의 문제가 되면서 외로움의 낙인과, 우리의 사회적 환경이 영원히 변치 않는다는 인식은 더욱 깊어진다. 우리가 1980년대에 외로운지, 2020년에 외로운지는 별로 중요하지 않다. 중요한 것은 외로움에 취약한 유전자를 갖고 있는지, 혹은 관계에서 너무 많은 것을 기대하는지 등의 여부다.

외로움을 질병으로 취급하고 그 원인과 증상, 사회 부적응의 정도를 분류하는 경향은 외로움을 차단하려는 정교한 방어 전략이자

낙인의 원천이 아닌지 생각해볼 필요가 있다. 외로움 전문가들은
수상하리만치 말이 많다.

모순(2)

반투과성 거울에 둘러싸인 외로운 사람은 누군가가 자신의 얘기를 들어주기를, 자신의 모습을 봐주고 자신의 존재를 알아주기를, 세상의 일부로 받아들여주기를 더욱 갈망한다.

토니 모리슨(Toni Morrison)의 강렬한 소설 『빌러비드(Beloved)』에서 주인공 '빌러비드'는 노예의 삶을 면해주려고 자신을 죽인 어머니로부터 사랑받고픈 마음이 너무도 간절하여 이승으로 돌아온다. 그러나 유령 소녀의 갈망을 채우기 위해서는 무한한 사랑이 필요한 듯 보인다. 한번 버림받은 소녀는 인간이 감당할 수 없을 만큼 무조건적이고 전지전능한 사랑을 요구한다. 죄책감을 빌미로 어머니의 희생을 난폭하게 강요하고 온 집안을 휘저을 뿐 아니라 "내 안쪽을 만져주고 내 이름을 불러줘"라는 말로 어머니의 연인을 빼앗기도 한다.[1] 이 말은 성적인 의미이지만 은유의 가능성이 가득 담겨 있다. 딸이 어머니의 보살핌을 받아 안팎으로 살을 찌우고 배를 불리는 동안 어머니의 몸은 점점 작아진다. 결국 그녀가 딸에게 완전히 점령당하는 것을 막기 위해 동네 여자들이 달려오기에 이른다.

외로운 사람은 정신적 영양실조 상태에 빠진다. 거울 밖에는 사람들이 가득하지만 누구에게도 닿을 수 없다. 신체는 굶주리기 시작하면 가능한 모든 원천으로부터 영양분을 끌어온다. 저장된 지방에서 자양분을 조달하다가 그다음에는 근육에 의존한다. 그러나 영양분의 결핍을 상쇄하지는 못한다. 외부에서 들어오는 것이 전혀 없으면 신체는 결국 무너진다.

나는 깊은 외로움에 시달릴 때 굶주린 신체가 된 기분이 든다. 안으로 눈을 돌려 내가 가진 자원이 고갈될 때까지 그것을 갉아먹기 때문이다. 영양실조에 걸리면 배가 팽팽하게 부풀듯이 내 안에서 공허한 느낌이 부풀어 오른다. 결국 나는 무기력해지고 내 몸도 함께 고꾸라진다. 그럴 때면 빌러비드가 왜 이름을 불러달라고 하는지, 왜 자신의 "안쪽을" 만져달라고 하는지 알 것 같다. 외로운 사람은 누구나 원하는 것이므로.

외로움은 무엇인가?

외로움은 개념화하기 어려운 경험이다. 정의 내리기 좋아하는 철학자들이 이 주제를 외면하는 까닭은 바로 이런 이유 때문일 것이다. 외로움은 사랑처럼 복합적이고 괴이하며 비합리적이다. 극단적이면서도 평범하고, 심오한 동시에 피상적이며, 인간이 겪는 모든 풍파의 영향을 받는다. 그렇다고 외로움을 정의할 수 없다는 뜻이 아니라 외로움을 정의하려 한다면 이 갖가지 풍파를 고려해야 한다는 뜻이다.

나는 외로움이 다른 사람과의 친밀감이나 밀접함이 충족되지 않을 때 이를 갈구하는 욕망이라고 정의한다. 이 충족되지 않은 욕망은 서글픔과 자기 연민, 분노 또는 절망 등의 다양한 감정을 자극하지만 감정으로 분류할 수는 없다. 외로움은 일시적으로 또는 간헐적으로 겪기도 하고 때로는 영구히 겪기도 한다. 외로움은 허기와도 비슷하다. 허기는 감정이라기보다는 욕구에서 비롯되는 갈망이다. 우리는 배고플 때나 외로울 때 삶과는 떼어놓을 수 없는 무언가를 갈구한다. 외로움의 갈망은 대개 허기만큼이나 물리적으로 느끼는 것이다. 따라서 외로움의 의미를 고민할 때 육체를 간과해서는 안 된다.

친밀함(intimacy)이라는 표현은 섣불리 사용하기가 망설여진다. 우리는 이 표현을 주로 성적인 관계와 연관 짓기 때문이다. 그러나 성적인 관계는 타인과 가까워지는 수많은 방법 가운데 하나일 뿐이다. 내가 말하는, 타인과 가까워지고픈 욕구는 사랑하는 두 사람 또는 몇몇 사람 사이의 친숙하고 사적인 관계에서부터 지역 사회나 각종 공동체, 그 밖의 사교 단체나 정치 단체에 이르기까지 다양한 관계와 친밀함을 모두 아우른다. 이처럼 보다 넓은 의미의 친밀함 또는 가까움은 좀 더 내밀한 사랑과 정서적 애착에서부터 그리 내밀하지 않은 존중과 연대에 이르기까지, 소속감과 가치 부여로 이어지는 온갖 경험을 모두 포괄하는 개념이다. 사랑하는 것은 타인에게 가치를 '수여(bestow)'하는 일이며, 우리는 가치 있다고 여기는 사람을 보살피고 싶어 한다.[1] 정서적 애착을 갖는다는 것은 (이상적으로는) 다른 누군가의 존재에 온전히 적응하는 것을 의미한다. 즉 그 사람을 이해하고 그 사람에게 이해받으며, 그의 생각과 감정에 민감하게 반응하고 그의 행복에 관심을 가진다는 것이다. 우리는 소속감을 느낄 때 가정이나 지역 사회, 공동체 안에서 중요한 자리를 차지하게 된다. 그리고 자신이 다른 사람들에게 중요한 존재라고 느끼며 재능과 관심을 통해 자신보다 더 큰 무언가에 기여할 수 있게 된다. 의미 있는 삶을 이루는 것은 인간의 삶에서 이처럼 관계와 연관된 요소들이다.

따라서 다른 이들과 가까워지려는 욕구는 사적인 수준에서부터 공적인 수준에 이르기까지, 매우 친밀한 관계에서부터 피상적인 가까움에 이르기까지 다양한 차원에서 드러난다. 우리는 사랑과 보살 핌, 이해를 갈구하지만 한편으로는 이웃이나 지인들뿐 아니라 (설사 갈등하는 관계라고 해도) 서로에게 의미 있는 구성원이 되는, 좀 더 넓은 공적 세상과도 교류해야 한다. 이처럼 인간이 함께하는 삶에 대한 욕구가 좌절될 때에도 우리는 역시 권태나 우울, 자포자기, 불안에서부터 소통할 수 없는 상태, 정신 질환에 이르기까지 매우 다양하고 광범위한 반응을 보인다. 이에 관해서는 프리다 프롬라이히만의 연구에서 보게 될 것이다. 문제를 더 복잡하게 만드는 것은 다양한 심리적 이유나 상황 때문에 우리가 누구나 똑같은 수준의 친밀함을 갈망하진 않는다는 점이다. 늘 사람들에게 둘러싸여 있기를 원하는 사람이 있는가 하면, 고독을 갈망하는 사람도 있다. 누군가는 평생 외롭다고 느끼는 반면, 또 누군가는 사랑하는 이들과 떨어져 있을 때만 외로움을 느낀다.

20세기의 영향력 있는 정신과 의사 프롬라이히만은 정신 질환을 비인습적인 방법으로 치료한 것으로 유명한 메릴랜드주 정신 병원 체스트넛 로지(Chestnut Lodge)에서 조현병 환자들을 연구했다. 1959년에 발표한 외로움에 관한 그녀의 에세이는 이제 고전이 되었다. 도입부에서 그녀는 자신이 이 주제에 "유별난 흥미"를 보이는 까닭을 고찰한다.[2] 프롬라이히만은 "긴장증"을 앓는 한 젊은 여성과 교류한 것이 계기였다고 설명한다.[3] 이 여성은 누구와도 소통하지 않고 고립된 상태였지만 프롬라이히만이 그녀의 외로움을 알아주자 서서히 그 상태에서 벗어났다. 프롬라이히만은 우리가 태어날 때부터 "교류와 애정에 대한 욕구"를 갖고 있다고 믿는데, 그녀가 환자의 고통을 알아본 것은 바로 이러한 욕구를 알아준 셈이었다. 그녀는 친밀함을 향한 인간의 갈망은 평생 사그라지지 않으며, "그것을 잃을까 봐 두려워하지 않는 인간은 없다"고 썼다.[4] 프롬라이히만은 이렇게 묻는다. 그렇다면 "외로운 이들의 역사에서 무엇이 잘못되었는가?" 여기서 외로운 이들이란 친밀함에 대한 욕구를 충족시키지 못해 고통받는 사람들을 말한다.[5] 이는 외로움에 취약한 성격적 원인을 찾는 접근법과는 매우 다르다. 프롬라이히만의 에세이에서 외로움은 좌절된 욕구를 나타낸다. 그녀는 동료 해리 스택 설리번(Harry Stack Sullivan)이 제안한 외로움의 정의를 인용하면서 이를 인정한다. 즉 외로움은 "친밀함을 향한 갈망이 제대로 충족되지 않은, 극도로 불쾌하고 강렬한 경험"이라는 것이다.[6]

프롬라이히만은 외로움에 관한 많은 연구뿐 아니라 정신과학 분야에서도 "용어의 한계"에 자주 맞닥뜨린다며 이를 상쇄하기 위해 여러 유용한 부연 설명을 제시한다. 외로움은 "사람들이 수단과 방법을 가리지 않고 어떻게든 피하려 할 만큼 고통스럽고 무시무시한 경험"이며, 정신과 의사들도 예외는 아니다. 그들은 외로움을 언급할 때 혼자인 상태(aloneness)와 고립, 강제 고독, "진짜 외로움", 즉 소통할 수 없는 심각한 외로움을 모두 똑같이 취급한다.[7] 그러나 이 모든 것이 사실은 저마다 독특한 경험이다. 혼자일 때에도 외롭지 않은 사람이라면, 또는 외로움이나 고립감과는 다른 종류의 소외감을 느껴본 사람이라면 잘 알 것이다.

프롬라이히만은 계속해서 "진짜" 외로움과 고독, 슬픔, 일시적으로 혼자인 상태, "문화가 야기하는" 외로움(현대의 소외), "건설적으로 혼자인 상태"(창의성의 표출에 필요한 고독)를 구분한다.[8] 그녀는 이러한 경험들을 가볍게 치부할 수는 없지만 적어도 그것은 소통할 수 있는 경험이며, 이런 점에서 조현병과 정신병을 앓는 환자들이 보이는 외로움의 형태와는 다르다고 주장한다. 프롬라이히만의 관점에서 진짜 외로움은 일시적인 상태가 아니라, 한때 자신의 삶에 가까운 관계가 있었다는 사실을 잊었고 앞으로의 삶에도 그런 관계의 가망이 없는 상태를 뜻한다.[9] 이런 유형의 외로움은 "아무것도 할 수 없는 절망과 말로 표현할 수 없는 허무감"을 낳는다. 묘사할 수 없기에 전달할 수 없고, 그와 관련된 어떤 기억도 떠올리고 싶지 않을 정도로 무시무시한 외로움이다.[10] 이런 공포와 마비 상태는 오래 견딜 수 없기 때문에 결국 정신 이상의 상태로 이어질 수 있다.[11] 프롬라이히만은 이러한 진짜 외로움의 경험과, 그 밖에 외로움과 연관 지을 수 있는 "언캐니"한 경험, 즉 공황이나 현실감의 상실 같은 경험이 설리번의 정의에 모순되는지 여부를 고찰한다.[12] 이 에세이의 논지는 "정신적 혼란의 역학"에서 외로움이 실제로 인정되고 있는 것보다 훨씬 더 큰 역할을 하며, 이런 점을 감안할 때 진짜 외로움과 정신 질환 사이에 명확한 선을 긋기란 어렵다는 것이다.[13]

외로움을 부족한 친밀함에 대한 욕망으로 정의한다면 그 욕구의 정도와 강도, 고통은 사람마다 다르게 경험할 것이다. 혼자인 상태에서도 타인을 갈망하지 않는 경우가 있으므로 외로움은 혼자인 상태나 고독과는 다르다. 또한 고립과도 같지 않다. 고립은 육체적 또는 정신적 분리 상태로, 외로움으로 이어질 수도 있고 그러지 않을 수도 있다. 고립된 상태에서도 외로움을 겪지 않는 경우가 있는가 하면 고립되지 않은 상태에서도 외로움을 겪을 수 있다. 외로움은 슬픔과 우울, 불안을 동반하기도 하지만 각각의 상태는 친밀함을 향한 욕망과는 관계없이 개별적인 현상으로 나타나기도 한다.

나는 프롬라이히만이 묘사한 중증의 외로움을 겪어보지 않았으나, 정신 질환이라고 볼 수 없는 가벼운 외로움을 다룰 때에도 그 고통에 집중한다는 점이 인상적이었다. 또한 이런 고통의 원천이 되는 친밀함의 결여를 카시오포와 스벤센처럼 주관적인 인식의 차이로 돌리지 않고 실질적인 것으로 꼽는다는 점도 매력적이다. 프롬라이히만은 인간이 서로를 깊이 갈구하며 자기 확인과 온정, 이해 그리고 같은 종(種) 사이의 물리적인 가까움을 위해 서로에게 의존한다는 사실을 인정한다. 나는 이 물리적인 가까움을 인접이라 부르겠다. 이러한 의존의 정도는 사람에 따라 다르기 때문에 혼자인 상태에 대한 내성도 사람마다 제각각이다. 무엇보다도 프롬라이히만의 저술에는 외로움을 학술적으로 분석한 수많은 인기 문헌에는 없는 것이 들어 있다. 바로 주체로서의 외로운 인간이다.

외로움을 친밀함에 대한 욕망으로 정의한다면 외로운 상태는 사랑이 결핍된 상태를 뜻한다. 이를 위해서는 사랑을 인간들의 상호작용 전반을 아우르는 것으로 광범위하게 정의해야 할 것이다. 사랑을 주고받는 것은 친밀함의 경험이고, 이는 누구도 논리적으로 반박할 수 없는 보편적 욕구다. 그러나 서로를 원하는 우리의 갈망은 좁은 의미의 친밀한 사랑에 국한되지 않는다. 우리는 다른 사람들과 공유하는 세상을 함께 만들기를 갈망하고, 이러한 집단적 참여는 내밀하게 경험하는 감정과 갈망의 영역 너머로 우리를 인도한다. 누군가에게 사랑받는 사람도 무언가의 일부가 되지 못해 외로움에 시달린다. 이 경우의 외로움도 자신이 갖지 못한 것에 대한 갈망이지만, 여기서 욕망하는 것은 보다 넓은 개념의 함께하는 삶이다. 다시 말해 우리는 소속될 수 있는 세계를 갈구하며, 그 중심에는 사랑이 있다.

부연 설명을 위해 해나 아렌트(Hannah Arendt)가 인간 실존의 정치적 측면을 환기하고자 사용한 두 개념 "세계"와 "세계성"을 빌려오려 한다. 그녀가 말하는 정치의 영역은 우리 모두에게 영향을 미치는 일들에 관해 다른 이들과 함께 말하고 행위하는 공적 영역이다. 공적 영역은 "현상의 공간"이며, 이러한 공간은 누구나 차지하는 것도 아닐뿐더러(예를 들어 노예나 난민은 공적인 삶에서 배제되므로) 언제나 차지할 수 있는 것도 아니다. 정치는 사회를 관리하고 조직하는 통치 구조에만 국한되는 것이 아니라 수많은 고유한 개인들이 관계를 맺음으로써 일어나는 인간 실존의 측면 전반을 말한다. 아렌트는 우리 사이의 이 공간을 일컫는 말로 라틴어 "inter‒esse"('관심'을 뜻하는 'interest'의 어원‒옮긴이)를 사용하는데 이는 "존재‒사이"라는 뜻이다. 이 사이의 공간에서 우리는 함께 세계를 창조한다. 그 안에서는 모든 행위가 예측할 수 없고 나름의 생명을 갖기 때문에

우리가 함께 만드는 세계는 개인들이 말하고 행동하는 모든 것의 총합을 뛰어넘는다.[14]

아렌트의 모든 저술에는 세계에 대한 사랑이 명시되어 있다. '세계애'라는 뜻의 '아모르 문디(Amor Mundi)'라는 제목을 고려하기도 한 『인간의 조건(The Human Condition)』을 보면 세계는 오래가는 사물들을 만들고 발상을 표현하며 예술을 창조하고 말과 집단 행위로 공적 공간을 구성함으로써 구축되고 유지된다는 것을 알 수 있다. "세계성"은 이러한 구성의 조건이다. 사물을 조작하고 우리보다 수명이 긴 프로젝트를 추진하며, 영구적인 것, 즉 다음 세대를 위한 세계를 구축하려는, 오로지 인간만이 가진 충동을 위한 조건이다.

아렌트에 따르면, 이 세계성을 상실하고 세계 구축이라는 공동의 프로젝트를 공유하지 않은 채 다른 이들과 나란히 존재할 때 "우리가 아는 세계를 파괴할 수도 있는" 참혹한 외로움이 따른다.[15] 그녀는 스탈린과 히틀러의 전체주의가 두려움이 낳은 고립, 모든 형태의 연대를 막는 고립을 통해 외로움을 양산했다고 믿었다.

아렌트는 프롬라이히만처럼 외로움의 원인을 결핍에서 찾는다. 외로운 사람은 "모든 인간의 교제에서 버림받았다"고 느끼는데, 이는 그 사람이 더는 지지를 받지 못한다는 뜻이다. 그러나 아렌트의 설명에 따르면, 그저 친밀한 타인, 동지인 타인(또는 타인들)의 결핍만이 문제가 아니다. 외로움은 "뿌리째 뽑힌" 상태, "더 이상 필요치 않은" 상태가 되었음을 의미한다. 더 이상 세상에 소속되지 않은 상태, 아렌트가 보기에 이것은 인간이 겪을 수 있는 "가장 극단적이고

외로움의 책

절망적인"경험에 속한다.[16]

아렌트는 20세기 대중 소비주의와 획일화를 통해 발전한 사회에 대해 편협하고 다소 부정적인 관점을 보였지만, 나는 그녀가 말하는 "세계"의 개념에 인간 실존의 사회적 차원을 위한 공간을 마련하고 싶다. 우리가 창조하고 소속되는 세계는 정치적인 영역인 동시에 사회적인 영역이다. 인간이 함께하는 삶에서 이 두 영역은 이따금 마주치기도 하고 분리되기도 한다. 우정이나 공통의 정서 없이는 우리 모두에게 영향을 미치는 사건과 딜레마에 정치적 측면이 개입될 수 없으며 공론이나 집단행동도 존재할 수 없다. 세계가 외로움과 고립으로 무너질 수 있다는 것은 사회적 삶이 인간의 생존에 기본적인 요소라는 뜻이 된다. 그것이 위협받고 있다면, 즉 우리의 정치적 실존과 똑같이 해체될 위험에 처해 있다면, 우리는 세계를 단순히 공론과 행동의 장을 넘어서는 개념으로 정의할 수 있다. 그것은 낯선 사람과의 일상적인 교류에서부터 우정과 사랑의 친밀한 교류에 이르기까지 끝없이 다양한 접촉에 좌지우지되는 우리 사이의 공간이라 할 수 있다. 그렇다면 우리는 이 공식에 마음도 넣어야 한다. 외로움에 관해 얘기하려면 우리 삶의 심리적·사회적·정치적 차원들이 서로 복잡하게 뒤얽혀 있음을 받아들여야 한다.

프롬라이히만과 아렌트는 제각기 매우 상이한 외로움의 측면을 다루는 것처럼 보이지만 두 사람의 저술에서 욕망과 고통은 동일한 의미를 갖는다. 외로움을 이해하려면 안팎의 세계, 즉 사적 세계와 공적 세계 모두를 고려해야 한다. 우리는 좋은 쪽으로든 나쁜 쪽으로든 전적으로 서로에게 의존하고 있으며 다른 사람들의 세계에 소속되지 않으면 고통받는다. 그러나 이런 의존은 우리를 몹시 취약하게 만들고 이는 다른 종류의 고통으로 이어질 수 있다. 이 고통 역시 모호성을 갖고 있다.

타인의 행복

2010년 나는 지독한 연애에서 빠져나온 뒤 혼자 베를린으로 가서 간소한 원룸 아파트에서 지냈다. 연애의 끝에 찾아오는 외로움은 유난히 가혹하다. 밀물처럼 밀려왔던 감각과 감정이 한꺼번에 빠져나가기 때문이다. 새로 찾아온 외로움이 침대와 탁자, 장롱 사이 빈 공간을 가득 메웠다. 안뜰 쪽에 난 창문으로 7층짜리 아파트의 맞은편 세대들이 보였는데, 나는 밤늦도록 커튼을 내리지 않는 사람들의 사생활을 목격하곤 했다. 내 시야에 들어온 것은 타인의 행복이었다. 부엌에서 김이 모락모락 나는 냄비를 보며 서 있는 사람들, 창턱에 이불을 너는 사람들을 볼 때면 나의 외로움이 그들의 이야기를 지어냈다. 나는 고집스레 그들이 사랑의 행복을 누리고 있다고 단정하며 질투를 삭였다.

　매일 아침 나는 크로이츠베르크의 아파트에서 나와 블리니스 에스프레소라운지로 갔고, 그곳에서 스티커 메모지에 깨알 같은 글씨로 글을 쓴 뒤 그것을 수첩에 붙였다. 어쩌면 그런 식으로, 감당할 수 없이 크나큰 감정을 가장 작게 축약해 깔끔한 사각형 안에 담으려 했는지도 모르겠다. 내 독일어는 커피를 주문하는 것 이상의 복잡한 대화는 불가능한 수준이었다. 이런 상황이 나의 외로움에 독특한 색을 더했다. 말이 통하지 않는 외국에 혼자 떨어진 나는 투명한 막을 뒤집어쓰고 살아갔다. 그 안에 나를 가둔 것은 딱히 두려움은 아니었다. 위급한 상황이 되면 친절한 누군가가 나를 도와주리라고 믿었으니까. 하지만 아무 일도 없는 상태와 위급한 상황 사이에는 수많은 삶의 양태가 존재한다. 나를 에워싼 막은 보이지 않았으나 뚫을 수도 없었다. 내가 그 도시에 사는 동안 그것은 끈질기게 따라다니며 나를 고립시켰다. 나는 어느 때보다도 혼자임을 느꼈다. 이 경험은 애도에 빠진 사람이 겪는 특정한 외로움과도 비슷하지 않을까 싶다. 그 낯선 곳에서 나는 혼자였고, 깊은 슬픔에 빠져 있었을 뿐 아니라 세상과도 소원해져 있었다. 비유적으로든 문자 그대로든 내 언어를 할 줄 아는 사람이 아무도 없으면 나는 완전히 분리되고, 이는 곧 나 자신에게서 도망칠 수 없다는 것을 의미한다. 나는 그 투명한 막 속에서 그저 기계적으로 삶에 필요한 움직임을 이어가며 새로운 기대를 키우기 시작했다. 밤이 되어 잠이 들기를, 그래서 모든 걸 잊게 되기를.

외로움의 책

그레고르 잠자의 소외

그레고르 잠자는 프란츠 카프카의 소설 「변신(The Metamorphosis)」의 주인공이다. 외판원이었던 그는 어느 날 아침 깨어났을 때 자신이 거대한 곤충으로 변했다는 사실을 깨닫는다. 그 즉시 그는 철저하게 소외된다. 처음에는 다시 잠에 빠져 이 "터무니없는" 변신을 잊으면 그만이라고 생각하지만 평소 잠을 잘 때 버릇이 된 자세를 잡으려고 아무리 노력해도 온몸을 덮은 단단한 껍데기와 징그럽게 보이는 "버둥거리는 다리들" 때문에 도저히 그럴 수가 없다.[1] 여동생과 어머니, 아버지에게 얘기하려고 안간힘을 쓰지만 그의 목에서 나오는 끽끽거리는 소리를 그들이 알아들을 리 없다. 처음에는 예전에 좋아했던 음식이 더는 먹고 싶지 않은 이유도, 여러 개의 다리를 움직여 몸을 옮기는 방법도 알지 못한다. 우울해하던 그레고르가 여동생의 바이올린 연주를 듣는 애처로운 장면에서, 그는 그 음악으로 인해 "자신이 갈망하던 미지의 자양분"으로 가는 길이 열렸다고 느낀다. 그 자양분은 바로 동생과 가까이 있는 것, 경멸이 아닌 사랑을 받는 것이다.[2] 독자는 그의 혼란에서부터 절망, 아무것도 모르게 되기를 바라는 마음까지 그의 인간적인 생각을 모두 따라간다. 그는 인간의 지각과 곤충의 육체를 가진 상태로 자신을 포함해 익숙하고 사랑하는 모든 것으로부터 철저히 소외된다.

외로움과 소외는 비슷한 경험이다. 앞에서 나는 외로움을 부족한 친밀함에 대한 갈망으로 정의했는데, 이러한 갈망은 사람이나 상황에 따라 달라지는 특정한 조건에서 기인한다. 소외도 외로움을 야기하는 조건의 하나로, 분리된 느낌 또는 거리감으로 특징할 수 있는 존재의 상태다. 우리는 낯선 곳에서 이방인이 된 기분을 느낀다. 그곳에 소속되지 못하기 때문이다. 언어 장벽에서 오는 소외감은 외국에 살 때만 겪는 것이 아니다. 소외는 외로움이나 고립과 겹치는 부분이 있지만 일치하진 않는다. 나는 내가 소속되지 않은 곳에 있을 때, 즉 내가 외국인 혹은 이방인이거나, 누구에게도 이해받지 못할 때 소외감을 느낀다. 외로움이 타인과의 친밀함이 결여되었다는 신호라면 소외는 익숙함의 결여, 즉 우리가 만드는 세상에서 다른 이들과 함께 편안함을 느끼는 상태가 아니라는 신호다.

소원감(estrangement)도 동일한 신호를 보내는 유의어라고 할 수 있다. 외국에서 낯선 사람들 속에 있을 때 느끼는 기분은 소원해진 가족과 함께 살 때 느끼는 기분과도 비슷하다. 더 이상 인정받거나 이해받지 못한 채, 자신의 집에서 마치 낯선 사람처럼 존재하는 것이다. 이렇게 보면 소외는 연인이나 배우자를 혐오하는 데서 오는 감정이 아니라 자신과 동떨어진 느낌을 주는 감정적·심리적 거리감일 수도 있다. 소외를 견디기 어려운 것은 바로 이런 이유 때문이다. 집으로 가는 일이 두려워지기도 한다. 서로 피하는 두 사람이 한 공간에서 서로를 전혀 이해하지 못하는 채로 존재하면 심리적 고통

뿐 아니라 육체적 고통도 극심해진다.

집이 더 이상 편안하지 않을 때 우리는 자신에게조차 낯선 존재가 된다. 집이야말로 가장 자신답게 존재할 수 있는 공간이기 때문이다. 집에서는 다른 사람을 위해 연기할 필요가 없다. 더없이 친밀하고 익숙한 환경, 우리가 소유하고 있으며 소중히 여기는 것들, 그곳을 공유하는 사람의 삶 등을 중심으로 일상이 돌아가는 그런 곳이 집이다. 그러나 두 거주자 사이에 이질적인 공간이 커졌다면 집은 그 자체로 이질적인 곳, 즉 외국과 같은 곳이 된다. 더 이상 모국어를 하지 않는 곳, 관습을 이해할 수 없는 곳이 된다.

사유하는 사람은 변화무쌍한 대중의 감정 흐름에 늘 촉각을 곤두세우고 언제나 독단과 이념을 경계하며 비판에 적극적으로 참여할 준비가 되어 있는 사람이다. 수전 손택(Susan Sontag)은 사유하는 자신을 가리켜 "진지함의 광신자"라고 불렀다. 가장 손쉬운 방법으로 최대의 행복을 추구하라고 부추기는 사회에서 사유하는 사람은 소외되기 쉽다. 과학 기술을 중시하는 문화에서는 창조적인 일을 하는 사람이, 그리고 무감한 사람들이 모인 곳에서는 예민한 사람이 소외되기 쉬우며, 작은 도시로 갓 이주한 사람도 마찬가지다. 소외는 외로움과 겹치기도 하며 이 둘을 언제나 명확하게 구분할 수 있는 건 아니다. 그러나 소외와 외로움이 생겨나는 배경은 다르다. 나는 군중 속에 있을 때든 혼자일 때든 외로움을 느낄 수 있지만, 소외는 사람들 속에서만 겪는다. 이방인이 된 기분은 함께 있을 때 편안하길 바랐던 사람들 속에서 느끼는 것이니까.

철학자는 홀로 존재한다 •

외로움을 고찰한 철학자는 드물고, 외로움을 깊이 분석한 철학자는 더 드물지만 간혹 이 주제를 다루는 철학자들은 외로움을 혼자인 상태(aloneness)와 같은 것으로 보는 경향이 있다. 따라서 우리에게는 또 하나의 논의거리가 던져진 셈이다. 바로 개인의 근본적인 독자성(separateness)으로 정의되는 외로움, 즉 친밀함에 대한 욕망이나 병적 상태가 아닌 인간 실존의 한 조건으로 정의되는 외로움이다. 이 관점에서 보면 우리는 사람들 속에서 평생 살아가지만 실존적으로 혼자다.

철학자들뿐 아니라 작가들도 우리는 개별적인 몸이나 단일한 정신을 경계로 삼는, 절대적으로 독자적인 존재라는 주장을 지지한다. 예를 들어 테네시 윌리엄스의 희곡 「지옥의 오르페우스(Orpheus Descending)」에서 '발'이라는 인물은 "우리는 모두 우리의 피부 속에 홀로 감금되는 종신형을 선고받았다"고 말한다.[1] 옥타비오 파스는 『멕시코의 세 얼굴 – 고독의 미로(The Labyrinth of Solitude)』 도입부에서 우리가 사춘기 시절에 경험하는, 혼자임을 자각하는 순간을 언급한다. 우리는 이 무렵 자신을 발견하면서 "세상과 우리 사이에 손으로 만질 수도 없고 보이지도 않는 장벽이 존재한다는 것을 깨닫는데 이것이 바로 자의식"이다.[2] "우리는 홀로 태어나 홀로 죽으며", 이처럼 (파스가 "고독"이라고 부르는) 혼자인 상태는 인간 조건의 가장 근원적인 진실이다. 파스는 우리가 상실감과 버려진 느낌에 시달리는 것은 자궁이라는 집에서 추방된 탓이며, 외로움은 "우리가 떨어져 나온 그 몸에 대한 향수"라고 주장한다.[3]

버지니아 울프는 우리 사이에 존재하는 알 수 없는 무언가가 우리를 혼자인 존재로 만든다고 여긴다. 파스가 말한 "손으로 만질 수 없는" 분리의 "벽"은 "원시림" 또는 "눈밭"이 된다. "우리는 그곳에 혼자 가며 그것을 더 좋아한다." 왜냐하면 "항상 공감을 얻고 항상 누군가가 함께 있으며 항상 이해받는 것은 견디기 어려운" 일이기 때문이다.[4] 울프는 인간 세상이 "공통의 욕구와 두려움으로 엮여 있어 한 사람이 손목을 움찔하면 다른 사람도 움직인다"고 생각하는 건 망상이라고 주장한다.[5] 울프는, 우리가 타인의 영혼뿐 아니라 자신의 영혼조차도 온전히 알 수 없는 것은 본질적으로 혼자이기 때문이라고 여긴다. 원시림은 '알 수 없음'의 은유다. 그러나 그녀의 글에서 침울한 불평이나 외로움의 고통을 표출하는 대목은 찾아볼 수 없다. 울프는 그저 개체들이 근본적으로 분리된 존재임을 짧은 서정시로 노래할 뿐이다. 이처럼 근본적인 독자성을 단언함으로써 그녀는 또한 이를 유지하는 데 필요한 고독에의 갈망을 표현한다.

클라크 무스타커스는 울프가 다루지 않은 우울감을 풍부하게 드러내면서도 실존적 외로움에 대한 "공포"를 즐거운 고독으로 바꾸려 한다. 그는 "고립되고 고독하며 외로운 인간"으로 지낸 경험을

"고통스럽고도 짜릿하며 아름다운" 것으로 묘사한다. 짜릿한 이유는 자신을 자각했기 때문이다. 무스타커스는 이러한 자각이 자신뿐 아니라 타인에 대한 세심함을 보완해준다고 믿는다. 우리는 혼자일 때 비로소 자신의 역량을 발전시키고 "자신의 실존과 깊이 접촉하게" 된다. 그는 실존적 외로움과 그것을 두려워하는 "병"을 받아들이는 것이 용기 있는 일이라고 결론 내린다.[6] 인간이 본질적으로 혼자라는 점은 우리를 강하게 만든다.

외로움에 관한 무스타커스의 글에는 종교적인 요소가 담겨 있다. 신학자 겸 철학자인 폴 틸리히(Paul Tillich)의 관점도 마찬가지다. 무스타커스는 외로움을 영적인 경험으로 여기고, 생텍쥐페리에서부터, 자아를 더 깊이 자각하고 의미를 찾기 위해 수도원이나 금욕적인 고독의 장소를 찾는 에밀리 디킨슨에 이르기까지 많은 이들을 예로 든다. 틸리히는 혼자임을 극복하려면 세상이 아닌 신을 받아들여야 한다고 주장한다. 여기서 다시 한번 죽음이 우리가 근본적으로 혼자임을 입증하는 증거로 제시된다. 우리는 죽음을 기다릴 때 혼자이며 다른 이들과 아무리 소통하려 해도 혼자인 상태의 외로움을 덜 수는 없다. 설사 죽음의 순간에 다른 이들이 있다고 해도 "그것은 우리의 죽음이고, 오로지 우리만의 죽음"이다. "누가 이런 외로움을 견딜 수 있는가?"[7] 죽음의 외로움을 더하는 것은 죽음을 향해 나아가는 개인의 의지도 혼자라는 점이다. 틸리히는 자신이 저지른 행동은 스스로 책임질 수밖에 없으며 그 죄책감 또한 누구와도 나눌 수 없고 오롯이 자신의 것이 된다고 주장한다. 우리는

외로움의 책

혼자인 운명을 타고났다. 우리가 독자적인 존재라는 진실은 성교로도 뛰어넘을 수 없다. 육체의 결합 뒤에는 "너무 많은 것을 주었다"는 수치심이 들고 결국 우리는 더욱 고립되어 "급기야 반감을 느끼기"도 한다.[8] 틸리히는 이런 외로움의 고통을 기쁨으로 바꾸는 길은 신과 하나가 되는 것뿐이라고 믿는다. 이 친교에는 반감이 따르지 않는다. 우리가 혼자임을 받아들일 때 우리 내면의 자아는 신에게로 올라갈 수 있으며 신을 통해 우리는 다른 외로운 사람들을 만날 수 있다. 따라서 틸리히는 "여러 시간의 대화보다 한 시간의 고독이 우리를 사랑하는 이들과 더 가까워지게 할 수 있다"고 주장한다.[9]

여기서 소개한 저술들이 우리가 근본적으로 혼자임을 주장하는 모든 문헌을 대표한다고 말할 수는 없다. 그러나 이를 통해 개인의 독자성을 어느 정도는 견디기 어려우면서도 유익한 조건으로 인지하는 이들의 논리를 조금은 이해할 수 있을 것이다. 이들은 독자성을 강점이나 미덕, 개체들 사이에 꼭 필요한, 허물 수 없는 경계로 받아들인다. 이 관점에서 보면 사회에서든 연인 관계로든 인간이 함께하는 것은 개인에게 위협이 될 수 있다. 자신을 너무 많이 내주고, 자기 발전이나 자기 인식을 희생해야 하기 때문이다. 심지어 지나치게 이해받을 수도 있다. 한 가지 주목할 점은 이 공식에서 육체를 제하면 금세 친교조차도 안전한 것이 된다는 사실이다. 영적 존재와 친교를 나누면 대가를 치를 필요가 없다. 신은 취약성을 담보하지 않고도 외로움을 달래줄 수 있는 존재다.

인간이 근본적으로 혼자라는 믿음은 서로 대치하는 관점으로 이어지기도 한다. "지독히, 철저히 혼자인 상태",[10] 견디기 힘들지만 피할 수 없다고 간주되는 상태, 진실한 삶 또는 진짜 삶을 살기 위해서는 반드시 마주해야 하는, 그런 상태가 야기하는 절망이나 불안을 강조하는가 하면, 우리가 근본적으로 혼자라는 것을 자율성의 토대로 칭송하기도 한다. 이 관점에서 보면 우리는 독립적인 개체를 끊임없이 위협하는 사회의 제약과 순응에서 벗어나기 위해 우리가 혼자라는 사실을 받아들여야 한다. 여기에는 오만이 담겨 있다. 나는 혼자이며 **누구도 필요하지 않다**. 고독한 철학자는 이렇게 선언한다. 넘을 수 없는 틈이나 뚫을 수 없는 벽으로 다른 이들과 분리되는 것이 미덕이고, 다른 이들에게 의존하는 것은 해악이라는 듯이.

그저 인간이 개별적인 존재임을 인정하는 문제에서 그친다면 딱히 동의하지 않을 이유가 없다. 우리는 저마다 독특한 존재다. 모든 인간은 제각기 하나의 개체를 이루고, 각각의 개체는 단일하다는 점에서 혼자다. 신체를 생각해보자. 고유한 개인의 신체는 탄생과 함께 존재하고 죽음의 순간에 끝이 난다. 그 시작과 끝 사이에서 우리가 몸으로 체현하는 경험들은 개별적이고 주관적이다. 설사 집단이 공유하는 객관적 경험이라고 해도 마찬가지다. 에디트 슈타인(Edith Stein)의 예를 인용하면, 내가 피부로 느끼는 간질거림은 주관적인 느낌이며 나를 간질이는 깃털이 다른 사람을 간질인다고 해도 그 사람과 나는 분리된 개체로서 그 감각을 저마다 독특하게 경험한다.[11] 우리는 감정 이입을 통해 다른 신체의 감각적 경험, 예컨대 고통 따위에 공감할 수 있지만 그 감각은 우리 몸으로 경험하는 것이 아니다. 타인의 고통은 "타인의 입장이 되어보면" 경험할 수 있다.[12] 그러나 우리는 그 사람의 몸으로 살 수 없다. 나는 언제나 내 몸이 구성하는 경계 안에 확실하게 분리되어 있다.

신체가 절대적으로 분리되어 있다면 우리 행동의 동기 부여를 책임지는 개인의 의지도 마찬가지다. 우리는 저마다 독특한 상황의 맥락 속에 태어났으며 그 안에서 개별적인 선택과 행동을 통해 저마다 독특한 삶의 이야기를 만들어간다. 이런 이야기는 다른 이들의 세계와 연관되어 있지만 각자의 상황이 부여하는 한계 속에서 삶을 어떻게 꾸려나갈지는 전적으로 혼자 책임져야 한다. 이 부분에 관해 나는 개인의 삶이 가진 독자성을 중시하는 실존주의 철학과 문학을 참고하려 한다. 실존주의 전통에서 개체는 본질적으로, 또한 절대적으로 자유롭고 일련의 선택과 행동을 통해 지속적으로 세상을 재창조한다. 자유의 고통에는 책임이 따른다. 고통은 바로 이 책임 때문이다. 우리는 자신이 행한 일에 대해 다른 누구를 탓할 수 없다. 설사 다른 이들과 함께 했다고 해도 말이다. 더 나아가 우리의 선택과 행동은 집단적인 결과를 낳는다. 우리는 자기 삶의 이야기뿐 아니라 우리가 끊임없이 다른 이들과 함께 재정의하는 세상의 성격까지 책임져야 한다. 어떤 상황에서든 선택은 개인이 해야 하고, 자신의 행동에 대해 전적으로 책임져야 하는 만큼 죄책감도 혼자의 몫이다.

그러나 우리가 실존적으로 혼자임을 주장하는 것은 단순히 신체나 의지, 양심의 고유성을 근거로 개체의 독자성을 인정하는 것 이상의 의미를 지닌다. 여기서 개체는 그저 독자적이고 독특한 존재가 아니라 누구도 건드릴 수 없는 권위적인 존재다. 예를 들어 장 폴 사르트르가 말하는 책임은 필요 이상으로 절대적인 것처럼 보인다. 그는 "우리는 혼자다. 그 어떤 변명이나 핑계도 통하지 않는다"라고 주장한다.[13] 우리는 자신의 잘못된 결정이나 그릇된 행동을 태생적인 조건이나 현재 상황, 그것을 함께한 사람들의 탓으로 돌릴 수 없다. 개인의 자유는 견딜 수 없는 것이므로 책임을 전가하고픈 유혹은 언제나 존재한다. 그렇다고 우리의 행동을 정당화시켜주는 신이 존재하는 것도 아니다. 적어도 사르트르를 비롯해 실존주의를 옹호하는 무신론자들에 따르면 그렇다. 이 혼자인 상태에서 인간은 스스로를 계획 또는 기투(project)로 삼고 이를 실현하는 한도 내에서만 실존한다. 사르트르는 우리가 그저 "[우리의] 행위들의 총체"이며, 우리의 개별적 삶 자체일 뿐이라고, 그 이상의 무엇도 아니라고 주장한다.[14] 그는 "만약 내가 전쟁에 나간다면 그것은 내가 선택한 것이며, 나는 탈영이나 자살의 방법으로 탈출할 수 있기 때문에 그것은 나의 전쟁"이라고 주장한 것으로도 유명하다.[15]

나는 실존주의를 가르칠 때면 학생들이 그의 사상을 열성적으로 받아들인다는 사실에 놀란다. 아마도 사르트르의 주장이 우리가 원하는 것은 무엇이든 할 수 있다는 뜻이라 믿고 그 전능한 의지와 절대적 자유에 끌리는 것이리라. 아무리 부연 설명을 해도 그들은 이 사상을 꽉 움켜쥐고 놓지 않는다. 우리는 지독한 개인주의와 공동체 유대의 약화가 특징인 문화에 살고 있으며 소비자의 무한한 선택지에 익숙해 있지 않은가. 개인주의적 관점을 향한 대중의 비판에 대해 사르트르가 내놓은 실존주의 변론이 딱히 설득적이지 않다는 점도 도움이 되지 않는다. 사르트르는 실존주의가 인간 사이의 연결을 중시한다고 말하며, 이를 뒷받침하기 위해 실존주의의 출발점은 "나는 생각한다, 그러므로 나는 존재한다"라는 데카르트의 공식이지만, 한편으로 자신에 대한 진리를 얻기 위해서는 타인을 거쳐야 한다고 주장한다. "타인은 나의 실존에 필수적일 뿐 아니라 내가 나에 대해 알기 위해서도 꼭 필요한" 존재다.[16] 그러나 여전히 "나"는 주체적인 중심에서 벗어나지 않는 듯 보인다. 우리는 이 주장에서 "우리"가 어디에 있는지 물어야 한다.

사르트르의 저작에서는 인간이 혼자이며 전적인 책임을 견디고 불안을 초래하는 자유를 수용하는 존재라는 점이 너무도 분명하게 강조되는 탓에, 스스로 만들어낸 개인이 자기 과신과 자신에 대한 지배성을 특징으로 잡은 캐리커처처럼 보인다. 사르트르의 소설 『구토』의 주인공 앙투안 로캉탱을 생각해보자. 그는 언제나 혼자서 삶에 대해 지겹도록 숙고하고, 따분하며 소외된 상태일 뿐 아니라, 무작위적이고 목적 없는 실존의 본질에 염증을 느끼는 전형적인 실존주의자다. 사랑에 관한 생각에서도 소외가 드러난다. 사르트르는 사랑이 일종의 갈등이라고 믿는다. 사랑은 자신을 "매혹적인 대상"으로 만들어 다른 사람의 사랑을 얻으려는 "시도", 즉 미래를 향한 개인의 프로젝트로 시작된다.[17] 이 시도가 성공하려면 "나는 더 이상 세상을 배경으로 한 수많은 '이것들' 가운데 하나의 '이것'으로 보여선 안 되고 세계가 나를 기점으로 드러나야 한다". 사랑받을 때는 "내가 세계"가 된다.[18] 마지막으로 사르트르의 희곡 「출구 없는 방」에 나오는 유명한 대사를 잊어선 안 된다. 세 사람이 죽어서 영원히 한방에 함께 갇혔다는 사실을 깨닫고 경악하며 언쟁을 벌이는 이 희곡에서 가르생은 이렇게 말한다. "타인은 지옥이다."[19]

로캉탱의 철저한 독자성은 알베르 카뮈가 선택한 실존주의 주인공 시시포스에게서도 찾아볼 수 있다. 그리스 신화에 나오는 시시포스는 여러 번 신들을 기만하고 거역한 대가로 영원히 무거운 바위를 산 정상으로 밀어 올리는 형벌을 받는다. 신화 속에서 보여주는 시시포스는 기만과 음해를 일삼는 협잡꾼이지만 카뮈가 천착하는 부분은 시시포스의 경멸이다. 카뮈는 "경멸로 극복할 수 없는 운명은 없다"고 하며 신들을 멸시한다는 이유로 시시포스를 "자기 삶의 지배자"이자 "자기 운명보다 우월한" 존재로 묘사한다.[20] 카뮈는 시시포스가 영원히 반복되는 쓸모없는 노역에도 행복하다고 상정한다. 특히 바위가 산 아래로 굴러 내려갈 때마다 그곳으로 돌아가는 그 휴지의 시간이 그가 행복을 느끼는 순간이다. 이 신화를 그린 예술 작품들은 이 "휴지"의 의미를 간과한다. 작품 속에서 시시포스는 남성적인 특징이 두드러진 모습으로 그려지는데, 황량한 산비탈을 배경으로 어깨에는 무거운 바위를 지고 있고 외설적인 근육질의 몸 구석구석에서는 반항기가 뿜어져 나온다.[21] 아이러니한 것은 시시포스의 반항과 경멸이 그의 운명을 바꿀 수 없다는 사실이다. 영원히 신들의 명령을 따라야 하는 신세라면 "절대적" 자유가 무슨 의미가 있단 말인가? 시시포스는 원하는 대로 사유할 자유가 있고 이는 무시할 수 없는 것이지만, 그의 자유는 세계와 연관되지 않는 제한적인 자유다. 그것은 또한 외로운 자유, 카뮈가 10여 년 뒤에 데카르트의 명제 "나는 생각한다, 그러므로 나는 존재한다"를 "나는 반항한다, 그러므로 우리는 존재한다"로 바꿔 『반항하는 인간』을 쓸 때 고민했던 자유와는 거의 무관한 자유다.[22] "우리"가 있었다면 시시포스의 삶은 달랐을 것이다. 그의 살아생전에는 기만적인 언동을 잠재웠을 테고, 사후에는 협동 작업으로 그의 짐을 덜어주었을 테니까.

프랑스 실존주의가 아찔한 파괴의 역사적 맥락에서 탄생했다는 점을 고려하면 지배력을 강조한 것도 아이러니하다. 시몬 드 보부아르는 제2차 세계대전 직후에 발표한 『모호성의 윤리(The Ethics of Ambiguity)』에서 이러한 아이러니에 주목한다. 이 책의 멋진 도입부에는 인간이 모든 행동과 사건의 "궁극적인 목적"인 동시에 역사의 우연성에 종속되고 부득이하게 다른 이들을 수단으로 대한다는 인간 실존의 괴로운 역설이 묘사되어 있다.

따라서 인간이 세상을 지배하는 힘이 커질수록 인간은 통제할 수 없는 힘에 짓밟히게 된다. 인간은 원자폭탄의 주인이지만 원자폭탄은 오로지 인간을 파괴하기 위해 만들어진다. 인간은 저마다 다른 무엇과도 비교할 수 없는 독특한 맛의 삶을 살지만 지구 전체를 아우르는 거대한 집단 속에서는 자신이 벌레보다 하찮은 존재라고 느낀다.[23]

여기서 보부아르는 자율성과 지배력을 가졌다는 생각은 환상에 불과하며 오만이라고 폭로한다. 그녀는 사르트르, 카뮈와 마찬가지로 개인이 객체들의 세계에서 "자주적이고 고유한 주체"라고 역설하지만 두 사람과 달리 개체들이 타인에게 의존한다는 점을 보다 깊이 인정한다. 철학자들은 오래전부터 보부아르가 말한 인간 조건의 "비극적 모호성", 즉 개체는 자주적인 인간인 동시에 그들을 짓밟는 힘 앞에서는 무력하다는 점을 "감추려" 노력했다. "통제할 수 없는 힘들"이 언제든 우리를 짓밟을 수 있다면 지배력은 애초부터 근거 없는 믿음에 불과한 것이 아닐까? 우리는 전적으로 고유하고 자주적인 주체로서 독특한 "맛"의 삶을 살아가는 동시에 세상을 가득 메운 타인들에게 의존할 수밖에 없으며 그 예측 불가하고 불확실한 세상 앞에서는 벌레만큼 하찮은 존재라고 느낀다. 개인의 자주권은 환상일 뿐이다.

인간은 혼자이며 이 혼자인 상태를 받아들여야 한다는 주장이 이제는 일종의 방어처럼 들리기 시작한다. 실존주의가 수백만 명이 살해된 전쟁의 여파 속에서 인기를 끈 것도 놀라운 일은 아니다. "나는 혼자다" 또는 "내가 세계다"라는 선언은 무작위적인 파괴와 죽음에 맞서기 위한 방어 수단으로 보는 것이 합당해 보인다. 어쩌면 이러한 선언은 개인의 절대적인 독자성과 자주성을 표명하는 것이 아니라 실존적 불안의 표지라고 말할 수 있는, 스스로 하찮은 존재라는 느낌을 드러내는 것일지도 모른다. 어떤 면에서 하찮은 존재라는 느낌과 자주성은 깊이 맞닿아 있다. 나는 거대한 산을 마주하거나 드넓은 바다를 덮치는 폭풍을 눈앞에서 볼 때, 아주 높은 곳에서 사람들이 가득한 도심의 거리를 내려다볼 때, 혹은 지구의 45억 년 역사를 생각할 때 내가 하찮은 존재임을 느낀다. 그럴 때면 문득 내 삶의 중심이 되는 것들, 즉 여러 관심사나 욕망, 감정, 집착, 성취, 실패 등이 티끌처럼 하찮은 것이 되는 현상을 경험한다. 보부아르의 글에서 볼 수 있듯이 자연재해나 전쟁의 피해자들도 이와 비슷한 경험을 할 것이다. 하찮은 존재라는 느낌 뒤에는 무엇도 중요하지 않고 우리 삶은 통제할 수 없다는 생각이 따라온다. 우리는 상황을 극복할 수 없다. 그럴 재량이 없기 때문이다. 사건은 무작위적이다. 우리는 결국 언젠가 죽게 되어 있으며, 세상은 우리의 유한성과 수많은 이들의 유한성을 전혀 상관하지 않는다. 카뮈는 이러한 딜레마를 "부조리"라 칭한 것으로 유명하다. 삶에 절대적인 의미나 목적이 존재하지 않는데도 우리는 그것을 찾기 위해 끊임없이 노력한다는, 견딜 수 없는 모순을 지칭하는 말이다.[24]

이런 실존주의 견해들에서는 외로움에 관한 논의도, 타인과의 친밀함에 대한 갈망도 찾아볼 수 없다. 물론 고통은 존재한다. 소외와 자유의 고통, 모든 것을 홀로 책임져야 한다는 점이 고통을 야기하지만 이러한 고통은 인간을 더 강하게 만든다고 믿는다. 이 주장의 기원은 프랑스 실존주의의 선구자인 니체에게로 거슬러 올라간다. 그는 "나를 죽이지 않는 것이 나를 더 강하게 만든다"는 유명한 말을 남겼다.[25] 니체의 삶을 조금이라도 아는 사람이라면 이 말이 얼마나 아이러니한지 금세 깨달을 것이다. 그는 외로움과 정신 질환,

신체 질환으로 고생했다. 니체와 그의 외로움을 개인적으로 잘 알았던 루 살로메(Lou Salomé)는 "니체의 일대기에서 두 개의 커다란 운명의 윤곽을 이루는" 외로움과 고통을 통해 그의 내적인 삶과 작품을 이해해야 한다고 믿는다.[26] 살로메는 감각으로 표출되는 니체의 외로움을 통렬하게 묘사한다. "그러나 그의 기분이 어두울 때면 그의 눈에서 침울하게, 거의 위협적으로 외로움이 표출되었다. 마치 그가 늘 혼자 들어가 있는, 누구와도 나눌 수 없는 으스스한 심연 속에서 외로움이 뿜어져 나오는 듯했다. 때로는 그 심연이 공포로 그를 사로잡았고 그러다 마침내 그의 정신이 그 안으로 빨려들어갔다."[27] 프리다 프롬라이히만이 흥미를 가졌던, 정신 질환과 중증 외로움 사이의 밀접한 연관성을 분명하게 보여주는 사례다. 그러나 니체의 저작 곳곳에서 우리는 자기 삶의 주체가 되는 자율성, 스스로를 지배하는 자에 대한 찬사 속에 감춰진 외로움을 맞닥뜨린다.

이러한 자율성의 강조는 외로움의 고통에 맞서기 위한 방어 수단이라고 결론짓는 것이 타당해 보인다. 스스로 자기 삶을 꾸려가는 인간의 전능한 의지와 경멸은 취약함을 떨쳐내려는 방어 전략으로 읽을 수 있다. 니체가 말한 "군중"으로부터 자신을 보호하고자 타인에의 의존을 억제하는 방어 전략, 멜라니 클라인(Melanie Klein)이 말한 "사랑하는 사람들과 내적으로나 외적으로나 지나치게 가까워지려는 욕구"에 저항하기 위한 방어 전략이라는 얘기다.[28] 그렇다면 이는 단순히 개인의 독자성을 강조한다기보다는 독자성의 필요를 강조하는 셈이다. 홀로 존재하는 것은 미덕이고, 훌륭함의 징표이며, 혼자인 상태를 인정하고 받아들이는 것은 자율적 인간, 심지어 천재적인 인간이 되는 길이다.

랠프 월도 에머슨의 1841년 에세이 「자기 신뢰(Self-Reliance)」에서 이 빛나는 독자성을 지닌 미국판 천재를 만나볼 수 있다. 그는 "자기 자신의 생각을 믿는 것, 자기 마음속에서 진실인 것은 다른 모든 사람에게도 진실이라고 믿는 것, 그것이 천재다"라고 정의하며 우리가 신뢰할 수 있는 것은 과거의 사상과 전통이 아니라 우리 자신뿐이므로 "우리는 혼자 가야 한다"고 사람들에게 가르친다. 이 에세이에서 사회는 "인간"에게 해를 입히고 자기 신뢰를 버리도록 요구하는 일종의 위협이 된다. 우리는 대중뿐 아니라 가장 가까운 이들도 멀리해야 한다. 심지어 천재가 부르면 어머니와 아버지, 아내와 형제도 멀리해야 한다. 에머슨은 다른 이들의 평범성에 눈을 돌리는 행위를 비난하며 사회는 경멸의 의미를 담아 "대중" 또는 "군중"으로 언급한다. 환대나 애정의 행위는 허위다. 목회자의 설교보다는 그것이 시작되기 전의 정적이 흐르는 교회가 더 좋은 것이며, 심지어 여행은 불건전하다고 말한다. 에머슨은 사람들이 현자의 말을 인용할 뿐 감히 "내 생각에는"이라고 말하지 못하기 때문에, 그저 모방하는 데 급급하기 때문에 "당당하지" 못하다고, 소심하고 변명을 늘어놓기 바쁘다고 한탄한다. 그러나 위대한 인간(추정컨대 에머슨 자신)의 사상에는 다른 누구의 "발자취"도 없다. 사회 제도들도 "한 인간의 그림자가 길어진 것"에 불과하다.[29] 여기서 '나'는 전능한 존재다.

에머슨이 묘사하는 천재는 다른 이들에게 의존하지 않는다. 그것은 철저한 나약함의 증거이기 때문이다. 이 천재는 다른 이들의 사상을 따르지 않으며, 사람들 속에서 "더없이 고상하게" 자신의 독립성과 고독을 지킨다. 누군가가 이 위대한 인간에게 의지하는 것도 허락하지 않는다. "나는 더 이상 당신을 위해 나를 길들일 수 없으며 당신도 마찬가지"이므로 "나는 그저 나 자신이어야 한다". 이 눈부신 자기 신뢰에는 "우리"가 들어갈 자리가 없다. 에머슨은 수사적으로 묻는다. "한 사람의 인간이 하나의 마을보다 낫지 않은가?"[30] 사회 자체는 "야만적"이며 결코 진보하지 않고 끊임없이 변화할 뿐이다. 여기에는 사회적 삶도, 현상이나 세계성도 들어갈 자리가 없다. 에머슨은 신과 합일된 개인이 모든 것을 자기 안으로 빨아들였다고 여긴다.

인간이 홀로 존재한다고 주장하는 동시에 그것을 방어하는 역할을 하는 견해들, 즉 스스로 삶을 꾸려나가야 한다, 자기 삶을 지배해야 한다, 신 또는 세상에 도전해야 한다(또는 정반대로 신과 하나가 되어야 한다)고 주장하는 견해들을 살피다 보니 버지니아 울프의 『자기만의 방(A Room of One's Own)』에서 위안을 찾고 싶어진다. 이 글의 화자는 그 시대, 즉 지난 세기에, 특히 남성이 여성에 관해 쓴 "지나치게 성을 의식하는" 글이 많은 이유를 고민한다. 그러곤 결국 여성 참정권 운동이 일종의 도전이 되어 남성들에게 자신의 성에 대해 생각해보도록 독려했고 "자기주장을 펼치고픈 비상한 욕망"을 일으켰다고 결론 내린다. 그녀는 남성인 "A씨"의 소설을 펼치면서 그의 자신감 넘치는 글을 칭송한다. 그것은 태어날 때부터 누린 자유와 훌륭한 교육의 소산이다. 그러나 얼마 후 그녀는 지면 곳곳을 뒤덮은 그림자를 발견한다. 알파벳 "I" 모양의 검은 직선. 그녀는 그 뒤에 있는 광경을 보기 위해 그것을 "이리저리 피하려" 노력한다.

"I"가 지겨워지기 시작했습니다. 이 "I"는 더없이 존경할 만한 "I"이고 정직하고 논리적이며 탄탄할 뿐 아니라 수 세기 동안 적절한 교육과 영양 섭취로 다듬어졌고 …… 하지만 "나는 지겨워졌습니다!" 왜 지겨워졌을까요? 한편으로는 "I"라는 철자가 너무 많아서입니다. 그리고 그것이 마치 커다란 너도밤나무처럼 자기 그늘 속을 황무지로 만들기 때문이지요. 그 안에서는 아무것도 자라지 않을 겁니다.[31]

우리는 개인의 독자성을 지켜야 한다. 인간은 이 고독하고 내밀한 공간 안에서 양분을 얻고 자극을 받기 때문이다. 문제는 그 대가로 '우리'를 내던질 필요가 있는가이다. 'I', 그러니까 '나'가 자기 그늘 속을 황무지로 만들어서는 곤란하다.

독방에서   •

독방에 감금된 수감자는 자신의 족쇄에서 벗어날 수 없다. 고립과
외로움은 하나가 된다. 독방의 벽은 곧 자신의 벽이다. 무엇도 들여
보낼 수 없고 무엇도 내보낼 수 없다. 자신의 의견이나 행동이 영향
을 미치는 공유된 세계나 교류도 없으며, 삶을 가치 있게 만들어주
는 것은 아무것도 없다. 감각과 사회적 측면이 박탈된 생지옥과 지
독한 권태뿐이다.

　독방 수감자의 실존을 확인해주는 건 아무것도 없다. 자기 안에
갇혀 자신을 넘어서는 정신적·감각적 움직임을 모조리 박탈당한
수감자는 불안과 과잉 행동, 우울, 극단적 수동성의 단계를 거친다.[1]
뇌가 퇴화되고 급기야 폭력과 정신 질환을 일으키기도 한다. 독방
감금의 외로움은 가장 고통스러운 고문이 될 수 있다.

　죄수들의 심문 방법과 원리를 정리한 1963년의 미국 중앙정보부
(CIA) 방첩 매뉴얼에 인용된 연구 결과에 따르면, 독방 감금의 전형
적인 결과 중 하나는 "다른 살아 있는 존재에 대한 강렬한 사랑"이
다.[2] 이 연구는 독방 수감자가 자신에게서 벗어나 다른 인간과 함께
하는 곳으로, 다른 인간과의 대화 속으로 탈출하고자 하는 강렬한
욕구를 보인다고 결론 내린다. 그 욕구는 굶주린 자의 "통렬한 식

욕"에 견줄 만하다.[3]

심지어 벌레를 탈출구로 삼는 경우도 있다. 1985년부터 1991년까지 레바논에서 헤즈볼라(Hezbollah)의 포로로 감금되었던 미국 외교관 테리 앤더슨(Terry Anderson)은 친구뿐 아니라 무언가 할 일을 갈망하며 감방 벽을 기어다니는 바퀴벌레들을 몇 시간이고 관찰했다고 고백한다.[4]

사회적 고립과 감각 박탈이 야기하는 스트레스는 우리 뇌의 해마 부분을 때로는 영구적으로 손상하며 기억 장애와 방향 감각의 상실을 비롯해 수많은 변화를 일으키고 심지어는 사람들의 얼굴을 인지하는 능력을 앗아가기도 한다.[5] 29년 동안 하루에 한 시간을 제외하곤 2제곱미터도 안 되는 감방에 갇혀 있던 로버트 킹(Robert King)은 석방 후 한동안 사람들의 얼굴을 알아보지 못했다.

텍사스주 사형수 수감소에 18년 넘게 갇혀 있던 앤서니 그레이브스(Anthony Graves)는 그 가운데 최소한 10년은 "다른 어떤 인간과도 물리적인 접촉을 하지 않았다"고 증언한 바 있다. 그는 석방 이후 오랫동안 다른 사람과 함께 있을 때면 "붐빈다"는 느낌에 시달렸다.[6] 극한의 감각 박탈에 이어 갖가지 광경과 소리, 타인과의 신체 접촉이 안겨주는 감각의 과부하는 불안한 수준을 넘어 그를 숨 막히게 했을 것이다.

감각적인 신체는 시간이 흐를수록 결핍에 적응한다. 잭 헨리 애벗(Jack Henry Abbott)은 미국에서 경비가 가장 삼엄한 교도소의 독방에서 대략 14~15년을 복역한 뒤 감각이 무뎌진 경험을 묘사한다. 그가 구분할 수 있는 색은 칙칙한 색 몇 가지뿐이었고 촉각으로는 콘크리트와 쇠만 느낄 수 있었다. 그는 독방에서 풀려난 이후의 경험을 이렇게 설명한다. "나는 방향 감각을 잃었다. 죄수들이 입는 칙칙한 푸른색 셔츠도 눈부실 정도로 아름답게 보였다. 모든 색이 눈부셨다. 나무토막의 촉감과 질감조차도 나를 매료시켰다. 사물의 움직임, 주위를 걸어 다니는 수많은 죄수들, 사방에서 들려오는 그들의 다양한 목소리에 어안이 벙벙했다."[7]

접촉과 대화, 정신과 육체의 자극이 없으면, 즉 다른 이들이 없으면 경험 자체가 차단된다. 애벗은 살아 있는 행성과 그 안에 거주하는 사람들과의 교류를 빼앗긴 상태, 그저 자신과의 접촉만이 경험의 전부로 남은 상태는 죽음과도 같다고 말한다. "생명체는 삶이 끝나면 경험하기를 멈춘다. …… 따라서 경험으로부터 갈수록 멀어지는 사람은 죽음을 향해 가고 있는 것이다."[8]

언젠가는 모든 사회적 교류가 디지털 기기를 통해 이뤄지면서 우리의 감각이 무뎌지고 경험이 차단되는 날이 오지 않을까? 아마도 돌이킬 수 없을 이런 디스토피아 미래를 상상할 때면 나는 모든 색깔에 눈부셔하고 주위에서 움직이는 사람들의 모습에 어리둥절해하는 애벗을, 사람들의 얼굴조차 알아보지 못하는 킹을 떠올린다.

외로움의 책

고독의 양가성

●

2013년, 메인주의 숲속에 숨어 30년 가까이 인근의 여름용 오두막들에서 생필품을 훔치며 살아온 크리스토퍼 나이트(Christopher Knight)라는 사내가 체포되었다. 그의 은둔 생활은 적잖은 반향을 불러왔다. 나이트는 보스턴 근처에서 일하다가 스무 살 때 직장을 그만두고 플로리다로 자동차 여행을 떠났다. 북쪽으로 돌아오던 그는 어릴 때 살던 메인주의 집을 지나 완전한 고립 생활의 욕망을 충족시킬 수 있는 외딴곳에 이르렀다. 그는 그곳에 차를 버린 뒤 텐트만 달랑 챙겨 들고 걷기 시작했고, 결국 메인주 노스 폰드 지역 바위 사이에 자리를 잡았다. 그 뒤로 그는 생존을 위해 근처의 여름용 오두막들에서 먹을 것과 배터리, 프로판가스, 연장 등의 일용품을 훔치기 시작했고 27년 동안 1,000여 차례 절도를 저지르다가 마침내 붙잡혔다.[1]

이 이야기 못지않게 흥미로운 사실은 대중이 그의 사연에 매료되었다는 점이다. 세상과 그 속의 온갖 유혹을 등지고 황무지로 들어가는 은둔자의 모습은 인간관계의 고통 그리고 그 고통을 야기하는 타인들에게 의존하는 삶에서 자유로워질 수 있다는 희망을 준다. 은둔의 삶을 떠올리면 바쁘게 돌아가는 시끄러운 세상과 그 안에서 피할 수 없는 인간의 갈등, 탐욕, 폭력 등에서 해방된 현자의 모습, 고독한 삶 끝에 결국 자기 이해와 삶의 의미에 대한 통찰에 이르는 현자의 모습을 그리게 된다.[2] 나이트는 체포된 후 누구와도 만나지 않고 저널리스트인 마이클 핑클(Michael Finkel)과의 인터뷰에만 응했다. 핑클은 "위대한 신비주의자가 곧 삶의 의미를 알려줄" 거라 생각했지만 인간의 삶에 대해 깨달은 바를 알려달라는 그의 집요한 요구에 노스 폰드의 은둔자가 해준 조언은 그저 "푹 자라"는 말뿐이었다고 했다.[3] 나이트가 털어놓은 바에 따르면, 그가 숲속으로 들어간 것은 그저 혼자 있기 위해서였을 뿐, 다른 이유는 없었으며 아무 계획도 없었고 "아무것도 생각하지 않았다".[4] 역시 은둔자의 지혜를 찾아 떠난 폴 윌리스(Paul Willis)도 기대가 실망으로 바뀐 경험을 들려준다. 그는 애리조나주의 버려진 은광에서 "마이너리그의 소로"를 만나길 기대했지만 막상 가보니 그 은둔자는 세상의 모든 사람과 모든 것을 증오하는 성난 술주정뱅이에 불과했다.[5]

우리가 이렇게 삶에서 벗어난 사람들, 혹은 깊은 내면의 삶을 제외하곤 다른 모든 부분에서 삶을 떠난 사람들로부터 삶에 관한 통찰을 얻고자 하는 까닭은 무엇일까? 이는 아마도 역사 속의 종교인들이 은둔 생활에서 깨달음을 얻으려 했고, 철학자들 역시 오랫동안 명상에 매료되었기 때문일 것이다. 그러나 이러한 역사적 인물들이 모색한 고독이 겉으로 드러난 것처럼 순수하다고 말할 수는 없다. 사이먼 블랙번(Simon Blackburn)과 멀리사 레인(Melissa Lane)이 고독의 철학을 주제로 진행한 BBC 토론에서 존 홀데인(John

Haldane)은 유대교 및 기독교의 역사와 서양 철학의 전통은 혼자인 삶과 함께하는 삶 또는 분리와 연결의 양립으로 읽어야 한다고 주장한다. 예수 탄생 이전에도 수 세기 동안 은둔자들이 있었다. 그들이 선택한 황무지, 즉 정화의 장소이자 도피의 장소는 사막이었다. 홀데인의 표현을 빌리면, 사막은 삶이 "매우 단순해지는 곳"이다. 기원전 9세기의 이스라엘 선지자 엘리야는 코란에 "사막의 선지자"로 등장한다. 몇 세기 후 세례 요한은 사막에 들어가 메뚜기와 꿀을 먹으며 생존한다. 나사렛 예수는 사탄의 유혹과 싸우기 위해 40일 밤낮을 사막에 머무른 것으로 유명하다.[6]

한편 고대 그리스 철학자들은 명상을 최선의 삶을 위한 수단으로 추앙했다. 유한한 존재인 우리 인간은 부단한 활동을 멈춰야만 비로소 영원한 진리와 우주의 아름다움을 잠시나마 엿볼 수 있다고 믿었기 때문이다. 아리스토텔레스는 명상을 독려하는 방식으로 정치적 삶을 계획했으며 철학자는 영원한 진리를 탐구하기 위해 일상의 모든 걱정에서 자유로워야 한다고 여겼다.[7] 플라톤은 사랑마저도 불멸을 위해서는 육체를 멀리해야 한다고 주장했다.[8]

어쩌면 우리가 절대적인 독자성, 즉 인간은 절대적으로 혼자라는 관점에 쉽게 매료되기 때문에 그리 확실하지 않은 무언가를 순수한 고독의 경험으로 가공하는 것이 아닐까 싶다. 기독교 수도 생활의 전통을 선도한 3세기 사막의 선조들도 처음에는 황무지에서 혼자 생존하는 어려움을 극복하기 위해 이집트 사막에서 몇 사람씩 무리를 지어 은둔하여 금욕 생활을 했다. 홀데인은 수도 생활의 전통에서 결국 공동체 생활 또는 고독을 함께 나누는 삶이 파생된 아이러니를 지적한다. 은둔자들은 사회의 숱한 유혹에서 벗어나고자 했지만 같은 생활 방식을 추구하는 사람들까지 멀리하려 들지는 않았다.[9] 중세 시대 남녀 은수자(隱修者)들의 사례를 봐도 고독은 양가적이다. 이 중세의 은둔자들은 교회 담장을 따라 늘어선 작은 방에 영구히 틀어박혀 기도와 명상을 하며 지냈다. 각 방에는 바깥세상 쪽으로 난 좁은 창문이 있어 그곳을 통해 미사를 보고 방문객들과 소통하거나 음식을 받고 쓰레기를 버렸다. 13세기의 여성 은수자를 위한 지침서 『앵크렌 위스(Ancrene Wisse)』에 따르면, 그들은 하느님과의 영적 교류를 위해 "세상에서 철저히 죽은" 존재가 되어야 했다.[10] 그러나 우리에게 가장 잘 알려진 중세의 여성 은수자, 노리치의 줄리언은 방문객들에게 영적 조언을 건넸으며, 그녀의 통찰을 엮은 책 『하느님의 사랑의 계시(Revelations of Divine Love)』는 중세 종교 경험에 관한 문헌 가운데 매우 중요한 저작으로 꼽힌다. 노리치의 줄리언은 세상에서 죽은 존재가 되었다고 보기 어렵다.

이 밖에도 서양 철학의 역사에는 고독에 대한 양가적 태도를 보여주는 사례들이 있다. 아우구스티누스는 우리가 세상에 등을 돌려야만 우리 안의 신을 알아볼 수 있다고 믿었지만 개종한 뒤 곧바로 신자들의 공동체를 세웠다. 16세기에 몽테뉴는 공직 생활에서 은퇴한 뒤 시골 영지의 서재에 틀어박혀 "자신에게로 돌아가고자" 했으며 이곳에서 그의 유명한 저서 『수상록』이 탄생했다. 재력가였던 그는 "아내와 자식, 재화를 가져야" 하지만 그들에게 우리의 행복을 맡겨선 안 되며 참된 자아를 만날 수 있는 정신의 "은신처를 마련해야 한다"고 썼다.[11] 그러나 몽테뉴의 글 속에는 때이른 죽음으로 그에게 큰 슬픔을 안겨준 절친한 친구 에티엔 드 라 보에티(Étienne de la Boétie)에게 보내는 아름다운 찬사가 담겨 있다.

계몽주의 시대의 철학자들은 고독을 모색하기보다는 사회적 교류를 더 중시했지만 한편으로는 자연 속에서 혼자 지내는 삶에 새삼 관심을 보였다. 데이비드 흄은 고독이 지나친 자아의 확대로 이어질 수 있다고 생각했지만, 루소는 고독할 때 비로소 자아가 건강을 회복할 수 있다고 믿었다. 그다음 세기에 소로는 매사추세츠주 월든 호숫가에서 홀로 생활한 2년의 실험을 기록해 그를 역사상 가장 널리 인정받는 고독 옹호자로 만들어준 저서 『월든(Walden)』에서 루소와 뜻을 같이한다. 소로는 그곳에서 전혀 외롭지 않았으며 오히려 누군가와 함께 있는 것이 "따분하다"고 생각했으므로 신들이 자신을 편애했다고 주장한다.[12] 그러나 공교롭게도 소로는 그의 독자들이 믿고 싶어 하는 만큼 오롯이 혼자가 아니었다. 그를 찾아오는 사람들이 끊이지 않았고 때로는 그가 어머니의 집으로 걸어가 함께 저녁을 먹기도 했으며 1845년의 월든 호수는 딱히 황무지라고 할 수도 없었다. 호수 옆으로 보스턴행 통근 열차가 다녔고 여름이면 사람들이 피크닉을 즐기러 호숫가에 모여들었다.[13]

그렇다고 해도 27년간 혼자 생활한 크리스토퍼 나이트의 삶은 꽤 인상적이다. 그 긴 세월 동안 그는 인간과 딱 한 번 접촉했다. 우연히 등산객을 마주쳤는데 짤막하게 "안녕하세요" 하고 인사를 나눈

것이다. 나이트의 주장에 따르면, 30년 가까운 세월 동안 그가 유일하게 내뱉은 말이다. 그러나 그는 이웃들의 생활 습관을 알아내기 위해 그들을 관찰하고, 생필품을 조달하기 위해 그들의 사적인 공간을 들락거리면서 어느 정도는 사람들과 교류한 셈이다. 나이트의 이웃들이 단순히 도난을 당했을 때보다 더 큰 불편함을 느꼈다는 사실은 그가 짧지만 확실하게 교류했다는 증거가 된다.[14]

우리가 은둔의 삶에 매료되는 것은 혼자인 상태와 함께하는 상태를 오가는 양가적 욕구를 반영한다. 아무도 필요하지 않은 듯 보이는 은둔자들은 인간이 실존적으로 혼자라는 것을 입증하는 셈이고, 우리는 여기에 불안을 느끼면서도 한편으로는 함께하는 부담에서 잠시 벗어나고 싶은 것인지도 모른다. 우리는 고독의 욕망과 교제의 욕망이라는 서로 모순되는 두 욕망 사이에서 갈등한다. 앤서니 스토(Anthony Storr)는 이 모순을 다음과 같이 적절하게 설명한다. "사람은 평생 두 가지 상반되는 충동에 이끌린다. 하나는 교제의 충동, 즉 다른 사람을 사랑하거나 그 밖의 방식으로 사람들과 가까이 지내고자 하는 충동이고 다른 하나는 독립적이고 독자적이며 자율적인 삶을 살고자 하는 충동이다."[15]

크리스토퍼 나이트의 삶에 부러움을 느끼느냐 경악하느냐에 따라 우리는 개개인이 이 상반되는 두 충동과 어떻게 타협하는지, 그리고 둘 중 어느 쪽에 더 영향을 받는지 가늠할 수 있다. 그렇다면 고독을 더 갈망하는 이유 혹은 교제를 더 갈망하는 이유도 알 수 있을까? 프리다 프롬라이히만은 우리가 혼자 있는 것을 얼마나 잘 견디는지는 다른 이들에게 어느 정도 의존하느냐에 따라 결정된다고 주장한다. 이러한 의존은 병으로 분류하지 않는다. 인간은 누구나 자기 확인을 위해 다른 이들에게 의존하며 이런 확인이 없으면 경계를 잃고 위협을 느끼지만 의존의 정도는 개인이 겪은 경험에 따라 달라진다.[16] 이러한 경험은 일반화할 수 없으므로 외로움과 고독을 명확히 구분하기 어렵다.[17] 자연 속에 혼자 있을 때, 예를 들면 "끝없는 사막을 마주했을 때" 몹시 두려워하는 사람이 있는가 하면 이런 환경에서 창의성이 샘솟는 사람도 있다.[18]

우리는 자신이 이 의존성의 스펙트럼에서 어디쯤 해당하는지 파악하고 그 이유를 숙고해볼 수 있다. 고독하게 보내는 시간은 하루에 몇 시간 또는 일주일에 며칠(또는 몇 달, 몇 년)이 적당한가? 극단적인 경우에는 좀처럼 혼자 있지 않으려 하는 사람이 있을 것이다. 반대로 다른 이들과 함께 있지 않으려 하는 사람도 있을 것이다. 나머지 대다수는 이 양극단 사이에 해당한다. 즉 대부분의 사람들에게는 너무 오랫동안 혼자 있는 것도 고통이 되고, 너무 오랫동안 다른 이들과 함께 있는 것도 고통이 된다. 원인이 서로 다른 이 두 고통은 본질적으로 같다. 외로울 때는 자신의 존재를 확인해줄 사람이 없어서 경계를 잃고 혼란에 빠진다. 반대로 사람들과 부대낄 때는 자신의 경계를 강화할 시간과 공간이 없어서 혼란에 빠진다. 의존성의 스펙트럼에서 자신이 왜 그 자리에 있는지 생각해보면 수많은 요인들, 프롬라이히만의 표현을 빌리면 "경험"이 작용한다. 확인 또는 인정에 대한 욕구, 애정과 대화에 대한 욕구, 고요한 환경과 사색에 대한 욕구는 사람에 따라 다르고, 여기에 더해 우리는 저마다 복잡다단한 성격상의 특징을 지녔다. 독립적인 사람이 있고 성마른 사람이 있는가 하면 불안정한 사람, 자신감이 넘치는 사람, 수줍음이 많은 사람, 사교적인 사람도 있다. 이 모든 특징은 문화와 장소 그리고 우리가 통제할 수 없는 태생적 환경에 의해 형성된다.

설사 우리가 동일한 수준의 고독과 교제의 욕구를 가졌다고 해도 그 안에서 다양한 감각적 변형이 일어날 수 있다. 내 친구는 외국의 도시를 혼자 여행하며 카페에서 낯선 사람들 속에 앉아 있거나 모르는 사람들 속에 끼여 도심의 거리를 거니는 내가 용감하다고 말한다. 자기는 그런 상황에서 외로움을 견딜 수 없을 거라고 한다. 하지만 나는 그가 국립공원의 외진 구역에서 혼자 조용히 카누를 즐긴 절묘한 경험을 애기할 때 그가 용감하다고, 나라면 그런 고립을 견딜 수 없을 거라고 한다.

이렇듯 누군가는 고독으로 받아들이는 경험이 다른 사람에게는 고립이 될 수 있으므로 고독을 이해하려면 그 카멜레온 같은 속성을 다룰 필요가 있다. 나는 고독을 오롯이 혼자 사색하거나 창조 활동을 하는 즐거운 경험으로 정의한다. 고독이 외로움을 양산하는 고립으로 바뀌지 않는 까닭은 바로 이 즐거움 때문이다. 고독은 선택하는 것이다. 시끄럽고 혼잡한 세상의 지나친 자극에서, 혹은 다른 이들과 너무 가까이 있는 듯한 느낌에서 잠시 벗어나기 위해 선택하는 일종의 위안이다. 나이트는 핑클에게 수년 동안 혼자 생활하고 나자 사람들과 눈을 맞출 수 없었다고 털어놓았다. 사람의 얼굴은 "너무 많은 정보"를 "너무 많이, 너무 빠르게" 드러낸다는 것이 그 이유였다. 고독은 감각의 과부하에서 잠시 쉴 수 있게 해준다. 고독의 즐거움에 약간의 외로움이 가미된다 해도 그것은 비교적 온화한 외로움, 우호적인 외로움이다. 그것은 단지 우리가 스스로 혼자 있기를 원하기 때문이다. 고독은 친밀함만큼이나 필요한 것이 되기도 한다.

그러나 우리는 독방 감금과 감각의 박탈에 관한 광범위한 연구를 통해 혼자 있는 것이 가장 파괴적인 정신적 고립으로 이어질 수 있으며 즐거움보다는 절망과 광기를 안겨준다는 사실도 알았다. 고독을 사랑하는 사람들, 전통적인 사회적 유대의 약화와 외로움의 위기에 점점 더 불안을 느끼는 사회에 고독의 이로움을 알리려 하는 사람들은 이러한 고독의 어두운 잠재력을 인정하지 않는다. 그들은 고독을 옹호하는 과정에서 자신도 모르게 외로운 사람을 병자로 몰아가는 이들의 편향을 거꾸로 답습하기도 하고, 타인에게 지나치게 의존하거나 혼자 있기를 두려워하는 경향을 고쳐야 할 문제 행동으로 몰아가기도 한다.

이러한 사례는 고독을 옹호하며 스스로 고립된 생활을 선택해 살면서, 고독을 두려워하는 사람들을 위한 치료법을 제공하는 세라 메이틀랜드(Sara Maitland)의 독특한 책 『혼자 있는 법(How to Be Alone)』에서 찾아볼 수 있다. 메이틀랜드는 스코틀랜드 북부 오지에서 거의 아무도 만나지 않고, 글을 쓰고 온라인 강의를 하며 일주일에 여러 번 사륜구동 자동차를 타고 지나가는 농부에게 손을 흔들거나 우편집배원을 맞이한다. 이 책은 개인의 자유와 개인주의를 중시하면서도 여전히 고독을 두려워하는 문화를 꼬집는다. 그 근거로 싱글인 사람에게 낙인이 찍힌다는 점을 든다. 그녀는 혼자 살면서 그런 삶을 즐기는 사람들은 이기적이라거나 사회적으로 무책임하다는 비난을 받는다고 한탄한다. 고독은 부자연스럽거나 병적이거나 위험한 것으로 간주되며, 고독을 즐기는 것은 피학적인 행위로 여겨진다.[19]

메이틀랜드는 이 모든 게 사실이 아니라고 항변한다. 스스로 선택한 고독은 건강에 이롭다(단, 이 점을 입증하기는 어렵다고 시인한다). 그녀는 앞선 고독 옹호론자들이 주장했듯이 혼자 있는 것이 그 밖에도 다른 여러 보상을 준다고 역설한다. 즉 고독은 자기에 대한 의식과 자연과의 조화, 초월적 존재와의 관계, 창의성, 자유 의식 등을 강화한다는 것이다. 그러나 메이틀랜드는 혼자 있는 것에 대한 두려움을 다른 공포증과 똑같은 병적 상태, 즉 "분명한 진단 기준"이 있는 "불안 장애"처럼 다뤄야 한다고 주장하면서 그녀가 혐오하는 반대론자들의 병리화 경향을 답습한다. 고독을 즐기지 못하는 독자들에게 "병적인 정신 장애"가 있는 건 아니라고 위로하면서도 자신의 입장이 모순적이라는 사실을 자각하지 못하는 듯 보인다.[20] 뒤이어 그녀는 구체적인 방법과 함께 자기 계발서에 나올 법한 훈계를 이어가며 그 위로가 거짓이었음을 드러낸다. 그녀가 추천하는 방법은 혼자 여행하기, 아이들에게 혼자 있기를 훈련시키기, 초월적 존재와 교감하기, 여가 시간 혼자 보내기, 혼자 있을 때 제정신을 유지

하기 위해 시(詩)에서부터 주기율표까지 무엇이든 외우기(이상하지만 유용한 방법이므로) 등이다.[21]

그리고 2020년 코로나19 팬데믹이 시작되면서 집에 있으라는 권고가 내려졌을 때 메이틀랜드는 고독의 불가피한 결과로 우울증과 광기가 늘어날 거라는 대중의 우려를 비웃으며 고독은 고립과 다르다는 점을 유쾌하게 상기시키는 글을 기고했다. "나는 고독이 정신 건강에 반드시 해로운 것은 아니라고 단호하게 말할 수 있다."[22] 이 칼럼에는 내가 상상한 14세기 여성 은수자의 방과 매우 흡사한, 컴컴하고 불편하며 금욕적인 집에서 반려견과 함께 앉아 꺼져가는 난롯불을 바라보는 메이틀랜드의 사진이 실려 있다. 그녀가 생각하는 고독은 내게는 고립일 것이다.

메이틀랜드는 사람에 따라 혼자인 상태를 다르게 경험한다는 점을 간과하고 있다. 우리는 고독이 고립과 다르다는 사실을 알지만 이 둘 사이의 경계는 가변적이다. 고독이 **반드시** 해롭다고 주장하는 사람은 아무도 없다. 그저 어떤 상황에서는 고독이 해로울 수도 있다고 주장할 뿐이다. 『혼자 있는 법』은 괜한 우려를 이끌어내는 외로움 전문가들의 예측과 반대되는 신선한 관점을 제시하지만 메이틀랜드는 자신이 비판하는 사람들만큼이나 지나친 단순화의 위험을 떠안고 있다. 결국 한쪽은 혼자 있는 시간이 너무 많으면 건강과 행복을 해친다고 경고하는 반면, 다른 한쪽은 다른 이들과 함께하는 시간이 너무 많으면 고통스러워진다고 경고하는 셈이다. 한쪽은 다른 이들과 더 많이 어울릴 것을 권고하고, 다른 한쪽은 혼자 있는 시간을 늘리라고 권고한다.

어쩌면 이러한 이원론은 이해의 결여나 전면적인 비판 앞에서 개인의 욕망과 선택을 정당화하려는 지극히 인간적인 성향의 발로일 것이다. 여기서 정당화하려는 개인의 욕망은 다른 이들과 함께하는 시간을 늘리고픈 욕망 또는 혼자 있는 시간을 늘리고픈 욕망이다. 사실 나는 앤서니 스토의 『고독의 위로(Solitude: A Return to the Self)』를 읽으면서 그런 생각이 들었다. 이 책은 창조 활동을 위해 혼자 있는 시간과 공간을 갈망하는 인간의 창의적 욕구를 아름답게 찬미한다. 스토는 20세기 정신과 의사로, 열두 권의 책을 저술하고 대중의 사랑을 받은 지식인이었으며 음악과 문학 애호가였다. 그를 추모하는 기사에는 그가 어린 시절에 겪은 외로움과 고립, 기숙 학교의 트라우마, 그 결과 비슷한 상황에 처한 이들에게 연민을 느끼게 된 사연이 실려 있다.[23]

1980년대 후반에 출간된 스토의 고독 옹호론은 오로지 친밀한 애착을 통해서만 의미 있는 삶을 이룰 수 있다는 근대의 가설을 반박한다. 스토는 사랑과 우정이 가치 있는 삶에 기여한다는 데에는 동의하지만 이 두 가지가 행복의 유일한 수단은 아니라고 주장한다. 인간은 인간적인 것뿐 아니라 인간과 무관한 "비인간적인" 것에도 끌린다. 즉 우리는 혼자 성취하는 일이나 프로젝트, 인류 전체의 행복에 크게 기여하지 않는 일에서도 만족감을 느낀다는 뜻이다. 특히 칸트나 니체 같은 천재들은 이를 통해 위대한 철학 작품을 남긴다. 일반인의 경우 인간과 무관한 일이라면 정원 가꾸기나 피아노 연주 등을 들 수 있다. 스토는 천재든 일반인이든 "혼자 있을 때 그 사람의 내면에서 벌어지는 일은 다른 이들과 상호 작용할 때 벌어지는 일 못지않게 중요하다"고 주장한다. 인간관계만을 기준으로 사람의 가치를 매긴다면, 예를 들어 부모나 배우자, 이웃 등의 역할로만 가치를 평가한다면 독자적인 개체로서의 우리는 아무런 가치를 갖지 못한다.[24]

고독은 의미 있는 창조 작업에 적합한 환경을 만들어준다. 이 경우 결국 다른 이들과 공유하게 될 결과물만 아니라 그 창조 작업의 과정도 의미를 갖는다. 스토에 따르면, 이는 곧 "혼자 있는 능력은" 자신을 알거나 인지하기 위해서, 자신의 "가장 깊은 욕구와 감정, 충동"을 깨닫기 위해서 반드시 필요한 "귀중한 자원"이라는 뜻이다.[25] 여기서 그는 고독할 때 발현되는 창의성과 독특한 개인으로서의 발전이 불가분의 관계에 있다고 주장한다. 창의적인 사람은 자신의 창조물을 통해 의미를 모색하는 동시에 하나의 개체로서 자신을 발견하고자 한다. 스토의 관점에서 보면 이것은 "다른 사람들과는 거의 관계가 없는" 통합 과정이다.[26]

문제는 우리가 보다 넓은 의미의 공동 세계에서 다른 이들과 관계를 맺고 있다는 것이다. 창의성과 자기 발전이 과연 스토의 주장처럼 혼자 이룰 수 있는 것일까? 프로젝트 또는 창조 작업의 가치를 강조하는 것은 타당하다. 사랑과 우정만을 의미 있는 삶의 수단으로 강조하면 이러한 작업의 가치를 놓치기 쉽다. 그러나 관심사를 좇는 것이 고독 속에서 이뤄지는 일이며 다른 이들에게 직접적인

이로움을 주지 않는다 해서 "비인간적"인 것이라고 주장한다면 이는 인간 활동의 보다 넓은 공적 맥락을 간과하는 것이다. 스토가 예로 든 철학자들은 고독한 상태에서 저작 활동을 했지만 그들의 사유는 이전에 존재한 수많은 사유와의 대화를 통해 발전했으며, 그들 자신의 정신과 책상을 넘어서는 세계와 맞물려 있다. 그들의 저작은 세상에 나온 이후 다른 이들의 해석과 수정, 묵살을 거치며 나름의 새로운 세계를 창조했다. 정원 가꾸기와 같은 혼자만의 열정도 이러한 사상의 창조와 다르지 않다. 이 역시 이미 존재하는 세상에 기여하고 우리에게 양분이나 건강한 생태계 또는 아름다운 풍경을 제공한다. 고독은 주변 세상과 맞물려 있다. 우리는 이 세상에 발붙이고 사는 이상 완전히 혼자일 수 없다. 개인의 성장과 창조 활동이 대부분 고독한 상태에서 일어난다고 주장한다면 개인의 자율성만을 칭송하고 그 사람이 사는 세상은 간과할 위험이 있다. 이는 자기도취적인 '나'의 표출을 되풀이하는 데 지나지 않는다. 말하자면 자기 말고는 아무도 믿지 않고 혼자서 나아가는 에머슨, 또는 외로움과 질병의 고문이 자신을 강하게 만들어준다는 니체를 답습하는 것이다.

작가이자 방송인으로 활동한 스토의 삶, 즉 자신을 "고독한 사람"으로 칭하면서도 대중적인 지식인이었던 그의 삶은 창조 활동이 다른 이들과는 거의 관계가 없다는 주장을 뒷받침하지 못한다는 점도 주목해야 한다. 그의 사망 시점에 『고독의 위로』는 미국에서만 10만 부 이상 인쇄되었고 그의 여러 저작들은 모두 합쳐 24개 언어로 번역되었다. 『가디언』의 기사에 따르면, 스토가 정신과 의사의 길을 걷게 된 것은 대학 때 생활 상담 교사가 그의 가능성을 믿어주었기 때문이다. 스토는 이렇게 시인했다. "그가 나를 좋아했고 내가 할 수 있다고 믿어준 것이 결정적인 계기가 되었다."[27] 인간이 어떻게 홀로 발전한다고 말할 수 있을까? 내 삶을 돌아보면 개인적으로 큰 변화를 겪은 순간마다 결정적인 계기가 있었다. 때로는 사랑처럼 중요한 요소가 변화를 촉구했고, 때로는 누군가와의 대화 같은 사소한 무언가가 계기가 되었다. 나는 친구나 스승, 부모, 아이들, 낯선 이들, 연인, 내가 읽은 모든 책의 등장인물이나 사상과 수천 번 조우하면서 발전해왔다.

『고독의 위로』의 부제인 "자기에게로의 회귀"가 말해주듯, 고독은 자기에게로 돌아가는 것이다. 혼자 있을 때 우리는 오롯이 자기자신과 함께 존재한다. 정신 활동을 잠재울 수 없는 이상, 우리는 혼자일 때 끊임없이 사유하며 이것이 창조의 핵심을 이룬다. 사유는 고독을 요한다. 집중이 필요한 일을 하면서 동시에 머릿속으로 다른 생각을 해본 사람이라면 알 것이다. 기계적으로 하는 일이 아니라면 일을 하면서 동시에 사유할 수 없다. 친구의 얘기를 듣다가 잠시 딴생각에 빠지면 다시 정신을 차렸을 때 그의 비밀 얘기를 몇 분동안 놓쳤다는 사실을 깨닫는다. 처음 시도하는 조리법으로 요리를 하다가 어떤 계획이나 최근에 있었던 사건으로 생각이 흘러가면 양념을 제대로 넣었는지 기억나지 않는다. 사유는 모든 것을 빨아들인다. 사유를 하려면 잠시 세상에서 벗어나 온전히 집중해야 한다.

아렌트는 이러한 이탈을 "멈추고 사유하기"라고 부른다. 그녀의 분석에 따르면, 사유 활동을 이루는 것은 그저 (논리적 계산과 같은) 인지만이 아니다. 사유는 정신 활동을 멈춰야 하는 창조적 활동이다. 아렌트는 플라톤의 표현을 빌려 우리가 자신과의 "소리 없는 대화"에 참여할 때 주의를 요하는 다른 모든 활동을 잊는다고 말한다.[28] 마치 우리에게 저마다 두 개의 자아가 있어서 경험이나 사건 또는 자신의 행동을 이해하려 할 때, 또는 그저 목적 없이 사색할 때 이 "다른" 자아와 함께 생각하는 것처럼 말이다. 새로운 사유 과정이든 예술 작품이든 모든 창조의 시도는 이러한 이탈에서 시작된다. 우리의 예술과 문학, 철학의 전통에서 고독에 대한 찬미가 그토록 많은 것은 이런 이유 때문이다. 자기 안의 성소로 들어가는 과정이 없다면 누구도 사유나 창조를 할 수 없다. 아이디어나 심상, 은유, 멜로디 등이 다른 이들이 접할 수 있는 상태로 구현되기 전에 모호하게 배양되는 장소가 바로 이 내면의 성소다. 우리는 세상에서 벗어날 때 자신에게로 회귀한다.

우리가 서로 부딪치는 두 가지 충동, 즉 교제의 충동과 분리의 충동에 모두 이끌린다면 둘 중 어느 한쪽에 치우치지 않고 이러한 모순을 인정하기가 왜 그토록 어려운지 생각해봐야 한다. 스토와 메이틀랜드는 고독을 다루면서 자율성과 독자성을 옹호하려 한다. 스토는 교제의 충동을 인정하지만 이따금 메이틀랜드와 비슷하게 교제의 욕구를 비교적 강하게 느끼는 이들의 입장을 단순화하기도 한다. 나는 스토가 『고독의 위로』에서 언급하는, 취약함이 주는 불편한 느낌을 지적하고 싶다. 스토는 독방 감금을 다룬 부분에서 수감자가 트라우마를 겪는 까닭은 자신을 해칠 수도 있는 사람에게 완전히 의존하는 경험 때문이라고 주장한다. 독방 수감자는 자기보다 힘센 사람들에게 휘둘리며 극도로 취약한 상태가 되고 이것이 트라우마의 원인이 된다는 얘기다.[29] 내가 이 부분을 지적하는 까닭은 독방 감금을 논한 다른 저술들은 스토의 논리와 반대로 의존할 사람이 아무도 없는 데서 오는 트라우마에 집중하는데, 이 두 입장이 모두 옳기 때문이다. 스토의 관점은 절대적 의존을 향한 두려움을 강조하고, 두 번째 관점은 절대적 독립을 향한 두려움을 강조한다. 이는 다시 타인에의 의존에 대한 실존적 불안, 즉 자주적인 개인의 자급 능력을 찬양함으로써 상쇄하고자 하는 실존적 불안과 연결된다. 인간관계는 "불확실성의 요소" 때문에 자기실현의 이상적인 수단이 될 수 없으므로 우리는 "비인간적인" 열정을 추구해야 한다는 스토의 주장에서도 이 실존적 불안의 증거를 찾을 수 있다. 그는 혼자 있는 것이 인간관계를 맺는 것 못지않게 감정적 성숙과 정신 건강에 중요하다고 주장한다. 결국 스토의 결론은 메이틀랜드와 마찬가지로 우리가 "최고의 잠재력을 발휘하기" 위해서는 혼자 있는 능력을 키워야 한다는 것이다.[30]

그러나 여기서 내가 스토는 인간의 취약함에 대한 두려움 때문에 고독을 옹호하는 것이라고 추론한다면 나 역시 병리화의 덫에 걸리는 셈이다. 함께하고자 하는 욕구와 혼자 있으려는 욕구가 어느 정도일 때 신경증으로 분류하는지를 정하지 않고도 고독과 교제를 모두 갈망하는 모순을 끌어안고 살아가는 방법이 있을 것이다. 욕망이 결정되는 상황은 우리가 선택하는 것이 아니다.

나는 이 두 옹호론 사이에서 줄타기를 하려 한다. 혼자 있고자 하는 욕망, 즉 동반자를 원하는 갈망 못지않게 강렬한 이 욕망의 성격을 이해하되, 이를 공유하지 않는 이들에게 문제가 있다고 말하지 않는 사람이 되고 싶다. 그런 조언은 다른 이들에게 맡기고 나는 그저 교제를 위해 노력해야 할 만큼 고독을 사랑하는 사람이 있는가 하면 사람들과 어울리기를 좋아해서 혼자 있는 법을 배워야 한다고 느끼는 사람도 있음을 인정하고 싶다.

우리는 혼자 있는 법을 **배워야** 할까? 그렇다면 그 이유는 무엇일까? 이에 대해서는 고독의 수호자들이 몇 가지 답을 내놓았다. 우리는 우리 자신과 단둘이 있을 때 비로소 창조할 수 있다. 이 창조 작업에는 사유에서부터 예술적 창조 활동, 자기 수양에 이르기까지 많은 종류가 포함된다. 그러나 여기에는 좀 더 깊은 의미가 내포되어 있다. 고독을 옹호하는 것은 고유한 내면의 삶을 가진 독자적 개체의 자율성을 옹호하는 것이다. 그렇다면 고독을 찬양하는 글을 쓰는 사람은 독립성을 소중히 여기고 공동의 삶이 방해된다고 느끼는 사람이다. 하지만 그것은 자신의 운명을 스스로 결정하며 초월적 힘이나 신을 거부하고 홀로 서야 한다고 주장하는 입장과는 다르다. 그보다는 사유의 독자성을 소중히 여기고 보호해야 한다는 점을 인정하는 입장이다. 내면의 삶을 배양하기 위해서는 시간과 공간이 필요하니까.

메릴린 로빈슨(Marilynne Robinson)은 세상에 존재하는 "방대한 양의 깊고 풍부한 사랑스러움"은 우리가 볼 수 없도록 감춰져 있으며 이를 보기 위해서는 혼자 있는 시간을 통해 주의를 기울이고 집중하는 습관을 익혀야 한다고 말한다.[31] 오직 우리의 정신만 접근할 수 있는 이 부분을 간과한다면 스스로 그것을 적극적으로 구하지 않기 때문이다.

솔루스

어릴 때 나는 지독한 기독교의 노동관을 가진 부모님 덕분에 매년 여름, 가족의 과일 농장에서 일을 거들었다. 대개는 여럿이 함께하는 일이었다. 나는 100여 명의 일꾼들과 함께 딸기나 체리를 따거나 이민 온 지 얼마 안 된 여자들과 함께 복숭아를 손질하곤 했다. 그러나 대화할 기회는 거의 없고 몽상의 시간이 많았다. 가끔은 혼자 헛간에서 복숭아를 판매상들에게 수송할 때 쓰는 마분지 상자를 조립했다. 나는 지루함을 덜기 위해 상상력을 동원해 놀잇거리를 생각해냈다. 상자들을 차곡차곡 쌓아 기둥을 만들 때면 성장해가는 사람으로 상상하고 이름을 붙인 뒤 그들의 삶의 이야기를 지어냈다. 그래봐야 내가 아는 세상을 바탕으로 한 뻔한 이야기였지만. 상자 열 개로 이뤄진 기둥 두 개가 완성되면 그들이 그다음 기둥의 부모라고 상상하는 식이었다. 청소년기에는 가끔 과수원과 포도밭에서 혼자 일했는데, 반복적인 육체노동의 따분함과 고립감을 달래주는 것은 정신 활동뿐이었다. 시간이 남으면 책으로 도피하거나 열 살 때부터 쓰기 시작한 일기를 썼다. 그러나 그때 나는 그것이 고독인 줄 몰랐다.

열두 살 무렵부터 언니와 한방을 쓰는 게 불편해지기 시작했다.

우리는 방 가운데 상상의 금을 그었지만 너무도 확실하게 내 영역 안에 있는 문에 언니가 어떻게 닿을 것인가 하는 문제를 해결하지 못했다. 겉보기에는 그저 평범한 자매의 갈등이었다. 나는 미처 인지하지 못했지만 사실 내게는 혼자 있는 시간이 필요했던 것이다. 급기야 나는 지하실의 작은 창고 방을 내 공간으로 바꾸는 일에 착수했다. 남동생이 헛간의 폐기물 더미에 있던 합판에 각목 네 개를 달아 탁자를 만들어주었다. 나는 그것을 파란색으로 칠한 뒤 거칠고 울퉁불퉁한 윗면에 감상적인 시를 적으며 즐거워했다.

나는 "솔리투드(solitude, 고독)"라는 말이 좋다. 발음과 의미가 딱 어울리는 단어다. 왠지 음악 용어인 "소나타"나 "에튀드(étude, 연습곡)", "프렐류드(prelude, 서곡)"처럼 서정적인 느낌과 고요한 느낌이 담겨 있는 듯하다. '솔리투드'의 라틴어 어원은 '혼자'라는 뜻의 "솔루스(solus)"다. 우리는 고립되거나 다른 이들과 분리되어 있을 때 혼자가 되고, 이런 상황은 고통스러운 외로움을 낳기도 하지만, 고독을 누리며 혼자 있는 상태는 즐겁다. 혼자 있고 싶을 때 우리는 고립이 아닌 고독을 갈망한다고 말한다.

나는 혼자 있고 싶은 갈망에 익숙하다. 이 갈망의 원천을 굳이 꼽자면 고요함에 대한 갈망, 공허한 수다나 자동차 소리, 형식적인 일의 소음 같은 외부 자극에서 잠시 벗어나고픈 갈망이라고 말하는 것이 가장 정확하리라. 내가 사는 도시에서 혼잡한 시간에 사람들을 헤치고 이동한 뒤나, 며칠 동안 연이어 강의를 하고 회의에 참석했을 때, 또는 친척들을 방문한 뒤에 이런 갈망을 느끼는 것은 지극히 당연한 일이다. 나는 사회적 행위, 즉 예의를 갖춰 대화를 나누거나 논쟁의 여지가 있는 견해를 속에 담아두거나 관심 있는 척하는 등의 행위가 지긋지긋해질 때 또는 짜증이 날 때 다른 이들과 함께 있는 데 한계가 왔음을 느낀다. 기본적으로 나는 사유를 갈망할 때 혼자가 되길 원한다. 누구의 방해도 받지 않고 내 생각이 방랑하기를 원하기 때문이다. 이는 일종의 귀향 본능이며 반드시 물리적으로 혼자가 될 필요는 없다. 나를 알고 이해하는 사람과 함께 있다면, 그런 상태에서도 집에 있는 듯 편안하다면, 나를 설명하거나 보여주기 위한 행위를 할 필요가 없다면 굳이 혼자가 아니어도 괜찮다. 그러나 친밀한 사람조차도 고독에 방해가 되기도 한다.

내게 고독은 순전한 즐거움이지만 어느 순간 그것이 고립으로 느껴질 때가 있다. 그 지점은 여러 변수에 따라 달라진다. 너무 오랫동안 혼자 있으면 즐거움이 끈질긴 외로움에 희석된다. 여기서 '너무 오랫동안'은 외국의 어느 도시에서 누구와도 말을 섞지 않고 지낸다면 사흘이 될 수도 있고, 마음이 잘 맞는 사람과 어느 정도 교류가 이뤄진다면 닷새가 될 수도 있으며, 머릿속에서 혼자만의 생각이 강렬하게 타오를 때는 하루가 될 수도 있다. 반대로 며칠 동안 쉬지 않고 다른 이들과 함께 있으면, 때로는 누구와 함께 있느냐에 따라 한 시간만 지나도 방에서 혼자 한껏 휴식하고픈 갈망을 느낀다. 영원히 혼자 있는 것과 영원히 다른 이들과 함께 있는 것, 이 두 가지 박탈의 상황 가운데 어느 쪽이 더 지독한지 과연 선택할 수 있을까? 둘 다 나름대로 지옥일 것이다.

내게 고독이 필요하다는 것을, 더 정확히 말하면 내 사유와 단둘이 있는 시간이 필요하다는 것을 알게 된 지는 그리 오래되지 않았다. 나의 깊은 사색적 성향을 인지하면서 천천히 깨달았으니까. 여기에 일조한 것은 내 연인이 될 뻔한 남자들이었다. 그들은 **넌 생각이 너무 많다**고 불평했다. 나의 질문과 사색의 기질이 성가시다는 뜻이었다. 수전 손택의 표현을 빌리면, 나는 "진지함의 광신자"였다.[1] 손택은 진지함을 미덕으로 여겼지만 나는 훨씬 더 나중에야 그 것을 알았다. 혼자 있음을 향한 나의 욕구는 모든 것을 진지하게 생각하고자 하는 욕망의 표명이었다. 다른 이들의 방해와 소음에서 벗어나지 않고도, 온전한 집중이 요구되는 일을 중단하지 않고도 사색할 수 있는 사람이 어디 있겠는가? 메이 사턴(May Sarton)이 말했듯, 고독은 "어떤 접촉이든 깊이 숙고하고 그 즙을, 그 정수를 추출해 그 접촉의 결과로 내가 실제로 어떻게 되었는지 이해하기 위해" 반드시 필요하다.[2]

사턴은 내가 혼자 있는 것에 대해 느끼는 양가감정을 가장 적절하게 표현했다. 많은 작품을 남긴 20세기 미국의 시인이자 소설가이며 성인이 된 이후 주로 혼자 살았던 그녀는 뉴햄프셔주 넬슨의 오래된 농가에서 지낸 1972년 한 해의 삶을 『혼자 산다는 것(Journal of a Solitude)』으로 펴냈다. 이 책은 스토가 말하는 두 가지 상충하는 충동, 즉 교제에 대한 충동과 분리에 대한 충동 사이의 모순을 어떻게든 해결하려 하지 않는다는 점에서 인상적이다. 사턴은 고립의 괴로움과 거기서 벗어날 때의 괴로움을 모두 비슷하게 드러낸다. 써야 할 편지가 밀려 있을 때면 그녀는 자기 내면의 세계에 대한 의무 이외에는 어떤 의무도 없이 한동안 시간을 가질 수 있기를 갈망한다.³ 혼자 있는 시간이 없는 것은 마치 "연옥"에 갇힌 것과 같다고 그녀는 쓴다. "나는 중심을 잃는다. 산산이 부서져 뿔뿔이 흩어진 느낌이 든다."⁴ 한편으로 사턴은 혼자 사는 것이 익사하거나 젖은 모래 속에 집어삼켜지는 것처럼 "지독하게 외롭다"고 시인한다.⁵ 그러나 이 모순을 해결할 방법은 없다. "내게 양분이 되기도 하고 나를 미치게 만들기도 하는 방해의 순간들이 없다면 이 삶은 무미건조할 것이다. 그러나 나는 이곳에 혼자 있을 때, 그리고 '이 집과 내가 나누던 대화를 다시 이어갈' 때 비로소 온전히 그 삶을 맛볼 수 있다."⁶

사턴은 고립의 괴로움이 작가가 치러야 할 대가라는 점을 결코 간과하지 않는다. 그러나 이러한 고립 속에서도 양쪽의 구분을 무색하게 만드는 교감을 누린다. 그녀는 친구들을 방문하거나 강연을 하고 집에 돌아와 다시 혼자가 되는 순간을 묘사하며 그것은 자신에게로 돌아오는 것, 창턱에 놓아둔 수선화 화분들이나 그녀가 키우는 새, 현관 앞에서 먹을 것을 기다리는 들고양이에게로 돌아오는 것이라고 말한다. 그러곤 이런 친밀한 관계가 없다면 우리가 어떻게 살아갈 수 있느냐고 묻는다. "이 모든 관계가 저마다 무언가를 요구한다. 모든 관계가 저마다 내게 무엇이 되기를, 무언가를 하기를, 반응하기를 요구한다. 반응을 닫아버리면 무엇이 남겠는가? 견디고…… 참고…… 기다릴 수밖에."⁷

함께하는 혼자

●

셰리 터클(Sherry Turkle)은 테크놀로지의 심리사회적 영향을 다
룬 2011년 연구에서 연결성이 그 어느 때보다도 우리를 단절시키
고 있다고 주장한다. 그녀는 『외로워지는 사람들: 테크놀로지가 인
간관계를 조정한다(Alone Together: Why We Expect More from Tech-
nology and Less from Each Other)』를 구상하게 된 계기를 나중에 테
드(TED) 강연에서 들려주었다. 자신의 딸이 친구들과 함께 거실에
있는 광경을 보고 영감을 얻었다는 것이다. 이 소녀들은 몸은 가까
이 있지만 저마다 개인 디지털 기기를 들여다보고 있었다. 한 공간
에 있으면서도 서로와 분리된 채 저마다 혼자 존재했다.[1] 터클의 저
서에는 이제 우리에겐 너무나 익숙해서 되풀이하기도 식상한, 함
께 있을 때 혼자가 되는 다양한 경우가 실려 있다. 예를 들면 공공장
소에서 스마트폰 때문에 서로 단절되는 현상, 얼굴을 맞대고 대화
하기보다는 가상 연결을 선호하는 경향, 디지털 기기와 연결될수록
서로에게 기대하는 것이 점점 더 줄어드는 상황 등이다.[2]

　나는 토론토의 한 카페에 앉아 터클의 책을 읽었다. 주위에는 혼
자 노트북으로 무언가를 하는 사람들이 가득했다. 그녀의 주장은
과연 사실이었다. 저마다 다른 테이블에 신경 쓰지 않고 자신의 일

에만 몰두하는 우리는 모두 함께 있지만 혼자였다.

그러나 "함께하는 혼자"라는 말은 내게는 즐거운 경험, 즉 공공장소에서 사람들에게 둘러싸여 있으면서도 오롯이 내 생각에만 몰두할 수 있는 경험을 묘사한다. 이 즐거움 때문에 나는 테크놀로지의 부정적 영향을 비판하는 터클의 견해에 전적으로 동의하기 어렵다. 테크놀로지가 즐거움을 주기만 한다면 그에 대한 비판은 무시해도 좋다는 얘기가 아니다. 그보다는 이러한 비판에서 즐거움이 어떤 의미를 갖는지 생각해봐야 한다는 뜻이다. 나 역시 터클이 현대의 디지털 기술에 대해 우려하는 점들에 공감하지만 함께하면서도 혼자 있는 것을 다른 방식으로 이해할 수도 있다. 우리는 개인으로 살아가는 동시에, 작게는 두 사람, 크게는 전 세계 인구를 아우르는 다양한 규모의 집단에 속해 있다. 그러므로 우리는 근본적이고 실존적인 차원에서 언제나 혼자인 동시에 함께인 셈이다. 둘 중 어느 하나의 실존 방식이 더 우세하지 않으며, 본질적으로 늘 함께인 동시에 혼자이거나 혼자인 동시에 함께인 모호한 상태로 살아간다. 혼자 있는 것과 사람들과 함께하는 것, 둘 중 어느 하나만을 실존에 더 필수적인 요소로 꼽을 필요는 없다. 이 둘은 서로 배타적이거나 분리되어 있지 않다.

철학의 역사에서도, 개체의 중요성을 인정하면서도 인간이 본질적으로 다른 이들과 함께할 수밖에 없다는 인간 실존의 집단적 속성을 강조한 사례를 쉽게 찾아볼 수 있다. 그것은 에머슨이나 소로, 니체가 주장하는 자급적이고 자주적인 개체와 충돌한다. 철학자가 언제나 홀로 존재하는 것은 아니다. 예를 들어 아렌트는 개인의 고유성을 놓지 않지만 그녀의 저서 어디서든 개인들 '사이의 존재'가 공동의 세상에서 함께 사는 데 필요한 다원성의 중요한 요소로 등장한다. 그에 앞서 20세기 초반에 에디트 슈타인은 "통합의 충동"에 관해 썼다. 우리는 다른 이들과 더불어 살게 하는 역동적 작용력에 이끌리며 인간이 함께하는 "경험의 물살"에 녹아든다는 것이다. 이러한 집단의 경험은 우리가 "타고난 외로움"에서 벗어나도록 도와주지만 그럼에도 우리는 개별적 자아, 즉 "다른 누구도 아닌, 오롯이 한 사람만의 단일하고 독자적인 자아"를 잃지 않는다.[3]

마르틴 부버(Martin Buber)도 이와 비슷하게 개인과 집단이 연결되어 있음을 역설한다. 그는 집단의 삶은 우리가 혼자인 상태에서 벗어나도록 도와주며, 집단이 크고 강할수록 개인은 사회적·우주적 고향 상실(homelessness)과 개인의 책임에서 좀 더 자유로워진다고 주장한다. 하지만 부버는 인간의 실존이 근본적으로 독자적이거나 집단적인 것은 아니라는 점을 분명히 한다. 인간은 제각기 그 자체로 추상에 불과하기 때문이다. 우리는 다른 개인들과 관계를 맺고 있을 때 비로소 개인이 되며, 집단이 서로 관계 맺은 개인들로 이뤄질 때 비로소 집단적인 존재가 된다. 따라서 인간의 삶을 독자적으로 볼 것인가 집단적으로 볼 것인가, 즉 인간이 혼자인가 함께인가를 따지기보다는 "사이"를 생각해야 한다. 부버는 두 사람이 우연히 만나 서로에게서 예측하지 못한 무언가를 끌어내는 상황을 묘사하며 이를 아름답게 입증한다. 이런 우연한 조우는 "두 사람의 교류

가 끝나고 세상이 아직 끼어들지 않은" 어딘가에 잔류물을 남긴다고 말이다.[4]

'함께하는 혼자'가 결국 인간의 조건이라면 인간은 태어날 때나 죽을 때나 철저히 혼자이기 때문에 실존적으로 혼자라는 주장도 되짚어볼 필요가 있다. 태아는 모체의 몸속에서 혼자 발달한 뒤 혼자 세상으로 들어온다고 말할 수도 있다. 그러나 다른 사람의 몸속에서 발달하는 것을 과연 독자적인 활동이라고 할 수 있을까? 모체와 태아의 신체 기관들은 서로 뒤얽혀 있고 태아는 전적으로 모체에게 의존한다. 둘은 혈액과 양분, 항체를 공유한다. 맨 처음 난자와 정자가 결합하는 일은 타인의 몸속에서 일어나고, 그 둘이 하나가 되어 착상하면 생명의 근원이 되는 자궁벽에 단단히 뿌리를 내린다. 여성의 자궁 근육이 협조하지 않는다면, 하다못해 산부인과 의사가 돕지 않는다면 누구도 세상에 들어올 수 없다. 그런데 어떻게 우리가 혼자라고 주장한단 말인가? 한편으로 우리는 태아가 저마다 절대적으로 고유하며 대체할 수 없는 인간으로 발달한다는 것을 알고 있다. 그들의 유전자와 환경적 요인들은 어느 누구도 모방할 수 없는 방식으로 상호 작용한다. 그렇다면 우리는 어떻게 혼자가 아니라고 주장하겠는가? 어떻게 독자적인 존재가 아니겠는가? 인간 조건의 모호성은 수정 단계에서 이미 완벽하게 정의되는 셈이다. 우리는 혼자인 동시에 함께이다.

어디까지가 개인이고 어디서부터가 집단인지를 따지다 보면 수많은 의문과 맞닥뜨리게 된다. 사유할 때 나는 혼자인가? 그렇다.

외로움의 책

내 머릿속에서 일어나는 독자적인 활동에 몰두하는 셈이니까. 그러나 모든 사유는 다른 사유, 즉 친구들의 사유나 내가 읽고 있는 책의 저자의 사유를 맥락으로, 사실상 사유의 역사 전체를 맥락으로 이뤄진다는 점을 감안하면, 아니다. 성교할 때 우리는 함께인가? 그렇다. 두 몸의 경계가 사라지니까. 그러나 두 사람이 서로 다른 것을 느낄 수 있다는 점을 감안하면, 아니다. 두 사람의 몸은 하나가 되었다가 다시 분리된다. 하지만 얼마나 분리되는가? 때로는 한평생 함께한 뒤 한쪽이 다른 한쪽을 따라 바로 죽는 경우도 있다. 이는 분명 몸과 정신의 깊은 애착 관계를 보여주며 절대적인 독자성을 철저히 부정하는 예라고 할 수 있다. 우리는 타인의 고통을 직접 느낄 수 있는가? 아니다. 하나의 통합체로 감각을 느끼는 공통의 몸은 없다. 하지만 쿠바드 증후군(Couvade syndrome, 아내가 임신했을 때 남편이 임신의 제반 증상을 아내와 똑같이 겪는 현상. 동정 임신이라고도 한다 – 옮긴이)이나 연쇄 자살, 대리인에 의한 뮌하우젠 증후군(Munchausen syndrome by proxy, 관심을 끌기 위해 피보호자의 병증을 지어내거나 유발하는 정신 질환 – 옮긴이), 가까운 사람의 우울증에 강한 공감 반응을 보이는 사례 등은 어떻게 설명할 수 있을까?

우리가 근본적으로 혼자라는 주장을 뒷받침하기 위해 자주 제시되는 확실한 근거 하나는 우리가 혼자 죽는다는 점이다. 확실히 우리의 죽음은 자신만의 것이며 다른 사람의 몸이 이를 겪는 건 아니라고 말할 수 있다. 그러나 한편으로 우리는 실제로 자신의 죽음을 경험하지 않는다. 우리는 죽어가는 것, 평생토록 이뤄지는 죽어감의 과정을 경험할 뿐 죽음의 순간에는 아무것도 경험하지 못한다. 우리의 죽음을 경험하는 것은 다른 이들이다. 그것은 우리가 아닌 그들이 다뤄야 하는 사건이다.

자신의 행동을 오롯이 책임져야 한다는 이유로 우리는 절대적으로 혼자라고 주장하는 것은 어떤가? 영향과 상황을 고려하면 결코 "절대적"이라고 말할 수 없다. 책임은 오롯이 자신의 몫이라 해도 우리의 행위에는 언제나 사회적 맥락이 있다. 사람은 누구나 저항하기 어려운 기질과 성향이 있고 다른 이들로부터 쉽게 영향을 받는다.

혼자인 상태와 함께인 상태는 서로 뒤섞이고 분리되면서 그때그때 의미가 달라진다. 클라크 무스타커스는 인간의 삶에서 외로움은 우리가 더 "깊게" 인간다워질 수 있는 조건이며, 우리는 "궁극적으로 영원히 외롭다"고 말한다. 이는 우리가 근본적으로 혼자라는 뜻이다. 그는 계속해서 이렇게 말한다. 우리가 "개별적 존재의 지독한 외로움"을 회피하거나 부정한다면 자기 발전의 "중요한 길 하나"를 막는 셈이다.[5] 그러나 이 문장에서 외로움을 "함께하는 것"으로 바꾸기는 어렵지 않다. 우리는 "궁극적으로 영원히" 다른 사람들과 함께한다. 우리는 함께임을 인정해야 한다. 우리는 지독하게, 철저하게 함께이며 이러한 실존의 상태를 벗어나려 하면 자기 소외의 위험을 감수해야 한다.

우리는 혼자인 존재라고 주장하는 것도, 또 함께인 존재라고 주장하는 것도 타당하지 않다. 인간의 조건은 본질적으로 모호하다. 사회적 존재로서의 우리는 언제나 우리가 관계를 맺고 있는 세상, 즉 다른 이들에게 애착을 갖고 있으며 집처럼 편안하게 느낄 수 있는 세상에 속하기를 갈망한다. 그러나 사람들과 함께 있으면 양가적인 감정에 시달린다. 가끔은 너무 가깝다고 느끼고, 가끔은 너무 멀다고 느낀다. 우리 중 많은 이들이 독자성과 친밀함 사이 또는 혼자와 집단 사이를 끊임없이 오가며 균형을 맞추려고 노력한다. 전적으로 함께해야 한다면 우리는 다르게 생각하고 행동할 자유를(때로는 생각할 자유 자체를) 포기하는 대가를 치러야 한다. 반대로 누구와도 함께하지 않는다면 외로움을 대가로 치러야 한다. 함께하면 함께 집단에 갇힐 수 있다. 혼자라면 자기 안에 갇힐 수 있다. 우리는 이 둘 사이에서 줄타기를 해야 하고, 사람의 균형감은 저마다 다르다.

제2부

우리는 왜 외로운가?

조직적인 외로움

지금까지 외로움의 속성을 살펴본 결과, 외로움은 결국 인간 조건의 일부다. 모든 인간은 저마다 실존적으로 혼자라는 뜻이 아니라, 우리는 다양한 정도로 사람들과 가까이 있고자 하는 필요와 욕망을 느끼지만 그것이 언제나 충족되는 것은 아니라는 뜻이다. 사람들과 가까이 있고자 하는 것은 단지 우리가 취약해서, 생존을 위해 다른 이들이 필요하기 때문만이 아니라 동류의 살아 있는 존재와 인접해 있는 데서 즐거움을 얻기 때문이기도 하다. 외로움은 우리가 근원적인 집에서 쫓겨난 결과이며 잘린 탯줄은 영구히 끊어진 결합을 상징한다는 발상이 내게는 무척 매력적이지만, 외로움의 사회적 조건들도 간과해서는 안 된다. 우리는 평생토록 친구나 연인과 관계를 맺고 각종 공동체에 소속되며 외로움을 피하려고 노력하지만 이러한 과정은 우리의 노력을 돕거나 방해하는 특정한 세계의 맥락에서 일어난다. 우리의 관계나 소속 집단이 개인의 사회적 욕구를 충족하는지 여부를 크게 좌우하는 것은 친밀함에 대한 갈망 또는 혼자 있고자 하는 갈망에 영향을 미치는 심리적 요인들이다. 그러나 우리의 삶을 조직하는 사회적 요인들도 고려할 필요가 있다.

바로 이 부분에서 문제가 복잡해진다. 우리가 몸담고 있는 다양한 사회는 외로움을 덜어줄 수 있지만 외로움을 **양산하기도** 한다. 외로움은 독특하고 개별적인 고통의 경험일 뿐 아니라 사회적 힘들이 합쳐져 특정한 집단에 작용하면서 고립을 초래할 때 일어나는, 특정한 조건들의 결과다. 우리가 외로운 것은 이런 사회적 측면들이 필요를 충족해주지 못하기 때문이다.

해나 아렌트는 20세기 전체주의 맥락에서 외로움이 양산된 과정을 분석하며 우리의 사유를 독려한다. 여기에는 나치스와 스탈린의 전체주의가 모두 포함된다.『전체주의의 기원』마지막 장에서 아렌트는 테러를 이데올로기가 뒷받침하는 전체주의의 본질로 규정하고 외로움을 전체주의 치하에 만연해 있는 인간의 기본적인 경험으로 분류한다. 테러는 모든 반대를 제압해야만 완성된다. "테러는 더이상 아무도 가로막지 않을 때 가장 위에서 군림한다."[1] 모든 반대를 제압하는 데 필요한 것은 '이데올로기 사유'다. 이는 모두가 집단으로 굴복하고 "내적 자유"와 "운동의 자유"까지 포기하게 하는 순수한 논리적 활동이다.[2] 개인들 사이에 운동이 없다면, 즉 우리 사이에 다원성에 필요한 공간이 없다면 우리는 행동할 수 없게 된다.

테러와 이데올로기의 이 독특한 역사적 결합에서 우리는 고립과 외로움을 발견한다. 테러는 지배를 받는 대상들이 서로 고립될 때비로소 절대적인 지배력을 얻기 때문이다. 따라서 압제 정부의 중요한 과제는 개개인을 고립시키는 것이다.[3] 그것이 양산하는 두려움과 의심은 그 유효성이 확실하게 입증된 수단이다. 그것은 이웃끼리, 가족끼리, 친구끼리 등을 돌리게 한다.

그러나 여전히 고립이 곧 외로움은 아니다. 우리는 고립되어 혼자 있어도 외롭지 않은 경우가 있고 고립되지 않아도 외로운 경우가 있다는 것을 알고 있다. 예를 들어 한 가족이 다른 가족들로부터 고립된다고 해도 가족 구성원끼리 친밀한 관계를 누릴 수 있다. 아렌트는 어느 정도의 고립이 필요하다고 주장한다. 이는 사유와 경험의 개별화를 허용하는 공간, 롤랑 바르트가 말하는 "거리"가 된다. 이 공간이 있어야만 다원성을 위해, 즉 우리가 서로 구별되는 존재가 되기 위해 반드시 필요한 분리가 가능해진다.[4] 이런 긍정적인 의미의 고립 또는 거리는 생산 능력으로 이어진다. 예술가는 고립된 상태에서 창조하고, 철학자는 고립되었을 때 사유한다. 우리 사이의 공간은 우리의 차이점을 공적으로, 즉 정치적으로 표출하게 한다.

고립은 특히 정치와 연관될 때 위험해진다. 아렌트가 생각하는 정치는 단순히 통치에서 그치는 것이 아니라 공적인 삶의 활동이다. 즉 개인들이 모여 하나의 집단으로서 우려하는 인간사에 대해 서로 얘기하고 행동하는 것이 정치다. 아렌트는 정치 영역에서 고립은 연대를 금지해 정치적 삶을 방해할 목적으로 일어난다고 여긴다. 고립된 개인은 함께 행동할 사람이 없기 때문에 행동할 수 없다. 집단행동이 없으면 우리는 정치적으로 무력한 상태가 되고, 이런 무력함은 "테러의 출발"로 이어질 수 있다. 적어도 고립은 테러의 "가장 비옥한" 토양이며 테러의 불가피한 결과이기도 하다.[5]

아렌트에 따르면, 고립과 달리 외로움은 우리의 사회적 실존과 연관된다. 즉 외로움은 인간의 삶 전체와 관계가 있다.[6] 아렌트는 외로움을 버려짐, 뿌리 뽑힘으로 이해한다.[7] 외로운 사람은 다른 이들에게 버림받기만 하는 것이 아니라 다른 이들이 확인해주는 자신의 정체성을 잃게 되고, 그 결과 사유와 경험이 일어나는 세계를 상실한다.[8] 아렌트가 말하는 외로움의 "참을 수 없는" 속성은 바로 이 '무세계성'에 기인한다. 고립되고 외로운 대중은 세계대전의 난민들처럼 자신이 소속되고 자신의 의견이 중시되는 세계를 잃는 것이다. 세상에서 자신의 자리를 잃으면 차별성을 잃는다. 외로움이 절망적인 경험이 되는 것은 우리 개개인의 근본적인 차이를 토대로 하는 다원성이라는 인간 조건에 반하기 때문이다.[9] 우리는 서로 다르기 때문에 우리가 공통적으로 가진 것에 대해 소통할 수 있다. 우리가 모두 똑같다면 서로를 이해하기 위해 소통할 필요가 없다. 어차피 모두가 똑같은 생각을 하고 똑같이 행동할 테니까. 외로움은 다원성을 파괴한다.

아렌트는 주로 노년과 같은 주변부 상황에서 겪는 외로움이 곳곳에 체계적으로 침투하는 것을 두고 "조직적인 외로움"이라고 일컫는다. 조직적인 외로움은 체계적이며, 20세기 전체주의 체제가 이른바 "테러의 강철 끈"을 통해 잔혹하리만치 효율적으로 구축한 고립에 의해 양산되었다. 아렌트가 말하는 "테러의 강철 끈"은 개인들을 서로 단단히 묶어놓음으로써 그들 사이에 어떤 움직임도 일어날 수 없게 만드는 테러의 고유한 접합 기능을 의미한다. 이로써 사람들 사이의 공간이 사라진다. 이 공간은 공적인 삶의 다원적 교류를 위해 반드시 필요한 요소인데 말이다. 아이러니하게 테러의 강철 끈은 인간들이 함께하는 삶도 파괴한다. 개인들을 단단히 묶어 서로 구별되지 않는 대중으로 뭉쳐놓기 때문에 인간의 상호 작용이 억제되는 것이다. 아렌트는 또한 우리는 공통 감각(common sense, '상식'을 뜻하기도 한다 – 옮긴이)을 공유해야만 신뢰할 수 없는 개별 감각 정보에서 벗어나 자신의 감각 경험을 신뢰할 수 있게 되므로 이것을 파괴하는 테러의 강철 끈은 물질적이고 감각적인 세상을 경험하는 것도 방해한다고 주장한다.[10]

이처럼 고립과 외로움은 인간들을 지배할 수 있는 상태로 바꿔놓고 사유를 이데올로기로 대치하며 공통 감각에 의한 세상의 경험을 제거함으로써 전체주의 통치로 향하는 길을 닦는다. 아렌트는 과거에는 비교적 흔하지 않았던 외로움이 전체주의 치하에서는 대중의 "일상적인 경험"이 된다고 주장한다. 그것은 두 가지를 파괴한다. 정치적·사회적·정신적 삶에 절대적으로 필요한 두 가지, 즉 우리 사이의 공간과 인간이 함께하는 삶을 제거하여 "아무도 믿을 수 없고, 무엇도 의지할 수 없는" 사막 같은 세상에 우리를 남겨놓는다.[11] 진짜 위험은 사막 자체가 아니다. 아렌트가 생각하기에 인간적인 우리는 사막의 조건에서 끝없이 고통받으면서도 어느새 그 삶에 익숙해진다.[12]

아렌트가 자신의 가장 집약적인 정치사상서를 외로움에 관한 글로 마무리한다는 것은 어찌 보면 다소 의외다. 이 빈틈없는 정치사상가는 우리의 사회적 관계가 얼마나 중요한지 깨달아야 한다고 역설한다. 그저 개인의 행복만을 위해서가 아니라 잔혹한 권력의 남용을 막거나, 적어도 이에 저항할 수 있는 의미 있는 공적 삶을 위해서도 이는 매우 중요한 요소다. 그러나 우리 시대의 외로움 전문가들은 외로움을 그저 건강의 위기로 다루면서 이 부분을 간과한다. 외로움은 개별적으로 경험하는 것이지만 결코 내적인 경험만은 아니다. 외로운 사람은 당연히 내적인 고통을 겪지만 이와 함께 사회적 구조의 결함, 정치에 유용하게 이용되는 결함을 입증하는 셈이다. 다만, 이런 정략적 이용이 드러나지 않을 뿐이다. 외로움의 조직화, 외로움의 체계적인 양산은 그 정략적 유용성과 그 결과로 나타나는 사회적 결함을 모두 은폐한다.

우리의 사회정치적 맥락은 아렌트가 외로움에 "황폐해질" 것이라고 경고한 세상과는 매우 다르다. 21세기 초반을 살아가는 지금 우리에게 외로움을 조직화하는 사회적 힘들은 무엇인지 따져봐야 한다. 서구 세계의 도심에서는 외로움 위기에 관한 논의에서 사회적 맥락을 다룰 때 주로 디지털 기술의 발전, 특히 소셜 미디어에 초점을 맞춘다. 그 밖의 다른 사회 현상으로는 이혼이나 독거, 가족의 분산, 도심에서 겪는 고립, 공동체 유대의 상실 등을 꼽는다. 이러한 사회적 변화를 지목하는 것은 타당하지만 그 저변에 자리한, 이 모든 변화를 융합하여 외로움을 체계적으로 조직화하는 구조까지는 파헤치지 않는다. 모두가 알고 있지만 아무도 말하지 않는 근본적인 문제는 바로 디지털화된 자본주의다. 여기에는 새로운 형태의 힘이 수반되고, 이는 새로운 형태의 고립과 두려움을 양산한다상승효과를 내는 자본주의와 기술의 결합 그리고 이 결합이 일으키는 소외의 효과에 주목하려는 시도는 새로운 것이 아니다. 아렌트는 1958년 『인간의 조건』에서 "세계 소외"에 관한 분석을 제시하며 허버트 마르쿠제와 에리히 프롬을 비롯해 당대에 소외를 비판한 이들의 무리에 합류했다. 『인간의 조건』 마지막 장에는 자본주의 사회가 유용성과 도구성만을 중시하고 현대 기술이 이를 더욱 강화하면서 기계의 세계가 실재 세계를 대체하고 있다는 분석이 실려 있다.[13] 아렌트는 도구성을 중심으로 작동하는 세상에서는 무엇을 하든 생계를 꾸리고 풍부한 재화를 조달하는 것을 목적으로 삼을 수밖에 없다고 지적한다. 사물의 유용성이 그것의 유일한 의미 또는 가치가 되어 "……을 위해서"보다는 "……하기 위해서" 만들어지는 것이 되며, 아렌트는 이것이 수단과 목적의 끝없는 연쇄가 되어 결국 무의미성으로 이어진다고 말한다.[14] 우리는 배움을 위해서가 아니라 일자리를 얻기 위해 대학에 다니고, 일 자체를 위해 일하는 것이 아니라 물질적 욕구와 소비욕을 충족하기 위해 일한다. 인간 삶의 "세계성", 공적인 삶의 필수 요소인 말과 행동으로 만들어지는 이 세계성은 소비와 부의 축적이라는 제단에 제물로 바쳐진다. 이런 끝없는 연쇄에서 벗어날 수 있는 사람은 유용성보다는 창의성, 목적보다는 수단에 이끌리는 예술가뿐일 것이다.[15]

우리는 아렌트가 걱정한 미래에 살고 있다. 기술 발전의 상황은 그녀가 예상하지도 못한 수준에 이르렀다. 우리 삶의 모든 측면이 경제적 가치 평가의 대상이 된다. "시간은 돈이다." 교육과 창의성,

우리의 집, 우리의 미래, 심지어 대화와 우정, 사랑도 마찬가지다. 공적 활동은 쇼핑으로, 공적 공간은 시장으로 축소되었다. 이 시장에서는 우리의 끝없는 소비욕을 지지하고 충족하는 작업이, 소비되지 않는, 오래가는 세상을 구축하는 작업, 즉 미술과 음악, 사유, 아름다운 장소들의 세상을 구축하는 작업보다 더 가치 있는 것으로 평가된다. 풍족함을 향한 욕망이 지속성을 향한 욕망을 제압하여 이제는 지구의 지속성마저 희생시키기에 이르렀다.

우리는 점차 가속화되는 자본주의와 기술 사이의 역학을 일컫는 새로운 용어들을 만들고 있다. 프랑코 베라르디(Franco Berardi)는 자본주의 가치가 이제는 단순히 물질뿐 아니라 정신과 언어, 창조성의 도구들로 양산된 **무형의** 것에도 적용된다는 이유로 "기호 자본주의(semiocapitalism)"라고 일컫는다.[16] 그리고 루이스 수아레스 빌라(Luis Suarez-Villa)는 "기업의 힘과 그들이 착취하는 테크놀로지 창의성"을 토대로 새로운 형태의 자본주의가 구축된다고 보고 이를 "테크노 자본주의"라 일컫는다. 산업화 시대에는 상품을 만드는 공장의 생산성이 이윤을 좌우했다면 이제는 창의성과 창의적 고안물의 상품화에 따라 이윤이 결정된다. 예를 들어 바이오테크놀로지와 나노테크놀로지, 분자 컴퓨팅의 핵심은 창의적 연구다.[17] 쇼샤나 주보프(Shoshana Zuboff)는 구글과 페이스북이 이윤과 시장 통제라는 명목으로 "인간 행동을 예측하고 조정하기" 위해 사용하는 새로운 부의 축적의 논리를 "감시 자본주의"라고 일컫는다.[18] 이 밖에도 "정보 자본주의", "디지털 자본주의", "금융 자본주의", "인터넷 자본주의" 등의 신조어가 사용된다. 수아레스빌라가 지적하듯이 이 모든 용어는 기술이 중립적이거나 단순히 기능적인 것이 아니라 현대 기업 자본주의의 힘과 가치, 이해관계를 반영한다는 점을 드러낸다.[19]

20세기 전체주의 지배에서 그랬듯, 우리는 다시 한번 엄청난 잠재력을 가진 힘들이 융합된 세상에서 고립과 외로움이 어떤 역할을 하는지 목도하고 있다. 외로움이 전체주의에서 그랬듯, 테크노 자본주의에서도 인간의 기본적인 경험이라고 주장하는 것은 어느 정도 일리 있어 보인다. 극단적인 예를 들면 테러 단체 같은 집단의 정치적 대의를 위해서가 아니라 그저 개인적인 원한과 분노로 혼자서 많은 이들을 살해하는 경우를 꼽을 수 있다. 그러나 이처럼 극단까지 가지 않더라도 사회적 결함을 드러내는 지표는 수없이 많다. 이러한 결함은 테러까지는 아니어도 소외나 절망, 우울, 불안, 공황을 야기한다. 누군가는 외로움의 파생물이라고 주장할 수도 있을 것이다. 우리는 아렌트가 말하는 공적 공간, 정치적 공간으로서의 세계를 상실하고 있다. 그러나 이와 동시에 다른 이들과 함께 살아가는 방식에서도, 즉 집에서나 일터에서, 연인과 친구 관계에서, 지역 사회에서, 공동체에서, 도시에서도 극적인 변화를 겪으면서 사회적 교류의 붕괴도 함께 경험하고 있다.

문제는 우리가 이런 사막을 편하게 느끼기 시작했는가이다. 사회적 결함이 야기하는 무세계성에 휩쓸리지 않으려면 외로운 이들의 요구를 잊어선 안 된다. 나는 교류하고 이해받고 사랑받아야 하지만 한편으로는 우리가 함께하는 삶이 보다 의미 있는 삶이 되도록 다른 이들을 위해서도 이 세상에 존재해야 한다.

커플의 독재

예전에 40대 중반의 한 교수가 주로 가족들이 사는 지역에 혼자 살면서 외로움에 시달린다고 내게 토로한 적이 있다. 화창한 일요일 오후에 부부들이 자녀들과 함께 자전거를 타고 자기 집 앞을 지나가는 광경을 보면서 오직 텔레비전으로 고독을 달랠 때면 저녁 내내 깊은 소외감을 느낀다는 것이었다. 당시 30대 초반의 나이로 혼자 아이를 키우던 나는 싱글은 일시적인 상태일 뿐이라 여겼고, 역시 대부분 싱글인 학생들 무리와 어울렸다. 그러니 그 교수가 말하는 "커플의 독재"에 함축된 사회 비판을 제대로 이해할 리 없었다.

그로부터 거의 20년 뒤 어느덧 나는 그 교수와 비슷한 신세가 되었다. 40대 후반의 싱글 교수로 가족들이 많이 사는 지역에 혼자 살며 외로움과 소외감에 짓눌리고 있었다. 2~3년 더 지나면 내 성인의 삶에서 파트너와 함께한 기간보다 싱글로 지낸 기간이 더 길다는 사실을 깨닫고 조금 놀랄 수도 있겠다는 생각이 들었다. 규범성과 그 영향을 모르던 젊은 시절의 나로서는 상상할 수 없는 일이었다. 내가 자란 공동체에서는 결혼과 출산이 여자의 목표요, 그 이상 바랄 게 없는 소중한 표창이었다. 아버지는 스물세 살까지 결혼하지 못한 여자는 낙오자가 된다고 입버릇처럼 말하곤 했다. 하지만 나는 걱정할 필요가 없다고 확신했다. 열여섯 살에 이미 진지하게 만나는 남자가 있었고, 접시와 이불이 낙관적인 미래를 기다리고 있었으며, 파이를 굽는 법도 이미 배워놓았기 때문이다. 내가 살던 곳에서 짝이 없는 여성은 동정의 대상, 때로는 조롱의 대상이 되었다. 그들은 아무도 원치 않는 상대였고, 무엇을 성취했든 성격이 어떻든 그 상황에서 벗어날 수 없었다. 언젠가 그들의 계층에 합류하게 된다는 건 범죄자의 삶을 택하는 것만큼이나 상상할 수 없는 일이었다.

정치적인 독재의 의미를 생각하면 "커플의 독재"라는 표현은 지나친 과장처럼 들릴 수도 있지만 사회 규범 역시 일종의 지배다. 규범 안에 들어가지 않는 사람들, 이 경우에 싱글인 사람들은 낙인찍히고 병자 취급을 받는다. 성별 구성에 관계없이 커플이나 부부 관계를 과도하게 이상화하는 경향은 일련의 영향을 양산하고 있지만 우리가 그것을 딱히 불합리하다거나 독단적이라고 여기지 않는 까닭에 그저 보이지 않게 작동할 뿐이다. 주류 또는 다수에 속하는 사람들이 대개 그렇듯, 커플은 그들의 지위와 그에 관련된 혜택들을 딱히 자각하지 못할 수도 있다. 실제로 커플이 다수에 해당하는지도 우리는 알지 못한다. 전 세계 거의 모든 곳에서 결혼이 감소하는 추세이고 1970년대 이후로 1인 가구가 꾸준히 늘고 있지만 그렇다고 반드시 커플이 줄었다고 볼 수도 없다. 커플은 결혼했거나 동거하는 사이만을 의미하는 것이 아니기 때문이다.[1] 결혼 비율의 감소는 우리가 알고 있는 커플의 삶의 의미가 변하고 있다는 뜻이며, 이

외로움의 책

는 가치관과 관습의 극적인 변화를 시사한다. 연인 사이의 사랑 자체가 바뀔 것인지는 아직 지켜볼 과제로 남아 있다.

커플의 독재를 야기하는 것은 그들의 사회적 자본이다. 수익성 좋은 사랑 및 섹스 산업, 결혼과 가족을 인가하는 제도들, 물질적인 혜택 등이 이를 뒷받침한다. 이러한 커플의 독재가 미치는 영향은 커플과 싱글 모두 경험하지만 균형 있게 배분되는 것은 아니다. 혜택을 얻는 사람이 있고 손해를 보는 사람이 있으며, 많은 이들이 어떤 면에서는 혜택을 얻고 다른 면에서는 손해를 본다.

커플은 기대한 만큼의 행복을 얻지 못해서 지독한 실망에 휩싸이기도 하고, 가정생활의 현실이나 관계가 요구하는 의무 때문에 어려움을 겪으면서도 행복한 척해야 한다는 중압감에 시달리기도 한다. 심지어 사생활 보장이라는 명목으로 용인되는 가정 폭력을 겪기도 한다. 커플 상태를 유지하기 위해서는 커플의 역할을 **수행해야** 하는 경우가 많다. 즉 정해진 표본이나 지침을 따라야 한다는 얘기다. 사랑하는(적어도 관계를 시작할 때만큼은) 사람과 인생을 함께하는 데 따르는 사회적·심리적·법적·경제적 이점들이 언제나 실망과 끊임없는 노력의 적절한 보상이 되는 건 아니지만 규범에 속하는 지위에 올랐다는 상징적인 가치가 혜택을 보완해준다.

반면 싱글은 불행하고 외로우며, 연인으로 선택받을 만큼 매력적이거나 호감이 가지 않는 사람으로 여겨진다. 이러한 관점은 변화하고 있지만 그 속도가 충분히 빠르지 않고, 또 어디서나 변화하는 것도 아니다. 이러한 풍경에는 분명한 두 가지 관점이 빠져 있다. 우리가 싱글인 상태를 선호할 수도 있다는 관점과, 싱글인 상태를 외로운 상태와 반드시 연결 지을 수는 없다는 관점이다. 싱글이면서 외로움에 시달린다고 해도 연애 관계의 결여가 외로움의 유일한 요인은 아닐 수도 있다. 복잡하게 얽혀 있는 커플 중심의 사회 관행들 때문에 커플이 아닌 사람들은 보살핌과 교류 상대, (특정한 법적·경제적 혜택은 말할 것도 없고) 공공장소와 시간조차도 커플만큼 이용하지 못하고 있으며 이런 점이 외로움을 **양산하는** 요인이 된다. 지원이 없이는 독재가 불가능하다. 미셸 배럿(Michèle Barrett)과 메리 매킨토시(Mary McIntosh)는 가족을 비판하는 저서에서 결혼이 모두가 원하고 필요한 것이라면 "사회 정책과 조세 제도, 종교적 지지, 적절한 일을 했다는 사회적 인정 등의 엄청난 특권"이 주어지는 이유가 무엇인지 자문해야 한다고 주장한다.[2]

그렇다면 이렇게 물어야 한다. 커플이 중심을 이루게 하는 일련의 사회 관행들이 없어도 싱글인 사람이 외로울까? 이 문제는 유난히 끈질기게 나를 괴롭혔다. 나는 깊은 애착을 갖고 전념했던 파트너와 함께 살 때 전혀 외로움을 느끼지 않았다. 싱글인 상태에서 성인이 된 아들과 함께 살 때는 가끔 외로움에 시달렸다. 깊은 애착을 갖지 못하거나 지적인 관심이 맞지 않는 파트너와 함께 살 때는 어렴풋이나마 지속적으로 외로움을 느꼈다. 가장 지독한 외로움은 파트너가 떠나고 혼자 살기 시작했을 때 찾아왔다. 그러나 매번 다른 요인들도 함께 작용했다는 점을 잊어선 안 된다. 가까운 곳에 사는 친한 친구가 있는지, 직장 동료들이 호의적인지 냉담한지, 일에서 보람을 느끼는지 아닌지, 심지어는 어떤 도시에 사는지, 어떤 주거 형태에 사는지도 영향을 미쳤다. 돌봄의 관계망이나 가까운 친구, 의미 있는 일, 소속감을 느끼는 공동체와 지역 사회, 단란한 관계를 유지하는 가정이 있다고 해도 연인이나 배우자가 없으면 외로움에 시달릴까?

우리의 문화와 규범의 틀에서 한 발짝 벗어나 보면 커플을 중심으로 조직된 사회가 얼마나 독단적이고 불합리한지 드러난다. 나는 중년이고 지적 욕구가 충만하며 가끔 연인이 생기기도 하지만 현재는 혼자이고 시골에서 자란 뒤 여전히 사회적으로는 보수적인 캐나다의 대도시로 이주해 도시 생활을 하고 있다. 이런 나의 관점에서 커플의 규범성과 관련된 사회 관습들이 얼마나 불합리하게 느껴지는지 설명해보겠다.

커플인 사람들은 다른 커플들과 교류하길 원하고 이 때문에 의도치 않게 싱글인 친구들을 자주 빼놓게 된다. 이는 일종의 가벼운 동족 의식 때문일 수도 있다. 우리는 자신이 삶에서 선택한 것들을 긍정하기 위해서 비슷한 라이프스타일을 가진 사람들과 어울리고 싶어 한다. 어쩌면 사람은 누구나 언젠가는 혼자가 된다는 점이 두려워서 그것을 상기시키는 상황을 무의식적으로 피하고 싶은 것인지도 모른다. 또는 저녁 식사 자리에 동석한 싱글 친구가 불쾌감과 질투를 느끼리라 넘겨짚고 그 친구가 안쓰러워지는 상황이 불편하기 때문일 수도 있다.

싱글인 사람은 커플을 하나의 단위로 인정해야 한다. 커플인 친구를 저녁 식사에 초대한다면 그 친구가 자신의 파트너와 함께 오는 것을 당연하게 받아들여야 한다. 그러나 이러한 단위의 기준은 커플에게만 적용된다. 구체적으로 합의하지 않은 이상 반려견이나 이웃 사람, 심지어 어린아이를 데려가야겠다고 생각하는 사람은 없을 것이다.

커플은 일하는 시간 이외의 모든 시간을 자기들끼리 독점한다. 싱글인 사람은 주말이나 연휴에 싱글인 친구만 만나는 경우가 많다. 커플은 사회적 욕구를 자기들끼리 충족할 수 있기 때문이다. 연인과 함께 있으면 그곳이 어디든(서로 좋아해서 함께 있다고 가정한다면) **집**에 있는 것처럼 익숙한 편안함을 느낀다. 평일의 일과로 지쳐서 사교 모임에는 참석할 수 없어도 연인과의 데이트는 포기하지 않는 경우가 많다. 사교 모임에 들이는 것만큼의 에너지가 필요치 않기 때문이다. 따라서 가장 편안하게 느끼는 사람, 추정컨대 가장 좋아하는 사람과 함께 모임에 가고 싶어 하는 것은 지극히 당연한 일이다. 그러나 이 때문에 싱글인 사람은 다른 싱글 친구가 없다면 혼자 참석하거나 참석하지 않거나 둘 중 한쪽을 택해야 한다.

이러한 시간의 독점이 유난히 두드러지는 시기는 명절이나 연휴다. 명절과 연휴는 싱글인 사람에게는 골칫거리가 되기 쉽다. 내가 짝이 있는 친구에게 연휴를 혼자 보냈다고 불평하면 그 친구는 연대의 의미로 자기네 커플 역시 아무것도 하지 않았다고 반응할 것이다. 크리스마스 연휴라면 그는 자기도 다른 많은 사람들처럼 크리스마스를 싫어한다고 말할 것이다. 그러나 시끄러운 광고와 행복한 가족인 척 연기하는 상황 때문에 명절을 싫어하는 것과 지독한 고립과 외로움 때문에 명절을 싫어하는 것은 엄연히 다르다. 내가 명절을 두려워하는 것은 일상에서 사회적 욕구를 채우기 위해 의존하는 사람들이 모두 사생활의 영역으로 사라지기 때문이다. 연인이나 배우자 또는 가족이 있는 친구들과 직장 동료들, 단골 과일 가게와 채소 가게 주인들, 자주 가는 카페의 직원들과 단골손님들, 심지어 내가 교류하는 세상의 기본적인 배경을 이루는 거리의 이름 모를 통근자들까지도 모두 여기에 포함된다.

커플의 사랑이 다른 모든 종류의 사랑을 훼손할 만큼 중시되면 다른 종류의 사랑은 관심과 보살핌의 부족 때문에 성장하지 못한다. 이는 다양한 방식으로 드러난다. 때로는 한쪽이 연인이나 배우자의 친구를 질투한다. 싱글인 여성은 연인이나 배우자가 있는 남자와 가깝게 지내기 어렵다. 어쨌든 모두가 이성애자인 경우에는 그렇다. 싱글로 지내다가 커플이 되면서 친구들을 버리는 경우도 있다. 파트너가 최우선 순위가 되고 그러한 우선순위는 2위나 3위의 자리마저 없앨 만큼 절대적인 것으로 여겨진다. 다른 사람의 삶에서 절대적인 우선순위가 되지 못하면, 즉 친구나 사랑하는 사람들이 있어도 나를 최우선으로 여기는 사람이 없다면 필요할 때 관심이나 도움을 얻기가 어렵다. 특히 나이가 들수록 이런 현상은 더 심해진다.

커플이었다가 싱글이 되면서 두 사람이 함께 누렸던 사회적 교류마저 잃는 경우도 있다. 이혼이나 사별로 파트너를 잃으면 그 사람과 함께 친구와 친척, 지인들의 커뮤니티가 모두 사라지기도 한다. 이혼한 경우라면 친구들은 어느 한쪽을 택하기가 난감할 수도 있다. 그러나 사별한 사람은 왜 버려지는지 알 수 없는 노릇이다. 우리 어머니는 70대 후반에 남편을 잃은 뒤 젊은 시절부터 줄곧 아버지와 함께 어울리던 부부들과 연락이 끊겼다. 마치 어머니가 남편과 함께 세상을 떠나기라도 한 것처럼. 이를 이해하기 위해서는 부부가 전적으로 하나가 되는 속성을 고려하지 않을 수 없다. 이러한 속성은 특히 우리 부모 세대에서 더욱 두드러졌다. 커플들 사이에서 모든 커플은 저마다 하나의 봉인된 단위다. 여기에 속한 사람들이 **독자적인 개인**으로 관계를 쌓지 않는다면 그들은 갑자기 혼자 남게 된 사람을 어떻게 대해야 할지 모르는 게 당연하다. 개인으로서 그 사람은 모르는 사람이나 다를 바 없다. 하나의 단위에서 절반이 사라지면 나머지 절반도 더는 존재하지 않는다.

디지털 시대가 도래하면서 우리가 과거에 알았던 사생활의 영역은 거의 사라졌다. 이제 우리는 한때 커플의 사생활이었던 부분을 뜻하지 않게 자주 목격한다. 예를 들어 어떤 이유에서인지 소셜 미디어에서 공개적으로 사랑을 키우기로 결심한 커플의 사랑과 애정 표현 또는 그들만의 농담 따위를 페이스북에서 종종 보게 된다.

커플이 싱글인 사람을 통해 자기만족을 얻기도 한다. 그토록 갈망하던 커플의 지위를 **얻고 나면** 싱글인 사람을 진심으로 안타까워하면서도 한편으로는 그 점을 통해 역시 커플이 되는 편이 좋다는 확신을 얻는 것이다. 커플이 스스로 모두가 원하는 것을 가졌음을 확인하려 드는 까닭은 그들의 이익을 위해서다. 커플이 되면 자신이 인생에서 옳은 선택을 했으며 남들의 부러움을 살 자격이 있다고 믿어야 한다. 이를 위해서는 싱글인 사람이 외롭다고 단정할 수밖에 없다.

오랫동안 함께한 커플이 이제 막 시작하는 커플이나 이혼한 사람들과 함께 있는 자리에서도 이와 비슷한 확인이 이뤄진다. 오래된 커플은 나름의 노력으로 다른 이들이 꿈꾸거나 끝내 이루지 못한 것을 이뤘다는 축하를 받는다. 이는 오래된 커플에게 칭송받을 가치가 있는 무엇을 이뤘다고 확인해주는 셈이다. 실제로는 별것 아닌 요소들이 합쳐지고 여기에 순전한 운이 더해져 관계를 이어온 경우도 있을 것이다. 그저 권태에 내성이 강하거나, 혼자가 되는 것을 견딜 수 없거나(결혼을 하지 않으면 혼자가 되어야 한다고 여기는 사람의 경우), 종교 또는 민족의 전통에 대한 의무감 또는 책임감이 강하거나, 다른 친구들과는 감정적 유대를 맺지 못하는 것이 이유인 경우도 있다. 그들은 싱글로 겪게 될 외로움을 다른 무엇보다도 두려워할 가능성이 높다. 에리히 프롬은 『사랑의 기술(The Art of Loving)』에서 사람들은 "홀로 있는 상태를 견디지 못하고 그 상태를 벗어나기 위해" 결혼에서 안식처를 찾는다고 말한다. "'사랑' 안에서…… 세상에 맞서는 두 사람의 동맹을 맺고 이 '두 사람의' 이기주의가 사랑과 친밀감으로 오인된다."[3]

이런 불합리의 사례는 시대와 장소에 따라 다를 테고 독자들이 겪은 사례들과 일치하지 않을 수도 있다. 지금까지 커플의 규범성이 불러오는 기이한 사회적 영향들을 열거했지만, 한편으로 나는 독자들에게 주의를 주고 싶다. 커플의 규범성에 대한 성찰이 가부장적인 소비자와 노동자의 사회, 즉 싱글들에게 불리한 영향을 미치는 사회의 (불합리하지만) 매우 효율적인 조직 방법을 폭로하기만 하는 것은 아니라고 말이다. 프롬이 말하는 "두 사람의 이기주의"가 언제나 "오인된" 사랑은 아니다. 친밀한 사랑은 신비로울 뿐 아니라 때로는 인생에서 얻을 수 있는 최고의 선물이 되기도 한다. 우리가 그런 사랑을 찾는 까닭은 그것이 실제로 가능한 일이기 때문이다. 역사에서도 이런 가능성을 증명하는 이례적인 연인의 사랑을 찾아볼 수 있다. 엘로이즈(Héloïse)와 아벨라르(Abélard)가 주고받은 유명한 12세기의 러브 레터를 읽어보면 아무리 많은 시간이 흘러도 끊임없이 감동을 주는 친밀한 사랑, 연인 간 사랑의 감정을 찾을 수 있다. 이러한 형태의 사랑에는 독특한 무언가가 있다. 또한 진귀한 우정에서나 볼 수 있는 깊이와 애착을 발견하기도 한다. 다만 육체적인 부분에서 차이가 있다. 친구 사이에서는 연인 관계에서처럼 대개는 육체적인 친밀함을 모색하지 않는다(하지만 두 형태 사이의 경계는 그리 뚜렷하지 않다). 여기서 육체적인 친밀함은 섹스만을 말하는 것이 아니라 사랑하는 사람의 몸을 돌보는 일도 포함한다. 사랑하는 사람의 몸은 자신의 몸처럼 친숙해진다.

　그렇다면 친밀한 사랑을 경험해봐야만 삶을 제대로 사는 것이라 주장하지 않고도 그것이 인간의 고유한 경험이라고 말할 수 있을까? 나는 부모가 자식에게 느끼는 사랑 또한 독특하고 이례적인 경험이지만 누구나 겪거나 반드시 겪어야 하는 것은 아니라고 생각한다. 아주 가까운 두 친구 사이의 사랑도 마찬가지다. 이러한 사랑의 형태들이 헤아릴 수 없이 귀한 선물이라고 해도 거기에는 저마다 부침과 기복이 있기 마련이다. 사랑하고 사랑받는 것, 누군가의 삶에서 우선순위가 되는 것은 무엇과도 견줄 수 없는 경험이고, 이는 그런 사랑이 어떤 관계에서 나타나든 부인할 수 없는 사실이다. 요컨대 '사랑'은 견줄 수 없는 것이며 어떤 형태로 나타나든 그 자체로 가치 있다. 그렇다면 외로움에 대한 반론은 파트너의 부재가 아니라 사랑의 부재에 초점을 맞춰야 한다. 이렇게 결론 내리면 새로운 딜레마가 드러난다고 해도 커플의 환상에서는 벗어날 수 있다.

"강제적 이성애(Compulsory heterosexuality)"와 "이성애 규범성(heteronormativity)"은 이성애 관계와 그에 수반되는 삶의 양식을 규범화하고 보편화하는 데서 비롯되는 차별 효과를 지칭하는 말로, 1980년대와 1990년대에 만들어졌다. 그러나 그 당시 이미 결혼과 핵가족을 페미니즘 관점에서 분석한 중요한 비평이 많았음에도 (내가 아는 한) "강제적 커플화"의 영향을 연구한 사람은 없다.[4] 좀 더 최근에 엘리자베스 브레이크(Elizabeth Brake)는 "결혼이나 연애 관계를 특별한 가치 영역으로 삼고 이에 초점을 맞추는 경향"을 일컫는 말로, '사랑하는'이라는 뜻의 라틴어 'amatus'와 '규범 설정'이라는 뜻의 'normativity'를 합성해 "연애 규범성(amatonormativity)"이라는 다소 복잡한 용어를 만들었다.[5] 브레이크의 주장에 따르면, 인간이 오직 다른 한 사람에게만 우선권을 주는 영구적인 연애 관계를 맺는 것이 자연스러운 일이라 한다면 이는 비연애 관계에 있는 사람들에 대한 "조직적인 차별"이 된다.

브레이크는 이런 차별이 "널리 이뤄지고" 있으며 별다른 논쟁 없이 받아들여진다고 주장한다. 연애 관계를 맺지 않고 있는 사람들은 부정적인 고정관념의 대상이 되어 미성숙한 사람 또는 무책임한 사람, 아무도 원치 않는 사람, 절박한 사람, 이기적인 사람이라고 평가되며 데이트와 결혼 압박에 끊임없이 시달린다. 싱글인 사람들의 깊은 우정은 평가절하된다. 그것이 기존의 가정에서 제공한다고 여겨지는 물질적·감정적 지원을 제공한다고 해도 말이다. 브레이크에 따르면, 연애 규범성의 차별은 법과 경제의 차원에서도 일어난다. 싱글인 사람들은 정부의 특정한 혜택이나 보험료 할인 혜택을 받지 못할 뿐더러 생활비와 집세도 더 많이 들고 직장에서 차별을 겪기도 한다.[6]

최근 들어 대중 매체에서, 특히 여성들 사이에서 싱글 라이프에 대한 관심이 급증하고 있다. 이 새로운 담론은 당연히 외로운 싱글이라는 낙인에 시달려온 사람들에게 희망을 준다.[7] 벨라 드파울로(Bella DePaulo)는 수년 전부터 싱글로 남는 선택을 강력히 옹호해왔다. 그녀는 싱글인 사람들이 누릴 수 있는 삶의 질을 강조하며 싱글에 대한 차별을 "싱글리즘(singlism)"이라 이름 짓고 이를 널리 알리려 애쓴다. 또한 외로움과 혼자 사는 것 사이의 끈질긴 연결을 끊어내는 일을 필생의 과업으로 삼고 있다. 이 모든 것이 그녀의 인기 저서인 『싱글리즘』 부제에 요약되어 있다. "싱글들은 어떻게 고정관

념과 낙인, 무시를 모두 이기고 오래오래 행복하게 사는가." 이 책에서 드파울로는 더 잦은 성희롱 피해와 더 긴 근무 시간, "여가 시간 부족"의 원인에 관한 연구에서 제외되는 상황 등을 싱글리즘의 대표적인 사례로 꼽는다. 그녀는 또한 현재 미디어가 "외로움"에 "광분"하고 있으며 그것을 혼자 사는 것과 연관 짓는 경향에 대해서도 이의를 제기한다. 새로 부상하는 외로움 전문가들이 기혼자가 싱글보다 더 행복하고 더 건강하게 산다는 점을 입증하기 위해 연구를 인용할 때마다 드파울로는 반대 사실을 보여주는 연구들을 제시한다.[8]

브레이크와 드파울로는 커플의 규범성에 극적인 변화가 일어나고 있음을 주목한다. 그들은 커플의 독점에 이의를 제기하고, 다른 이들과 함께 살거나 어울려 사는 대안적인 방법을 소개한다. 싱글이 혼자 사는 것, 커플이 떨어져 사는 것, 친구끼리 함께 사는 것, 의도적 공동체 등이 그것이다.[9] 그러나 드파울로는 싱글이 행복하다고 주장하면서 기존의 선입견을 반대로 답습하는 경향을 보인다. 피해자임을 주장하는 집단에 공감함으로써 그들에게 힘을 실어줄 수 있지만 한편으로는 그저 임의적인 구분을 더욱 강화할 위험이 있다. 우리는 소수자 집단이 다수자 집단의 근본주의적 정체성에 맞서기 위해 또 다른 근본주의적 정체성을 주장하는 것을 경계해야 한다. 커플과 싱글은 서로 구분되는 집단이 아니다. 서로를 적으로 규정하고 어느 한쪽을 응원해야 하는 경쟁 관계가 아니라는 얘기다.

"싱글"은 "커플"과 견주어 쓰일 때만 의미를 갖는다. 그것은 삶의 한 측면을 지칭하는 말이며 부정적인 의미를 담고 있다. 특정한 종류의 관계, 즉 연애 관계가 없음을 정의하는 말이기 때문이다. 우리 사회가 커플에게 특권을 주지 않는다면 커플과 싱글이라는 말을 사용할 이유가 없다. 커플의 삶과 싱글의 삶이 제각기 동등한 가치를 갖는 많은 선택지 가운데 하나에 불과하다면, 어떤 관계에서든 사랑과 보살핌을 주고받을 수 있는지 여부만 따지면 된다. 누군가에게 왜 결혼하지 않았냐고 묻는 것은 왜 회계사가 되지 않았냐고 묻는 것만큼이나 불합리한 일이다.[10]

커플의 독재는 진공 상태에서 존재하는 것이 아니라, 직장의 여러 관행과 가족 관계, 디지털 기술, 지역 사회 및 도시의 설계 등을 포함하는 보다 넓은 사회적 맥락 안에서 작동하는 것이다. 커플 중심 사회와 외로움 사이의 연결 고리를 살펴볼 때는 이런 맥락을 염두에 두어야 한다. 나는 인간의 삶에서 친밀한 사랑이 매우 중요하고 의미 있다는 점을 부정하려는 게 아니다. 그보다는 사회 제도 안에서 이따금 사랑이 수용되는 방식에 문제를 제기하고 싶다. 우리가 외로운 이유가 커플이 아니기 때문인지 아니면 생존을 위해 커플로 살아야만 하는 빈곤한 사회 환경에 살고 있기 때문인지 자문해볼 필요가 있다.

어쩌면 외로움은 커플의 삶의 폭력에서 벗어나기 위해 치러야 할 작은 대가일지도 모른다. 커플의 독재가 야기하는 문제는 사회적 부조리와 경제적 차별에서 그치지 않는다. 그것은 때로 가장 은밀한 형태의 폭력을 낳는데, 그 피해자는 대부분 여성이다. 레아 멜란드리(Lea Melandri)는 커플의 사랑이 고통으로부터 우리를 보호해준다 해도 한편으로 그것은 연인을 "부인할 수 없이 파멸적인 관계"에 가둠으로써 다른 이들과, 그리고 세상과 분리시키기도 한다고 지적한다. 연인은 마치 태아에게 모체가 그렇듯 서로를 완전히 충족시켜야 하기 때문이다.[11] 그렇다면 이 둘만의 닫힌 공간은 더럽혀지기 쉬운 몸 때문에 연인의 변덕이나 분노에 취약할 수밖에 없는 여성에게 감옥이 될 수도 있다.

집에서

나는 아이를 혼자 키웠다. 아이의 아빠는 기분 내킬 때만 아빠 노릇을 하다가 결국에는 아빠 되기를 포기했다. 우리는 이사를 많이 다녔다. 뒤늦게야 깨달은 사실이지만 너무 많이 다녔다. 아이 하나를 키우려면 온 마을이 필요하다는데 우리에게는 그런 마을이 없었다. 내가 떠나온 마을은 어차피 많은 것이 변한 나를 받아주지 않았을 테고, 그것을 대신할 마을은 없었다. 나는 혹시라도 내게 무슨 일이 일어나면 내 아들이 얼마나 외로운 신세가 될까 끊임없이 불안해하며 살았다. 이런 불안은 아이가 성인이 되고 나서야 사그라졌다.

아이가 젖먹이이던 시절, 나는 하루 중 대부분의 시간을 아이와 단둘이 보냈다. 도시 외곽으로 이사한 지 얼마 안 되어 친구가 없었고 아이를 돌보는 것 말고 다른 직업이 없었으며 시내로 나가는 교통수단도 마땅치 않았다. 아이가 태어나고 2년 동안 남편은 조금 떨어진 곳에서 일한 뒤 저녁이면 집으로 돌아왔지만 우리와는 조금 거리를 둔 채 생활했다. 어린 아들은 내게 부담이자 구원이었다. 우리는 상호 의존 관계로 서로에게 매달렸다.

아이를 혼자 키우는 외로움은 그 어디에도 속하지 않는 독특한 외로움이다. 나는 혼자 있는 시간이 거의 없었으므로 지나친 고독은 문제가 아니었다. 이 유난한 외로움의 근원은 무시무시한 고립이었다. 온전히 혼자는 아니지만 나를 전적으로 믿고 있는 예민한 생명을 오롯이 혼자 책임져야 한다는 심리적 부담을 떠안은, 그런 고립. 혼자서는 아무것도 못하는 이 존재는 간단하고 단순한 형태에서부터 무시무시한 형태까지 온갖 것을 날마다 언제든 해주어야 했고 그것을 할 수 있는 사람은 나뿐이었다. 혼자 아이를 키우면서 겪는 외로움의 핵심은 견딜 수 없이 무거운 책임을 누구와도 나눌 수 없다는 점이다.

나는 그런 책임에서 벗어나길 갈망하며 상상에 빠지곤 했다. 해질녘 불 켜진 집들이 늘어선 거리의 풍경, 아빠가 아이를 맹목적으로 위해주고 부부가 서로 사랑하며 책과 음악, 웃음이 흘러넘치는 편안한 가족의 삶이 있는 집 안의 풍경을 그려보았다. 이상(理想)이 가혹한 벌이 될 수 있다는 것을 난생처음 깨달았다.

내 외로움은 여러 상징으로 드러났다. 나는 차를 쓸 수 있게 되면 무조건 쇼핑몰에 갔다. 그저 내가 아직 세상의 일부임을 느끼고 싶어서였다. 애처롭게도 아기 엄마들이 이용할 수 있는 공공장소는 그 정도뿐이었다. 유아차를 미는 다른 엄마들과, 시어스(Sears, 2017년에 문을 닫은 캐나다의 백화점 체인 – 옮긴이)와 베이(The Bay, 캐나다에서 가장 오래되고 상징적인 백화점 체인인 허드슨 베이 컴퍼니를 말한다 – 옮긴이) 사이에서 운동을 하는 노인들처럼 나 역시 세상에 속한 듯 아들을 태운 유아차를 밀었다. 아버지의 날에 아이의 사촌들과 친척 어른들, 할머니 할아버지가 함께하는 가족 행사를 계획하기도 했다. 이 행사 준비에 필요한 것들을 항목별로 상세히 적어 목록을 만들고 그저 그런 행사가 중요하게 보이도록, 그리고 필요 이상의 시간과 공간을 잡아먹도록 괜히 더 부산을 떨었다. 목록을 적은 쪽지는 편지와 기념품을 담아놓은 상자에 넣었다. 나중에 내가 그토록 메마른 사회적 환경에서 어떻게 살았는지 기억하고 싶어서였다. 가족 모임을 위해 빵을 굽고 청소를 하고, 세 시간이면 끝낼 수 있는 딱히 원치 않는 일을 2주 치의 거창한 과업으로 늘리며 지냈던 내 모습을 언젠가 돌아보고 싶어 할 것 같았다.

수년 뒤의 어느 날 이 쪽지를 발견했을 때 그 하찮은 항목 하나하나에서 그 시절의 외로움이 묻어났다. 마치 아무리 찍어내도 끝없이 배어나는 잉크 얼룩처럼.

다른 어른과는 나눌 수 없는 강렬한 감정적 유대와 아이 엄마이지만 여전히 지적인 추구를 갈망한다는 사실 때문에 또 어떤 어려움을 겪게 될지 그때는 미처 몰랐다. 그 지적인 추구를 위해서는 수많은 시간을 혼자 읽고 사유하고 써야 했으며 수년 동안 강의실에 앉아 있어야 했다. 양육의 정의와는 도무지 어울리지 않는 활동들이었다. 나는 도리스 레싱(Doris Lessing)이 2007년 노벨 문학상을 받고 기자들에게 했다는 말에 공감한다. "아이가 있으면 글을 쓸 수 없어요…… 좋지 않아요. 그냥 화가 치민답니다."[1] 아이를 낳는 순간, 여자의 의식은 둘로 나뉜다. 한쪽은 당장 해야 할 일에 집중하고, 다른 한쪽은 어린 생명에 사로잡힌다. 아이가 지금 어디에 있는지, 누가 아이를 돌보고 있는지, 아이의 기분이 어떤지, 아이를 힘들

외로움의 책

게 하는 것은 무엇이고 어떻게 하면 아이를 기쁘게 할지, 아이의 삶을 망치지 않으려면 어떻게 해야 하는지 등등.

그러나 아이와 단둘이 집에 있는 엄마는 누가 돌본단 말인가? 모든 것이 "낭비되고 소모되어" 껍데기만 남은 엄마를 누가 다시 채워 줄 것인가?[2]

반사회적 가족

●

내가 성인이 되어 처음 경험한 핵가족의 삶은 그동안 내가 그것에 대해 갖고 있던 낭만적인 관념을 모조리 짓밟았다고 말하고 싶다. 아들이 태어났을 때 나는 엄마가 되었다는 사실과 그 구체적인 영향, 즉 가정이라는 폐쇄적인 삶에 고립되는 상황과 남녀의 역할이 나뉘는 상황, 그리고 그에 따른 온갖 종류의 예기치 못한 파급 효과 속에서 살아가야 한다는 사실을 깨닫고 육체적으로나 정신적으로나 적잖은 충격을 받았다. 지금도 많은 여성들이 출산 후 이런 충격에 빠질 것이다. 양육과 가사는 독특한 형태의 성 불균형을 폭로하기 때문이다. 그 당시 나는 지적 자극을 향한 욕구를 인지하지도 못했고, 그것이 엄마 노릇과는 양립할 수 없다는 점을 깨닫지도 못했다. 어렴풋이 허무감과 환멸을 느낄 뿐이었다. 그전까지는 내가 정해진 엄마의 역할, 나도 모르게 준비한 그 역할로 자연스레 옮겨갈 거라 생각했다. 그러나 나는 케이트 쇼팽(Kate Chopin)이 1899년 소설『각성(The Awakening)』에서 "모성애가 강한 여성"이 아니라고 묘사하는 주인공 에드나 퐁텔리에에게 동질감을 느꼈다. 에드나는 자식들을 맹목적으로 떠받들지도, 남편을 숭배하지도, 자신의 개별성을 지우지도 않는다.[1] 나의 고립과 불만족에는 사회적 맥락이 얽혀 있으며 어머니가 되는 것이 "부자연스러운" 일이라는 생각을 나는 아직 하지 못했다.

내가 성인이 되어 처음 경험한 핵가족의 삶이 사실상 나의 낭만적 환상을 무참히 짓밟았는데 왜 그 후 다시 한번 이상적인 가정을 꾸리기 위해 그토록 열심히 노력했을까? 이에 답하려면 나의 욕망에서 이상적인 가족에 대한 환상이 어떤 역할을 했으며 사회적 욕구의 현실, 즉 당시 내가 처해 있던 특정한 사회적 맥락 속에서 혼자아이를 키우는 가혹한 현실은 또 어떤 역할을 했는지 알아야 할 것이다.

가족과 연관 지어 외로움을 고찰하려면 이처럼 사회적 욕구의 이상과 현실이 다른 상황을 고려해야 한다. 롤랑 바르트(Roland Barthes)는 『어떻게 더불어 살 것인가(How to Live Together)』에서 "화목하게 사는" 몇몇 가족이 없다면 가족이라는 개념은 아예 존재하지 않을 것이라고 지적한다.[2] 커플의 친밀함과 마찬가지로 가족 역시 **그저** 환상에 불과한 것은 아니며 역기능적인 현실만 존재하는 것도 아니다. 잘 사는 가족, 구성원들이 감정적으로나 물리적으로나 서로 지지해주고 끊임없이 사랑하고 배려하며 함께 있어주는 가족도 있다. 가족의 유대는 외로움을 막고 더 건강한 삶으로 인도해준다는 외로움 전문가들의 주장은 결코 틀리지 않았다. 그러나 가족은 환상으로든 하나의 사회 형태로든 외로움을 양산하기도 하는데, 이는 가족이 없는 사람에게만 해당하는 얘기도 아니다.

가족에게 학대와 방치, 폭력을 당할 수도 있고, 과거에는 가족이 가부장적인 규범과 계층 분열을 재생산하는 역할을 했으며, 이제 핵가족은 소수 집단에 속하는데도 이상적인 가족에 대한 환상은 여전히 꺾이지 않고 굳건하게 자리를 지키고 있는 듯 보인다. 우리는 여전히 영화와 텔레비전, 소셜 미디어, 종교 또는 정부 기관들로부터 가족이 우리의 사회적 실존과 행복, 의미 있는 삶의 중심이라는 개념을 강화하는 문화적 메시지의 폭격을 받고 있다.

이런 이상주의는 막강한 향수의 형태로 나타나기도 한다. 우리는 수십 년 동안 가족의 해체를 통탄하며 가족이 함께 둘러앉아 저녁을 먹고 형제자매가 성인이 된 후에도 가까운 곳에 살던 시절을 그리워한다. 많은 이들이 여전히 가족 모임은 친구나 다른 무엇보다 우선시해야 한다고 받아들이며 다른 이들에게는 느끼지 못하는 의무감, 특히 돌봄의 의무감을 가족에게 느낀다(실제로 의무를 이행하느냐는 별개의 문제다). 가족의 끈끈한 결속과 전통을 유지하는 민족 집단을 부러워하는 이들도 있다. 이들은 점점 나이 들어가는 부모나 조부모를 보살피고 가족과 함께 시간을 보내는 민족 집단의 문화를 칭송하면서 가족에 대한 의무감이 점점 약해져가는 자신에게 죄책감을 느낀다.

노인들은 자식들의 보살핌을 받고 싶어 한다고 추정하는 이유 또는 가족이 모든 것을 함께하는 문화를 이상화하는 이유는 얼핏 분명하게 드러나지 않는다. 바르트는 우리가 조화롭게 함께 살아가는 사람들에게 매혹을 느끼며 이 매혹이 부러움을 일으킨다고 주장한다.[3] 어쩌면 부러움이 먼저인지도 모른다. 즉 인간이 평화롭게 더불어 살 수 있다고 간절히 믿고 싶은 나머지 다른 이들의 가정이나 집단, 문화에서 그것을 찾는다는 얘기다. 실제로 찾는 경우도 있지만 그저 우리의 상상에서 끝나는 경우도 많다.

페이스북의 영향력과 그에 대한 환멸도 이런 부러움으로 설명할 수 있다. 페이스북을 비롯한 소셜 미디어 플랫폼들이 심각한 외로움을 초래할 수 있다는 불만은 끊임없이 불거지고 있다. 우리는 연인이나 배우자, 자식들이 함께 있는 프로필 사진들을 보고, 미소 짓는 커플이나 즐거운 시간을 보내는 가족의 사진, 즉 함께 식사하거나 행사에 가거나 여행하거나 생일과 결혼 등의 기념일을 축하하는 사진을 스크롤한다. 페이스북은 우리 모두를 관음증 환자로 만들고, 여기에는 부러움이라는 결과가 따라오기 쉽다. 즐거운 시간을 보내는 광경을 보면 그것을 직접 누리고 싶어지는 법이다.

페이스북이 아니더라도 우리는 일상에서 삶을 한껏 누리는 사람들의 이야기를 끊임없이 접한다. 예를 들어 『뉴욕 타임스』는 "뉴스거리가 될 만한" 뉴요커들이 일요일에 어떤 행복을 누리는지 보여주는 "일요일의 일과(Sunday Routine)" 시리즈를 연재한다. 배우 닐 패트릭 해리스(Neil Patrick Harris)와 그의 배우자 데이비드 버트카(David Burtka) 편에서는 두 사람이 함께 잠자리에서 나와 쌍둥이 아이들을 위해 팬케이크와 토핑을 차리는 일, 공원에서 스케이트보드를 타는 일, 브로드웨이 공연을 보는 일, 집에서 함께 저녁을 준비하며 편안한 시간을 보낸 뒤 쌍둥이를 그들이 좋아하는 명상 앱을 이용해 잠자리에 들게 하는 일에 이르기까지 세세한 일과 하나하나가 마치 모험이라도 되는 듯 묘사돼 있다.[4] 우리의 시대는 외로움의 시대인 한편 대중 교제의 시대이기도 하다. 이 둘은 완벽하게 어우러진다. 우리는 삶을 한껏 누리는 사람들의 침실과 부엌을 들여다보며 자기 삶에 낙담하는 것이다.

바르트에 따르면, 조화롭게 함께하는 삶에 대한 환상이 있다면 그 반대의 상상, 즉 함께 사는 지독한 삶에 대한 악몽도 존재한다. 그는 두 가지 예를 든다. 하나는 자신에게 "서민 아버지와 형편없는 가족"이 있다는 사실을 알게 되는 고아의 예이고, 다른 하나는 영원히 서로를 증오하며 함께 살아야 하는 세 사람의 이야기를 다룬 사르트르의 희곡 「출구 없는 방」에 그려진 지옥이다.[5] 그러나 이런 이야기조차도 가족이 우리 실존의 중심이며 우리의 행복과 성취의 근원이라고 믿으려는 열의를 꺾지 못하는 듯하다. 어릴 때 지독한 가족 때문에 고생한 사람들조차도 성인이 되어 완벽한 가정을 꾸릴 거라고 굳게 믿는다.

결국 실망에 휩싸일 여지가 다분하다. 인간관계가 과대평가되었다는 앤서니 스토의 주장은 여기에 들어맞는다. 그는 친밀한 관계에서 행복을 얻을 것이라는 기대가 과장되었다고 말한다. 우리는 그 실체에 비해 "인간관계에 지나치게 많은 가치를 부여한다".[6] 가족의 이상향이 가족들을 괴롭히고 있다. 가족이라는 개념에 담긴 모든 약속, 즉 행복과 사랑, 안전, 사회적 욕구의 충족 등을 모두 얻을 수 있을 거라 기대하기 때문이다. 부모는 자식을 어떻게 키워야 할지 고민하고 괴로워하면서 모범적인 양육 산업이 정한 기준에 못

미치는 자신을 질책한다. 가족의 환상에 도달하지 못한 이들은 충족되지 않은 욕망 때문에 고통받는다. 불임 치료 기관들이 수익을 내고 있다는 점도 이런 고통의 증거다.

그러나 가족의 매혹에 기여하는 것은 이상만이 아니다. 가족이 사회적 욕구를 해소하는 역할을 한다는 점도 매력 요인으로 작용한다. 1980년대 초반 미셸 배럿과 메리 매킨토시는 가족이라는 개념이 지속적으로 매력을 발휘하는 이유를 정리했다. 그 뒤로 40여 년 동안 사회는 크게 변화했지만 그들의 주장은 여전히 유효하다. 그들이 꼽는 첫 번째 이유는 가족이 다른 사회적 맥락에서는 겪을 수 없는 일련의 경험들을 통해 정서적 안정을 준다는 것이다. 우리가 가족을 선택할 수 없으므로 가족 관계에는 다른 관계에 존재하지 않는 수준의 의무가 부여된다. 이런 의무감 때문에 가족이라는 사회적 맥락에서는 의존이 용인된다. 어린 자식들은 부모에게 의존하고 자식이 성인이 되면 고령의 부모가 자식에게 의존한다. 형제자매나 친척에 대한 의무 역시 이웃이나 모르는 사람에 대한 의무보다 떨쳐내기 어렵다. 배럿과 매킨토시는 또한 가족 관계의 친숙함을 지적한다. 성격상의 결함과 갈등을 견뎌야 하는 상황에서도 이런 친숙함은 독특한 즐거움을 준다. 말하자면 예측 가능성의 즐거움, 서로에게 무엇을 기대해야 할지 아는 데서 오는 즐거움이다. 가족 구성원들이 서로의 타고난 특징을 지적하는 것은 유전인자에 관한 흥미 때문이기도 하지만 "유사성과 익숙함, 소속의 징표"를 열망하는 속성 때문이기도 하다. 더 나아가 가족은 정서적 욕구와 취약함을 거리낌 없이 표출할 수 있는 대상이다. 자신에 대해 어느 정도 책임 있는 사람들과 함께하는 편안한 자리에서는 약점을 드러내도 부끄럽지 않다. 정서적 욕구에는 "시시콜콜한 일상의 걱정과 경험 등"을 타인과 공유하고 싶은 욕구가 포함된다.[7]

가족의 매혹에 가장 크게 기여하는 것은 아마도 자녀 양육과 관련된 역할일 것이다. (적어도 1950년대 이후로는) 자녀를 키우기에 가장 효과적이고 효율적인 사회 형태는 핵가족이라는 견해가 대체로 받아들여지고 있다. 핵가족의 구성에 대한 개념은 변화했지만 핵가족의 구조는 여전히 놀라울 정도로 확고하게 자리를 지키고 있다. 일반적으로 자녀의 행복한 삶을 위해서는 두 명의 부모가 반드시 필요하다고 여긴다(심지어 일부 사람들은 반드시 이성애자 부부여야 한다고 여전히 주장한다). 부모가 한 명일 때보다는 두 명일 때 경제적 측면에서 아이가 더 순조롭게 성장한다는 사실이 확인되었으니 근거 없는 가정이라고 말할 수는 없다. 그러나 역사와 문화에서 수많은 변형이 있었고 가족의 변이성이 점점 더 받아들여지고 있음에도 여전히 둘(2)은 마법의 숫자처럼 철저하게 규범화된 가족의 형태로 자리하고 있다. 이제는 동성 커플이 자녀를 키우는 일이 (적어도 서구 사회에서는) 용인되었지만 커플이 혈연관계가 아닌 제삼자를 가족 구성원으로 받아들이고 자녀 양육에서 동등한 권리를 갖게 하는 경우는 드물다.

이런 긍정적인 특징들을 고려하면 가족은 특정 인구의 사회적 욕구를 충족시키기에 효과적인 제도다. 그러나 배럿과 매킨토시는 계속해서 가족이 강력한 이데올로기로 작동하며 계층의 위계와 성별에 따른 노동의 분업을 영속화하고 이는 가정을 넘어서는 세계에도 반영된다고 주장한다. 즉 사회가 "가족화"된다는 것이다.[8] 이 이데올로기의 결과 중 하나로 가족은 '반사회적'인 것이 되었다. 가족의 매혹과 가족이 사회적 교류의 측면에서 중요한 역할을 한다는 점을 감안하면 직관에 반하는 듯한 주장이다. 배럿과 매킨토시의 요지는 인간이 속한 사회 집단들이 개인들에게 반드시 제공해야 하는 돌봄과 안정, 안락을 가족이 독점하고 있으며 이 때문에 모범적인 가족의 일원이 아닌 사람들은 "사회적 결핍"을 겪을 가능성이 높다는 것이다.[9] 가족이 "메마른 사회에 맞서는 요새"가 되면서 "그 사회를 더욱 메마르게 만들고 있다". 가정은 "친밀한 곳"으로 간주되지만 "혈육의 친밀함을 특권화하면서 바깥세상을 차고 냉담한 곳으로 만들어왔다". 가족은 "다른 모든 것을 흐릿하고 불만족스러워 보이게 하는" 이상이다.[10]

이러한 주장은 가족의 단단한 결속을 누릴 수 없는 사람 또는 핵가족의 이상향에 들지 못하고 규범으로 여겨지는 것에서 제외되었다고 느끼는 사람에게는 쉽게 매력을 발휘할 것이다. 반면 가족의 단위 안에 사는 수많은 사람들, 특히 어린 자녀가 있는 이들은 그들이 사회적 특권을 누린다고 주장하는 배럿과 매킨토시에게 반발하지 않을까 싶다. 자식을 키우는 사람은 부모 형제나 가까운 친구가 도와주지 않으면 정서적으로나 경제적으로 어려움을 느낄 수 있다. 훌륭한 양육 방법에 관한 공론이 수그러들지 않는 사회 환경에서 양육은 두 사람이 함께 책임진다 해도 매우 힘든 일이다. 한 친구는 최근 내게 자기 아기를 많이 웃게 해주지 못해서 미안하다고 털어놓았다. 내 주변에는 두 살배기가 그 시기에 맞는 언어 능력을 갖추지 못했다고 걱정하는 부모들도 있다. 하나의 단위로서 가족은 서로가 있다고 해도 처참한 고립 상태에 빠질 수 있다.

나는 배럿과 매킨토시의 분석에서 중심이 되는 견해, 즉 보다 넓은 사회 환경에서 가족이 누리는 특권을 생각하면 가족은 반사회적이라는 견해에 어느 정도 동의하지만, 가족의 독점이 사회적 결핍 환경의 원인일 뿐 그 결과는 아니라는 주장에는 동의하지 않는다. 나는 그것이 원인인 동시에 결과라고 생각한다. 가족이나 파트너가 없는 사람에게는 가족이 서로 함께할 수 있다는 점 그리고 서로를 돌본다는 점이 부러움을 유발하고 외로움에 따르는 갈망을 더욱 부추길 것이다. 이상적인 경우라면 가족을 이룬 사람들은 언제나 동반자와 함께하는 삶을 누릴 수 있다. 자신을 걱정해줄 사람, 필요할 때 병원에 데려가줄 사람, 요리하고 싶지 않을 때 대신 요리해줄 사람이 있다는 뜻이다. 사교의 형태와 돌봄의 관계망이 점차 줄어들면서 가족은 유일한 선택지가 되어가고 있고, 거꾸로 가족의 가치가 커지면서 다른 사회적 책임 이행의 수단이 점차 줄어들고 있다.

가끔 병원에서 노부부들을 보면 두 사람이 모두 아프거나 쇠약한데도 도와줄 사람이 없어 서로에게 의지한다. 내 어머니는 뇌졸중을 겪은 뒤 툭하면 화를 내고 난폭하게 구는 아버지를 수년 동안 돌보았다. 친구들에게는 말하지 않았다. 자식들만 알았고 우리는 날마다 어머니의 안전을 걱정했다. 돌봄이 가족의 의무로 간주되면서 우리의 의료 체계는 거기에 의존하고, 보살펴줄 가족이 없는 사람은 더욱 어려움을 겪는다. 또 다른 예로, 자의로든 타의로든 자식이 없는 사람들은 아이들의 삶에 관여할 기회가 드물다는 점도 생각해 볼 수 있다. 이 역시 특정한 어른-아이 관계에 지나친 가치를 부여하고 나머지 사람들은 모두 아이 없는 세계로 배제시키는 셈이다. 이는 우리의 가정과 공동체의 설계 방식, 핵가족의 물리적인 고립에 대해 많은 질문을 던진다.

배럿과 매킨토시는 이러한 분석을 통해 사회 변혁이 필요하다는 결론을 내린다. 주로 가족에 제한되어 있는 혜택을 사회에 광범위하게 적용하고 이와 더불어 결혼과 두 부모 가정의 대안 제도를 마련하며 공공 생활과 집단 돌봄 체계를 다시 활성화해야 한다는 것이다.[11] 두 사람의 연구에는 가족의 매혹에서 잘 보이지 않고 쉽게 정량할 수 없는 요소들, 즉 욕망이나 사랑, 그것들을 위해 우리가 선택하는 것 등이 배제되어 있다. 가족의 이상은 사회의 강요일지 몰라도 우리에게 전적으로 요구되는 것은 아니다. 가족의 매혹은 규범성의 산물로만 보기 어렵다. 나는 배럿과 매킨토시의 『반사회적 가족(The Anti-social Family)』이 커플을 강요하는 사회 구조를 비판하는 사람들과 비슷한 오류를 범하고 있다고 생각한다. 이러한 분석들은 항상 사랑에 대해서 충분히 고려하지 않는다. 모든 가족이 사랑으로 이뤄졌다는 얘기가 아니라, 우리는 자신이 가장 사랑하는 사람들을 중심으로 삶을 구성하길 원한다는 점을 명심해야 한다는 얘기다.

이렇듯 가족은 외로움을 막아주는 동시에 다른 이들의 외로움을 양산한다. 가족의 이상에 대한 환상은 완벽한 엄마의 신화만큼이나 위험하다. 어떤 이들은 이상향의 요건을 충족하지 못한다는 사실에 죄책감을 느끼고, 어떤 이들은 그것이 제시하는 모든 약속이 허위임을 깨닫고 실망하기 때문이다. 사회에서 가족의 신화는 정교한 장치를 통해 재생산된다. 여기에는 정부 정책과 세법에서부터 사회적 행동 양식과 도덕규범에 이르기까지 많은 것이 포함된다. 그러나 그런 환상적인 요소들의 영향 외에도 실제 가족의 삶은 확실히 다른 이들의 외로움을 양산한다. 이는 꼭 가족 단위 자체의 결함이라기보다는 일과 육아, 교육, 양육에 관한 조언, 주택 설계 등을 포함해 가족을 중심으로 조직되는 거대한 사회 인프라의 결함이다.

나는 환상과 실재가 섞인 가족의 매력을 숙고할 때면 가족 단위를 중심으로 구성되지 않은 사회 환경에서는 우리가 어떤 삶을 살게 될까 궁금해진다. 가족 없는 사람이 보살핌을 받지 못하는, 그런 사회가 되어선 안 된다. 분명 다르게 사는 방법이 있을 것이다.

공동체에 반하여

●

2011년 볼리비아의 "매니토바 공동체"라는 보수적이고 폐쇄적인 종교 집단의 남자 여덟 명이 집단 내 소녀와 여성 100명 이상을 강간한 죄로 수감되었다. 정확한 피해자 수는 아무도 모른다. 강간은 2005년부터 2009년까지 지속되었는데, 이 역시 정확한 기간인지는 알 수 없다. 가해자들은 젖소에게 사용하는 마취제에서 추출한 약물을 창문을 통해 주입하여 피해자와 그들의 가족을 진정시켰다고 한다. 피해자들은 이튿날 아침 골반 통증과 지끈거리는 두통을 느끼며 잠에서 깼고 이불에 알 수 없는 얼룩이 묻은 것을 발견하곤 했다. 폭행 사실을 전혀 기억하지 못하는 사람도 있었고, 잠깐 잠에서 깨어났지만 웬 남자가 자신을 내리누르는 것을 깨닫고도 움직이지 못하고 다시 정신을 잃은 사람도 있었다. 그들은 어떻게 된 영문인지 알 수 없었다. 꿈을 꾸었거나 악마의 짓이라고 생각하기도 했다. 그러다가 2009년의 어느 날 밤 강간범 한 명이 침실에 들어가는 모습이 포착되었다. 그제야 진실이 드러났다.[1]

강간 사건의 여파 속에서 공동체에 남을지 떠날지를 결정하려고 모인 피해자 여성들을 조명하는 미리엄 테이브스(Miriam Toews)의 인상적인 소설 『위민 토킹(Women Talking)』은 이 사건을 바탕으로 한 것이다. 아이러니하게도 이 범죄에 관한 수많은 보도에서 가장 인상적인 부분은 피해자 여성 대부분이 말을 하지 **않는다**는 점이다. 그들을 침묵하게 만든 것은 수치심이었다. 젊은 여성들은 강간당한 사실을 밝히면 남편감을 찾지 못할까 봐 걱정했고 공동체의 남성 권위자들은 침묵을 종용하기도 했다. 어느 기록에 따르면, 피해 여성들 가운데 일부는 남편이나 아버지에게 자신이 겪은 일을 털어놓았지만 그들의 이야기는 터무니없는 여성의 상상으로 치부되었다. 그러나 보고가 정확하다면 이 여성들은 서로에게도 얘기하지 않았다. 모녀가 함께 당한 경우에도 어머니가 딸에게 정확히 어떤 일이 일어났는지 알려주지 않았다.[2] 우리는 이러한 폭행의 피해자들이 그들을 희생자로 만들고 그 사실을 은폐하기까지 한 상황에 분노를 표출하지 않는 이유가 무엇인지 따져봐야 한다.

이 글을 쓰고 있는 지금도 이 사건의 세부 사항들에 대한 의견이 분분하다. 유죄 판결을 받은 강간범들이 공동체 안에 만연한 근친상간과 강간을 은폐하기 위해 자백을 강요당했다고 주장하는 사람도 있다. 강간범 여덟 명이 수감된 뒤에도 강간이 계속되고 있다는 소문이 이런 설을 뒷받침한다. 이 종교 공동체의 지도자는 이런 범죄는 아무도 이해할 수 없다고 말했다. 그는 한 기자에게 이런 강간으로 이어질 만한 것이 "공동체 안에 내재되어" 있지 않으며, "세상에는 좋은 사람도 있고 나쁜 사람도 있는 법"이라고 전했다.[3] 하지만 그렇다고 해서 악행이 언제나 무작위로 일어난다고 말할 수는 없다. 세상에는 좋은 사람도 있고 나쁜 사람도 있지만 좋은 사람 또는 나쁜 사람을 양성하는 조건들은 늘 존재한다.

볼리비아의 매니토바 공동체는 프로이센 지역의 게르만족 신교도 분파인 메노나이트, 즉 메노파교도 종교 집단이다. 이 분파는 19세기 말 러시아의 박해를 피해 캐나다에 (그리고 다른 곳에) 정착했고, 세상과 분리된 생활을 하며 정치나 전쟁에 참여하기를 거부했다. 캐나다로 이주한 이들이 폐쇄적인 생활을 접고 아이들을 영어로 수업하는 학교에 보내라는 강요를 받자 그 가운데 유독 보수적인 이들은 멕시코로 떠났다. 그 후 이들은 자치 공동체를 세우고 은둔 생활을 할 수 있는 볼리비아와 파라과이 등지로 이주했다. 매니토바 공동체는 인근 지역과 떨어져 있으며 문화적으로도 거리를 유지하고 있다. 가장 가까운 도시인 산타크루스에서도 몇 시간 떨어진 곳에 터를 잡았고, 스페인어를 하지 않으며, 남자아이들은 13세, 여자아이들은 12세에 교육을 마친다. 자동차와 전기를 사용하지 않고 음악이나 스포츠, 텔레비전도 즐기지 않는다. 그들의 신앙과 문화는 매우 가부장적이다.[4]

당시의 수많은 사건 보도로 판단할 때, 이 "볼리비아의 유령 강간범들"이 세간의 주목을 끈 이유 중 하나는 메노파교도가 조용하고 독실한 평화주의자로 알려져 있었다는 점일 것이다. 나는 이 사건을 조금 다르게 바라볼 수밖에 없다. 나는 볼리비아의 메노파교도와 "같은 공동체"라고 할 수는 없지만, 반세기 이상의 거리를 두고 러시아를 떠나 이주한 메노파교도의 후손으로 그들과 민족적·종교적 뿌리를 공유하고 있다. 그 사건에 관한 보도를 읽을 때, 나 역시 다른 외부인과 비슷한 감정을 느낀다. 즉 잔혹한 폭행에 치가 떨리고 범죄가 계속되도록 침묵하고 방관한 문화에 진저리가 난다. 그러나 한편으로는 그만큼 정통적인 신앙과 폐쇄적인 생활을 고집하지는 않아도, 비슷한 가부장적 통제 방식과 신앙을 바탕으로 세상을 두려워하게 만든 종교 공동체에서 살아본 사람으로서 그 공동체 자체에 분노와 혐오를 느낀다. 나는 바깥세상에서 겪게 될 최악의 경험, 예를 들면 고립과 외로움, 돌봄의 결여 등으로부터 보호받았지만 내부의 폭력은 막을 수 없었다. 신뢰와 신앙, 순결, 합치, 이런 것들이 제공하는 바로 그 안전이 공동체의 가장 암울한 행태를 은폐한다.[5]

공동체는 무조건적인 선, 즉 모두에게 보편적으로 바람직하고 이익을 주는 이상적인 사회 형태로 간주된다. 이 때문에 공동체에 **반하는** 것은 정의나 사랑을 반대하는 것만큼 불합리해 보인다. 이상적인 공동체는 서로 간의 이해와 신뢰, 돌봄을 통해 안전하다는 느낌을 주며 이것이 바로 공동체의 매력인 듯하다. 그것은 외로움을 완전히 없애지는 못해도 어느 정도 덜어준다. 따라서 우리가 공동체에 속하기를 원하는 것은 쉽게 이해할 수 있다. 가족과 마찬가지로 집단생활은 지속적이고 안정적이며 자급적이고 보호받는 사회 환경을 약속한다. 「프렌즈(Friends)」나 「내가 그녀를 만났을 때(How I Met Your Mother)」, 「빅뱅 이론(The Big Bang Theory)」, 심지어 「스타 트렉(Star Trek)」 같은 드라마에서도 이를 엿볼 수 있다. 이들은 모두 혈연의 결속 대신 우정의 결속으로 가족 구조를 모방하거나 언젠가는 가족이 될 수 있는 가능성을 그린다. 이런 수준의 신뢰와 지지, 특히 「스타 트렉」에서 볼 수 있는, 공통의 목적을 추구하는 관계를 원치 않을 사람이 어디 있겠는가? 이러한 공동체는 짝사랑의 아픔이든 보그(Borg)와 벌이는 전투든 최악의 상황을 견디도록 도와준다.

내가 자란 공동체도 분명 최악의 상황에서 살아남았다. 토지 몰수와 투옥, 고문, 강간, 1930년대와 1940년대 스탈린의 공포 정치 속에서 대숙청으로 죽거나 투옥된 사람들을 두고 떠나는 아픔을 견뎌낸 내 조부모 세대는 새로운 나라에서 공동체를 세우고 구성원들을 세상으로부터 안전하게 지키겠다고 결심했다. 우리는 세속적인 유혹으로부터 보호받았다(내가 어린 시절을 보낸 1970년대의 세속적인 유혹이라면 흡연과 음주, 패션, 혼전 섹스, 기혼자들의 외도 정도였다). 의심은 악마의 장난이라 배웠고 이에 대한 두려움이 깊이 주입된 덕분에 우리는 교리에 반하는 사고방식을 떨쳐낼 수 있었다. 방법은 간단했다. 아이들에게 그 안에서 배우는 것을 의심하면 영원히 지옥에서 불타게 된다고 겁을 주어 모든 탈출구를 막아버리면 그만이었다.

나는 스무 살에 그 공동체를 떠났다. 그곳의 가르침이 더 이상 이해되지 않았고, 우리가 지독히도 오해하고 있는 세상을 갈망했기 때문이었다. 세상에 숨겨진 지적·문화적 보물에 접근하기 위해 잠재적인 위험을 감수하고 모험을 하기로 결심했다. 공동체가 주는 위안을 포기하는 것은 그런 모험의 합당한 대가처럼 느껴졌다. 그것은 굉장한 상실이었다. 젊은 친구들과 어른 지도자들, 신앙을 중심으로 돌아가는 삶, 모든 노래와 시, 가치관, 전통, 공통의 역사를 포기해야 했으니까. 그러나 한편으로는 굉장한 이득을 안겨주었다.

아마도 그 모든 상실을 한꺼번에 감당하기에는 버거웠던 모양이다. 1980년대 후반 학생 시절에 나는 페미니즘을 발견하고 어느새 그것으로 상실의 빈자리를 메우려 했다. 페르디난트 퇴니에스(Ferdinand Tönnies)가 『공동체와 사회(Community and Society)』(독일어 원제 Gemeinschaft und Gesellschaft는 '공동 사회와 이익 사회'라는 뜻으로, 퇴니에스는 공동 사회를 지연이나 혈연으로 연결된 자연 발생적 사회로, 이익 사회를 이익이나 기능, 역할 등으로 연결된 인위적인 사회로 구분하고 점차 공동 사회에서 이익 사회로 옮겨가고 있다고 주장한다-옮긴이)에서 말한 바가 옳다면 공동체 또는 공동 사회의 토대가 되는 암묵적 합의는 동의나 거부를 초월한다. 합의는 이미 존재하는 것이며 그것이 구성원들을 하나로 묶어주고 있으므로 싸워서 얻어낼 필요가 없다.[6] 의도적이고 집단적인 과정을 통해 이뤄내는 합의가 아니라면 다른 무언가, 즉 공통의 정체성이나 유사성 또는 동일성에 의존해야 한다. 우연히 함께 어울려 살게 된 사람들과 연대한 곳에 소속감이 들지 않을 때 사람들을 결속시키는 정체성에 더 의존하는 것 같다. 나는 퇴니에스가 말한 공통의 합의를 받아들였다. 내가 다니던 대학교 안, 여성학 강좌가 열리던 한 건물의 안전한 공간에서 뚜렷이 드러나던 합의 말이다. 그 건물의 학생 휴게실에서 우리는 여자들이 화장을 해야 하는지, 다리 제모를 해야 하는지, 이 강좌에 남학생을 받아도 되는지 여부를 놓고 열띤 토론을 벌였다. 남성 철학자들의 글을 읽어보지도 않은 채 그들이 무관심하다거나 여성을 혐오한다며 격분했고 한 교수에 대해서는 [여성과 문학 강좌의 추천 도서 목록에 남성 작가 존 파울즈(John Fowles)를 넣었다는 이유로] 확실한 페미니스트가 아니라며 분노하기도 했다. 우리는 과격한 동시에 안전하다는 사실에 의기양양했다. 그러나 오래지 않아 나는 내가 새로 택한 공동체가 나의 종교 공동체만큼이나 편협한 정통주의 쪽으로 기울기 쉽다는 사실을 깨달았다. 나는 일련의 울타리와 교리, 교훈주의를 다른 일련의 그것들과 맞바꾼 것이었다.

현재 우리는 사회가 세속적이고 일시적이며 도시적이고 경쟁적으로 변화하고 있을 뿐 아니라 경제적 가치에 치중하고 가족과는 멀어지면서 공동체가 해체되어간다는 푸념을 곳곳에서 듣고 있다. 이와 동시에 "공동체" 또는 "커뮤니티"라는 말을 어디서나 쉽게 접할 수 있다. 우리가 소속감을 느끼는 특정한 정체성의 집단 어디에든, 그 뿌리가 종교든 소수 민족이든, 이데올로기나 행동주의, 온라인 활동이든, 차별 없이 사용된다. 우연한 공동체, 즉 동네처럼 그저 물리적인 근접성에 토대한 공동체나 공통의 관심사와 활동 등을 바탕으로 형성된 공동체를 공통의 정체성에 토대한 공동체가 대신하고 있다. 그러나 프랑코 베라르디는 우리가 이상적인 공동체를 찾는 과정에서 발견하는 정체성은 "처음부터 존재하지 않는 것"이라고 말한다.[7] 우리에게 정체성이 없다는 뜻이 아니다. 실제로 우리는 많은 정체성을 갖고 있다. 단, 우리를 집단의 다른 이들과 결속해주는 순수한 정체성은 대개 우리의 욕망이 만들어낸 것이며, 우리는 그저 그 순수한 정체성을 공유한다고 믿고 싶어 하는 것뿐이다.

다시 말해 우리를 하나의 정체성으로 결속시키는 무엇이 있다면 그것은 허위다. 콰메 앤서니 애피아(Kwame Anthony Appiah)도 『결속의 허위: 정체성을 재고하다(The Lies That Bind: Rethinking Identity)』에서 이 점을 지적한다. 그는 과거에는 정체성이 오늘날처럼 사회적으로 애매하고 두루뭉술한 개념이 아니었으며 20세기 중반까지 정체성은 인종과 성별, 계층에 의거한 것이 아니라 "지극히 특징적이고 개인적"인 것이었다는 주장으로 이 책을 연다. 그는 조지 엘리엇(George Eliot)의 소설 『미들마치(Middlemarch)』의 주인공 로저먼드를 예로 든다. 로저먼드는 자신이 사랑하는 남자가 다른 사람을 사랑하는 것을 깨닫고 자신의 정체성을 잃어간다고 느끼는 인물이다.[8] 그렇다고 우리가 이런저런 사회 범주와 제휴해선 안 된다는 말이 아니라(그랬다면 여성은 결코 참정권을 얻지 못했을 것이다) 우리의 정체는 이런 범주에 의해 결정되는 것이 아님을 인지해야 한다는 얘기다.

특정한 사회 범주를 정체성으로 삼아 이를 토대로 구성된 공동체는 다른 범주들과의 구분을 통해 스스로를 정의할 수밖에 없으며, 이에 따라 필연적으로 외지인들과는 단절되어야 한다. 이런 경우 공동체는 반사회적이 될 수밖에 없다. 이슬람(또는 유대교나 기독교 등의) 공동체 또는 성 소수자, 즉 LGBTQ(여성 동성애자인 lesbian과 남성 동성애자인 gay, 양성애자인 bisexual, 성전환자인 transgender, 성 소수자 전반을 지칭하는 queer 또는 성 정체성을 갈등하는 이들을 일컫는 questioning의 두

문자어 - 옮긴이) 또는 흑인, 페미니스트, 토착민 등의 공동체를 언급할 때 우리는 이런 각각의 집단을 동질적인 집단, 포용적이지만 그만큼 배타적인 집단으로 여긴다. 우리가 자주 간과하는 아이러니가 있다면 포용성은 배타성의 반대를 의미하지만 바로 그 배타성을 요건으로 삼는다는 것이다. 예를 들어 성 소수자를 뜻하는 최초의 두문자어 LGB에 다른 두문자가 추가될수록[이제는 간성(間性)을 뜻하는 intersex와 무성을 뜻하는 asexual을 넣은 LGBTQIA, 양성의 성 정체성을 의미하는 2 - spirit을 추가한 LGBTQ2S, queer와 questioning을 구분해 넣고 intersex와 asexual, 성적 끌림을 느끼지 못하는 aromantic, 성별에 관계없이 사람을 사랑하는 pansexual을 추가한 LGBTTQQIAAP까지 사용되고 있다] 차라리 여기서 제외되는 것들을 토대로 정의하는 편이 더 합리적인 듯 보인다. All But Straight(이성애자를 제외한 모두), 더 정확히 말하면 All But Cis and Straight[시스젠더(생물학적 성과 성 정체성이 일치하는 사람 - 옮긴이)와 이성애자를 제외한 모두]의 두문자를 따서 ABCS라고 일컫는 편이 나을 것 같다. 그러나 이는 우리 모두가 부인하고 싶어 하는 포용의 배타 기능을 강조하는 꼴이 된다.

만약 소속된 곳을 잃었다면 공동체에 대한 갈망은 향수에 가까운 무언가로 변질될 수도 있다. 지그문트 바우만(Zygmunt Bauman)은 우리의 욕망이 그것을 잃어버린 낙원, 즉 실낙원으로 바꿔놓는다고 주장한다. 잃어버린 낙원은 우리가 경험으로 아는 낙원이 아니라 과거에 존재했다고 추정하는 낙원이다.[9] 이상적인 가족과 마찬가지로 우리가 갈망하는 공동체는 상상에 의한 것일 뿐, 실제 공동체 경험과는 매우 다르다. 우리의 결핍감이 신화적인 측면을 부풀리고 그것을 향한 욕망을 강화하는 것이다.

매니토바 공동체의 교훈은 분명하다. 우리가 갈망하는 낙원이 감옥이 될 수 있다는 것이다. 자신을 세상과 끊어버리면 다원성을 위해 꼭 필요한 영감과 의견 충돌, 권위의 점검 및 균형 유지, 어제의 사유를 끊임없이 지워버리는 사유,[10] 그리고 자유로부터 단절된다. 비유적으로 말하면(문자 그대로의 의미가 될 수도 있지만) 근친상간이 마구 날뛰게 된다.

이제는 사회 정의를 부르짖는 다양한 집단 사이에서 안전한 공간을 요구하는 것이 일반적인 일이 되었지만 나는 이런 요구를 들으면 어릴 때 느낀 밀실 공포증에 시달린다. 인간은 언제나 다른 이들의 잔혹성에 노출되거나 스스로 잔인해질 수도 있기 때문에 절대적으로 안전한 공간은 존재하지 않는다. 그러나 이상적인 공간이라고 해도 역시 절대적 선이 될 수는 없다. 당연히 우리는 예방책을 마련해야 한다. 우리는 자신과 타인을 폭력에서 보호하고 싶어 하지만 한편으로는 자신을 지나친 보호로부터 보호해야 한다. 로베르토 에스포지토(Roberto Esposito)는 보안에 집착하는 세계적인 정치 경향을 도발적으로 분석한 저술에서 이를 면역의 원리로 설명한다. 우리 몸의 면역 체계는 질병을 물리치기 위해 꼭 필요하지만 이것이 일정 수준을 넘어서면 자기 세포나 조직을 공격하는 자가면역 상태가 된다.[11] 우리는 지나친 면역에 대해 면역을 갖춰야 한다.

오늘날의 국경 장벽이나 밀입국자 수용소 등을 보면 알 수 있듯이 과도한 면역은 위협에의 강박으로 이어진다. 국경 밖에 놓인 위협으로부터 공동체를 보호하는 것은 고달픈 일이고, 이러한 보호에 더 많은 노력을 쏟을수록 더 큰 위협이 나타나기 마련이다. 이것이 바우만의 통찰이다. 그는 공동체가 "외부인들의 출입을 막고 정탐을 하며 내부의 변절자를 사냥하기 위해" 끊임없이 감시하고 갖은 노력을 기울이는 것이 구성원들의 **불안감**을 해소하기는커녕 오히려 더 강화한다고 주장한다. 그는 또한 아이러니하게도 공동체에 소속된 느낌을 끊임없이 주려면 이런 "칼부림"을 거쳐야만 한다고 덧붙인다.[12] 미리 형성된 합의를 바탕으로 한 공동체는 이처럼 바깥세상을 향한 강력한 경계를 통해서만 그 영광스러운 온기와 소속감을 누릴 수 있다. 페미니즘 연구가 주류 학문으로 편입되면서 초창기에는 그토록 중요하게 여겨졌던 여성학 강좌의 존속을 위협하게 된 것도, 나의 종교 분파가 한때는 일부러 멀리했던 세상으로 수년에 걸쳐 편입되면서 공동체의 깊은 결속을 손상시킨 것도 바로 이런 이유 때문이다. 바우만은 바깥세상에 대한 두려움을 조장하고 무심결에 숨통을 죄며 일종의 "자발적 게토"를 만드는 것이 다름 아닌 공동체의 안전이라고 말한다. 내부 사람들이 안전하다고 느낄수록 "바깥의 황무지는 더욱 낯설고 위협적으로 보이며 무장 경비들을 지나 모험에 나서는 데 더 큰 용기가 필요하다".[13]

우리는 절대적인 형태의 공동체를 갈망하지만 공동체는 일단 그런 형태를 이루고 나면 구성원들에게 지나치게 많은 것을 요구하기 시작한다. 바우만은 이 딜레마에 대해 인간은 자유와 안전 두 가지 모두를 갈망하기 때문이라고 설명한다. 공동체에 속하는 특권을 얻기 위해 우리가 치르는 대가는 개인의 자유, 다른 사람의 생각과 행동에 관계없이 자신의 선택에 따라 생각하고 행동할 자유, 즉 자기 삶의 주인이 되는 자유다. 공동체에 속하지 않았을 때 우리가 치르는 대가는 자신을 돌봐주고 이따금 갈등을 겪더라도 특정한 합의를 공유하는, 믿을 수 있는 사람들의 집단 속에서 누리는 안전이다. 바우만은 우리가 이런 딜레마를 완전히 해소할 수는 없지만 계속해서 노력할 것이라고 말한다. "인간으로서 우리는 그 희망을 이룰 수도, 멈출 수도 없다."[14] 이 상반되는 두 가치의 중심에는 외로움이 있고 외로움은 언제나 자유의 가장 가까운 동반자다. 자유를 위해 공동체를 떠나는 사람은 외로움을 마주할 수밖에 없다. 세상에 대한 두려움과 세상을 향한 적대감, 둘 중 어느 쪽이 더 해로운지 생각해볼 필요가 있다.

콰메 앤서니 아피아와 아민 말루프(Amin Maalouf), 아마르티아 센(Amartya Sen), 가야트리 스피박(Gayatri Spivak) 같은 사상가들과 2차 세계대전을 목격하며 순수하다고 여겨지는 정체성을 토대로 결속한 집단이 얼마나 위험한지 절감한 전후 유럽 철학자들의 훌륭한 비판에도 공동체는 오히려 더욱더 근본적인 정체성을 요구하고 있으며 그와 함께 셀 수 없이 불어나고 있다. 이들의 훌륭한 비판이 폭로하는 근본적인 문제는 아마르티아 센이 지적하듯, "단일한 분류에 전능한 힘이 있다고 믿는 것"이다. 그는 이러한 믿음이 "세상을 철저히 격앙시킬 수 있다"고 덧붙인다.[15] 서로에게는 더없이 선량한

공동체 구성원들이 외지에서 온 이주민들의 창문에는 벽돌을 던질 수도 있다.[16]

매니토바 공동체가 보여주듯이 때로는 집 안에서 벽돌이 던져지기도 한다. 나의 할머니는 우리의 메노파교도 공동체 사람들 가운데 옛 조국에서 이웃을 당국에 신고한 사람, 나치스나 공산당 노상강도를 도운 사람, 집에 찾아와 구걸하는 굶주린 아이들을 외면한 사람을 알고 있었다. 좋은 시절에도 반유대주의와 인종주의, 계층적 교만이 연민이나 아량과 공존했다. 힘든 시절에는 충분히 이해할 만한 공포 때문에 호의를 찾아보기 어려웠다. 이는 아렌트가 그토록 강조한, 테러와 고립의 결합이 낳은 산물인 셈이다.

이것이 집단생활의 공포다. 공동체를 만드는 순간, 그것은 방어해야 할 영토가 된다. 울타리를 철거하고 쉽게 지나다닐 수 있는 경계선을 만들어 과도한 보호가 야기하는 폭력과 감금을 예방하는 방법이 있을 것이다. 바우만이 말한, 자유에의 갈망과 안전에의 갈망 사이의 딜레마를 해소할 방법이 없다면 둘 다 온전히 충족하지 못한 채로 살아가는 방법을 찾아야 한다.

향수 •

아버지의 장례 예배 때 나는 교회 연단에 서서 아버지의 인생사를 낭독했다. 장내는 사람들이 가득했고 대부분은 내가 30년 전 떠난 종교 공동체 사람들이었다. 나는 100여 명의 학생들이 모인 강단에 서는 데에는 이골이 났지만 아버지와 어린 시절의 나를 아는 사람들에게 그의 이야기를 들려주는 것은 독특한 경험이었다. 나의 주일학교 선생님과 내가 열 살 때 짝사랑했던 남자, 이웃의 농장주들이 참석한 자리였다. 아버지의 삶에서 중요한 순간마다 늘 함께했던 70여 년 지기들도 있었다. 그들은 아버지의 결혼식과 조부모님의 장례식, 자녀 넷의 출생, 각종 기념행사를 함께했고 뇌졸중 때문에 은퇴하는 과정과 그 모든 것이 끝나는 마지막 행사까지 지켜보았다. 그들의 얼굴에는 호의와 연민이 가득했다. 내 아버지였던 사내에게 존경과 애정의 표시로 꽃과 카드를 들고 교회와 부모님의 집을 찾아오는 사람들의 행렬이 끊이지 않았다.

아버지가 세상을 떠나기 전 두 달 동안 속수무책으로 생의 기운을 잃어가는 모습과 이에 아랑곳하지 않고 무심하게 흘러가는 세상을 바라보며 가뜩이나 외로움에 시달렸던 나는 이 굉장한 공동체 의식과 지지의 표현에 무너져 내렸다. 파도처럼 밀려드는 강렬한 향수를 느끼며 그 공동체를 떠난 것을 후회했다. 문득 내가 이 도시에서 저 도시로 끊임없이 옮겨 다니며 큰 대가를 치렀다는 사실을 분명히 깨달았고 오랜 사랑과 우정의 가치를 미처 몰랐다는 생각이 들었다. 부모님이 58년 동안 결혼 생활을 유지한 것이 삶에서 아주 중요한 성취처럼 느껴지기도 했다. 어린 시절로 돌아가 모든 것을 새로 시작하고 싶었다.

향수는 독특하다. 그것은 그저 과거에 누린 무엇, 즉 어린 시절의 안전이나 소속되었던 공동체, 열정적인 사랑 등을 향한 갈망이 아니라 그보다 미화된 모습의 과거를 향한 갈망이다. 누군가 또는 무언가를 잃으면 향수가 찾아오고 그 감정은 세월이 흐를수록 더욱 강렬해진다. 잃어버린 대상은 시간이 갈수록 미화되어 결국 실상과는 전혀 다른 모습으로 변한다. 삶에서 좋은 것들은 거의 언제나 좋지 않은 측면을 함께 갖고 있다는 것을, 언제나 어느 정도는 타협해야 한다는 것을 우리는 망각한다.

아버지의 장례식이 몰고 온 향수는 그 후 2~3주 동안 내가 겪었던 그 공동체의 억압적인 속성을 상기하면서 빠르게 사그라졌다. 그들은 순응을 요구하고 사유를 방해하며 도덕적 위선과 판단을 일삼고 가부장적인 통제 방식을 휘두른 집단이었다. 내가 떠난 건 그 공동체가 안전의 대가로 개별적인 사유와 행동의 희생을 요구했기 때문이라는 사실이 떠올랐다. 그렇다고 해서 공동체가 주는 지지의 가치나 거기에 속한 수많은 선량한 사람의 진심 어린 호의를 부정할 생각은 없다. 다만, 어떤 사람들에게는 그것이 너무도 큰 희생이 된다는 얘기다.

2019년 영화 「페어웰(The Farewell)」은 할머니의 시한부 선고를 들은 중국계 미국인 여성 빌리의 이야기를 다룬다. 가족이 (중국의 관습에 따라) 죽어가는 할머니에게 그 사실을 알리지 않겠다는 결정을 내리자 빌리는 몹시 힘들어한다. 빌리와 부모는 친척의 결혼식을 이유로 '나이나이'(할머니)를 보러 중국에 가지만 사실 결혼식은 온 가족이 마지막으로 모이기 위해 꾸민 구실에 불과하다.

영화는 주로 빌리의 시선을 따라가는데 이따금 어머니에게 암에 걸렸다는 사실을 알릴지 말지 고민하는 빌리의 아버지에게로 카메라를 돌린다. 이때 가족이 할머니에게 병을 숨기는 이유가 드러나면서 인물들의 갈등은 절정에 달한다. 빌리의 삼촌은 모두가 입을 다물고 있으면 할머니의 모든 감정은 가족이 대신 감당하고 할머니는 남은 나날을 자유롭게 즐길 수 있게 될 거라며 그 이유를 설명한다. 가족이 함께 저녁 식사를 하는 자리에서 팽팽한 대립이 일어나고, 이 장면에서 우리는 문화의 충돌을 목격하게 된다. 빌리의 부모가 중국에 남아 나이나이와 함께 살았어야 했다고 다른 가족들은 주장하고, 빌리의 부모는 자신들이 왜 중국을 떠날 수밖에 없었는지를 변명하는데, 이는 동서양의 문화적 차이를 대변하는 집단주의와 개인주의의 충돌로 보인다.

식사 자리에서 빌리는 자신을 친척들과 익숙한 모든 것, 특히 여름마다 즐거운 시간을 보낸 할머니의 집에서 떼어놓고 미국에서 세 식구로 외롭게 살게 한 부모님을 원망하며 비통하게 울부짖는다. 이 장면과 함께, 빌리가 그토록 괴로워하면서도 할머니에게 끝내 병을 알리지 않는 것은 빌리의 부모님이 사실상 너무도 많은 희생을 치렀다는 메시지를 전달하는 듯하다. 우리는 이 가족의 경험에 감정 이입을 하며 빌리가 대가족과 떨어졌을 때 느꼈을 상실감을 함께 느낀다. 어느새 대가족의 입장을 지지하고 싶어진다. 공동의 삶이 주는 혜택을 얻기 위해서는 집단의 이익을 위해 자신이 원하는 것을 희생해야 한다는 입장 말이다.[1]

나는 너무도 자주 정반대의 바람을 품었다. 내 부모님이 우리를 익숙한 모든 것으로부터 떼어놓았더라면 좋았을 거라는 바람. 권위 있는 이들에게 자율성과 책임을 양도하기보다는 사려 깊은 개인으로서 자유로이 판단할 수 있게 했더라면 얼마나 좋았을까.

노동하는 영혼

2018년 9월 17일 아마존이 미국에서 '푸드 스탬프'(저소득층을 위한 식료품 할인 구매권 – 옮긴이)에 의존하는 직원이 가장 많은 기업에 속한다는 뉴스가 보도되었다. 한 예로 애리조나주만 해도 아마존 직원세 명 중 한 명이 푸드 스탬프를 지급받았다.[1] 영국 노동조합협의회(Trades Union Congress)에 따르면, 아마존의 CEO 제프 베이조스(Jeff Bezos)가 1초당 벌어들이는 돈은 물류 창고 직원의 5주 치 급여에 해당한다.[2] 낮은 임금은 빙산의 일각에 불과하다. 아마존의 동굴 같은 창고에서 일하는 직원들은 엄격한 감시를 받고 있는데 이감시 시스템은 "빈둥거리는 시간"과 "생산성 목표" 미달, 심지어는질병에 대해서도 벌점을 매긴다. 효율적인 노동 환경을 위해 직원들은 동료와 대화할 수 없으며 익명의 평가 제도를 통해 감시에 참여하도록 독려되고, 이 평가를 토대로 경영진은 누가 남고 누가 떠날지를 결정한다.[3] 이러한 감시는 직원들을 통제하기에는 효율적일지 몰라도 48세의 직원 빌리 포이스터(Billy Foister)가 창고 바닥에쓰러진 채 20분 동안 방치되었다가 결국 심장마비로 사망하는 일은막지 못했다.[4] 이는 조직적인 외로움이 극에 달한 사례라고 할 수있다.

이 장의 제목은 프랑코 베라르디의 저서에서 빌려왔다. 베라르디의 『노동하는 영혼(The Soul at Work)』은 자본주의 체제의 노동과 이윤, 돈의 힘을 분석한 마르크스의 초창기 논문 『1844년 경제학·철학 수고(The Economic and Philosophic Manuscripts of 1844)』에서 다뤄진 소외를 출발점으로 삼아 디지털 시대의 새로운 소외 형태를 상술한다. 마르크스는 산업 노동자들이 자신이 만든 생산물과 그것을 만드는 데 들인 노동, 동료 인간, 심지어는 자신의 인간성으로부터도 소원해지고 자율성을 잃어버리는 현상을 "소외(Entfremdung)"라고 정의한다. 자신이 들인 노동에서 소원해지는 것은 그 노동이 공장의 경영주에게 넘어가기 때문이고, 그 노동은 노동자 자신의 개인적인 흥미나 재능과는 무관하므로 자신에게서도 소외된다. 사실상 노동자는 노동을 수행할 강력한 동기가 사라지는 순간, "마치 전염병이라도 되는 듯" 일을 피한다. 노동자는 그저 노동을 내주는 사람이 되기 때문에 상품으로 전락한다. 생산성이 높은 노동자일수록 자본가의 이윤과 힘을 늘려주고 그 과정에서 자신은 주체나 개인이 될 수 없어 더욱 소외된다. 노동자의 존엄과 자율성은 인정되지 않는다. 마르크스는 노동이 과잉 공급되면 노동자의 상황이 더 나빠져 "걸인이 되거나 굶주림"에 시달린다고 경고한다.[5]

산업 노동자는 자신이 만드는 물건을 소유할 수 없으므로 그 물건으로부터 소외되는 동시에 임금에 의존해 기본적인 필요를 충족하므로 그 물건의 노예가 된다. 이 생산물은 노동자가 갖지 못하는 가치를 갖는다. 예를 들어 다이아몬드 광부는 자신이 캐는 귀금속을 소유할 형편이 되지 않는다. 마르크스는 이러한 아이러니를 다음과 같이 표현한다. "노동은 부자에게 멋진 것을 만들어주지만 노동자에게는 궁핍을 가져다준다. 노동은 궁전을 만들어내지만 노동자는 오두막집에 산다. 노동은 아름다움을 만들어내지만 노동자는 갈수록 추해진다."[6]

이런 상황을 고려하면 산업 시대의 영혼이 지금보다 더 자유로웠다는 베라르디의 도발적인 주장은 다소 놀라울 수도 있다. 그는 자본주의 역사에서 노동자의 몸은 통제받았지만 영혼은 아무도 건드리지 않았다고 주장한다. 산업 노동자는 지적·정서적 삶에서 자신이 원하는 것을 자유롭게 할 수 있었다. 그러한 삶은 산업 자본가의 관심사가 아니었기 때문이다.[7] 사실, 노동자들이 공통적으로 겪는 소외는 연대를 부추겼고 저항의 불씨가 되었다. 그들은 자본주의 이해관계에서 소외되었기 때문에 공동체를 구축할 수 있었다.[8]

아마존 창고 직원들과 오늘날 세계의 가장 빈곤한 곳에서 비천한 산업 노동을 제공하는 수백만 노동자에게는 마르크스의 분석이 여전히 유효하다. 물류 창고는 노동력 착취 현장과 마찬가지로 노동자들을 상품으로 전락시켰고 그들은 값싼 생산품과 편의성, 속도를 요하는 소비자의 수요와 임금의 노예로 살고 있다. 그러나 세계의 가장 부유한 영역에서 일하는 많은 이들은 디지털 기술로 일의 속성이 바뀌는 것을 경험하고 있다. 베라르디가 마르크스의 "프롤레타리아"를 변형해 만든 표현 "코그니타리아트(cognitariat, 유식 계급, 지식 노동자)"는 동일한 육체 활동, 즉 화면 앞에 앉아 키보드를 두드리며 다양한 형태의 정신노동을 하는 노동자를 일컫는다.[9] 오늘날 건축가와 여행사 직원에서부터 소프트웨어 개발자와 변호사, 교수와 학생에 이르기까지 온갖 직업인의 일을 물리적으로 정의하면 바로 타이핑이다. 그러나 지식 노동이 우리에게 요구하는 것은 창의성이다. 이제 노동은 유형물보다는 프로젝트와 스타일, 아이디어를 생산한다. 이것은 고도로 기술화된 자본주의의 한 가지 고유한 특징이다. 즉 이전 시대 자본주의가 건드리지 않았던 삶과 노동의 차원을 "식민지화"하는 것이다. 루이스 수아레스빌라가 지적했듯이 바이오테크놀로지와 나노테크놀로지, 분자 컴퓨팅 분야에서 현재 상품화 과정의 중심이 되는 것은 창의적인 연구다. 창의성은 상업화에 의해 큰 변화를 겪으며 노동의 일과로 녹아들고 있다. 그러나 이 둘의 목적은 서로 어긋난다. 정부나 대중의 비위를 맞춰야 하는 예술가라면 알겠지만 "창의성의 상품화는 창의성을 파괴하는 씨앗을 품고 있는 경우가 많기" 때문이다.[10]

이러한 창의성과 혁신, 소통 등에 지식 노동이 요구되면서 우리와 노동의 관계가 바뀌고 있다. 코그니타리아트의 일은 산업 노동자의 일처럼 근무 시간이 끝나면 남겨두고 갈 수 있는, 그런 노동이 아니다. 지식 노동자는 반드시 하루에 일을 끝낼 필요가 없다. 디지털 기기와, 베라르디의 표현으로 "[그 사람의] 지적 역량 가운데 최고의 부분"을 요구하는 지식 노동의 속성 때문에 사생활을 제대로 누리지 못한다.[11] 또한 일을 자신의 삶에서 가장 흥미로운 부분으로 여기기 때문에 노동 시간이 늘어나는 것을 반대하지 않는다. 오히려 스스로 그것을 선택할 수도 있다.[12] 산업 노동자가 노동력 착취에 대해 불평하던 상황에서 코그니타리아트가 자신의 시간과 창의성의 착취를 수용하는 상황으로 옮겨가는 이 현상을 우리는 어떻게 설명할 수 있을까? 베라르디는 경제적 필요는 충분한 설명이 되지 못하고, 현대 대도시의 삶에 수반되는 외로움과 단조로움도 고려해야 한다고 주장한다.[13] 부(富)가 "시간과 집중, 자유의 측면에서 이용 가능한 세계를 즐길 수 있는 단순한 능력"보다는 축적과 소비를 의미하게 되면서 우리는 베라르디가 말하는 이른바 "일상에서 누릴 수 있는 에로스", 즉 인간관계의 정감과 소통에서 얻는 즐거움을 뜻하는 포괄적 의미의 에로스를 잃고 있다.[14] 우리가 일에 욕망을 투입하는 것은 욕망이 달리 갈 곳이 없기 때문이다. 일의 성취도를 바탕으로 자신을 정의하고 생산성을 바탕으로 삶의 가치를 정의하는 것 역시 그것 말고는 다른 것이 없기 때문이다. 그 결과는 반사회적 실존이다. 일을 많이 할수록 다른 이들과 함께하는 시간이 줄어들고, 다른 이들과 함께하는 시간이 줄어들수록 시간을 때우기 위해 더욱 일에 몰두한다. 일이 아닌 다른 무언가를 함께할 사람이 없기 때문에 일을 하는 것이다. 일이 삶을 포괄하면서 일 이외의 삶은 고갈된다. 사회 풍경은 사막으로 변한다.[15]

　베라르디의 관점에서 볼 때 디지털 시대에 새로운 유형의 소외를 불러오는 것은 우리 영혼의 착취다. 그가 말하는 "영혼"의 의미가 독자에게는 모호하게 느껴질지도 모르겠다. 그것은 지적인 삶의 자리가 아니라 실질적이면서도 은유적인 것이다.[16] 그는 이 영혼을

"활기의 숨결", 즉 생물학적 물질을 활기찬 신체로 전환하는 에너지 또는 신체가 "타자를 향해 공감하는 쪽으로" 열릴 수 있게 하는 "감각", 언어와 관계 자체 등으로 다양하게 묘사한다.[17] 이 "활기의 숨결"은 하나의 신체에 속한 배타적 특성이 아니다. 그러므로 정신이나 개성의 원천이 아니다. 활기의 숨결은 본질적으로 관계와 연결된다.[18] 따라서 영혼은 우리를 타인들에게로 향하게 하는 정서적·정신적·감각적 힘들로 구성된 삶의 측면을 상징한다. 우리는 기계적으로 함께 돌아가는 신체에 불과한 것도 아니고, 완전히 고립되어 사유하는 정신에 불과한 것도 아니다. 우리는 서로에게 민감하고 서로에게 반응하며 소통하고 교감하는 영혼들이다. 이런 감각적이고 감성적인 삶의 측면이 이제 일에 적용되어 기술의 도구들을 통해 시장의 힘에 이용되고 있다.

이 새로운 코그니타리아트는 영혼의 노예화를 막을 수 없다. 과거 산업 노동자들은 일하지 않는 시간에 자율성과 저항을 논하는 자유를 누렸지만 이런 자유는 사라졌다. 아이러니하게도 우리가 육체노동의 단조로움에서 우리를 해방시켜준다고 생각한 인지 노동은 우리를 산업 노동자조차도 하루 일과가 끝나면 벗어날 수 있었던 정신적 감금의 상태로 밀어 넣고 있다. 그리고 우리는 여기에 순응한다. 일을 놓을 수 없다고 끊임없이 불평하면서도 어디를 가든 손에 디지털 기기를 들고 일을 한다. 우리의 인지 노동은 스마트폰과 연결되어 있으며 우리가 더 이상 만나지 않는 신체들로 이뤄진 사회 집단들과는 동떨어져 있다.[19]

직장에서 겪는 외로움이 공론의 인기 주제가 된 것도 그리 놀라운 일은 아니다. 기술이 우리에게(또는 우리의 고용주에게) 제공하는 유동성과 편의성에 전념할수록 고립이 양산되며 이는 결코 우연이 아니다. 최근의 트렌드인 "핫데스킹(hot-desking)"만 해도 그렇다. 핫데스킹은 사무실 노동자들이 자리를 하나씩 차지하는 것이 아니라 많은 책상과 공간을 필요에 따라 선착순으로 자유롭게 사용하는 제도로, 고용주의 관점에서 보면 비용을 절감해준다. 직원이 한꺼번에 사무실에 있을 필요가 없으므로 유휴 공간이 없다. 기업들은 이제도가 직원들 사이의 교류를 개선하고 그에 따라 생산성과 창의성, 효율성을 높인다고 주장한다. 하지만 많은 사람이 핫데스킹에 불만을 품고 있다. 이들은 책상 위에 화분과 사진을 올려놓고 서랍에는 간식을 넣어놓으며 좀 더 정기적으로 옆자리 사람들과 교류할 수 있는 개인 공간을 선호한다. 집이나 작은 동네, 내 것이라 부를 수 있는 익숙하고 예측 가능한 공간을 일터에도 마련하고 싶은 것이다. 직장에서 일어난 다른 변화들도 고려해보자. 이제는 서로 얼굴을 맞대고 얘기하기보다 문자 메시지나 이메일로 소통하는 경우가 더 많고, 헤드폰을 이용해 모니터와 단둘이 존재하는 독방 감금의 상태를 조성하기도 한다. 근무 시간 연장이나 파트타임 근무 등으로 퇴근 후에 함께 어울리는 시간이 사라지고 있고, 유동적인 근무로 이제는 사무실에 갈 필요조차 없는 경우도 있다.

직장에서 자주 또는 쉽게 모이지 않으면 그전에는 미처 그 필요성을 자각하지 못한 특정한 사회적 상호 작용의 형태가 사라진다.

예를 들어 이제 모든 서류를 디지털로 처리하게 된 부동산 중개업자는 출근할 사무실이 없어진 것을 아쉬워할 수도 있다. 매일 아침 집을 떠나 다른 장소로 가서 외투를 걸어놓고 메일함을 확인한 뒤 동료들과 모닝커피를 마시며 잡담을 나누던 시절이 그리울 것이다. 젊은 비정부기구(NGO) 직원은 바쁜 동료들을 일주일에 한 번 두 시간 정도 만나고 나머지 시간은 철저히 혼자 일하면서도 처음부터 그렇게 일해온 탓에 왜 그토록 공허한 기분이 드는지 이해하지 못할 수도 있다. 사무실 없는 창업자들이 집에서 혼자 일하며 고립되는 것을 피하기 위해 카페를 가득 메우고 있다. 한때는 생기 넘치던 카페들이 도서관처럼 조용해지면서 바리스타들 역시 외롭고 따분한 나날을 보낸다. 이러한 일터 없는 일(work homelessness)은 새로운 긱 경제(gig economy)의 상징이다. 우버(Uber) 기사와 도어대시(DoorDash, 샌프란시스코 기반의 온라인 음식 주문 및 배달 플랫폼 – 옮긴이) 기사는 피고용자의 범주에 들지도 않으며 일터나 동료가 없다. 그들은 자영업과 비슷하게 자유로운 노동 조건, 도어대시에 따르면 "어디든 달려갈 자유"를 약속받는다.[20]

사람들의 상호 작용을 용이하게 하는 공동의 공간이 없으면 성격 충돌이나 사무실 정치, 따분한 잡담 등이 공존하는 일터의 고유한 사회적 교류를 경험할 수 없다. 일터는 불완전하고 기이할지언정 우리가 물리적으로 출근하고 예의를 지키기를 요구하며 우리가 소속될 수 있는 장소를 제공한다. 직장 동료들은 반드시 좋은 친구라고는 할 수 없어도 우리가 매일 상주하는 곳을 친숙하게 만들어주고 특정한 사회적 맥락에서나마 우리의 배려와 관심의 범위를 넓혀준다. 이직이나 은퇴와 함께 우리를 그들과 하나로 묶어주는 맥락이 사라지면 관계가 끝날 수도 있지만 그렇다고 일터를 공유하는 동안 갖는 의미가 줄어드는 것은 아니다.

소외라는 개념의 역사는 모호함으로 가득 차 있다. 아렌트와 헤겔, 카프카, 프롬, 모두가 소외를 다른 의미로 사용하며 심지어 마르크스는 서로 충돌하는 여러 의미로 정의하기도 한다.[21] 그러나 나는 소외된 노동 또는 소원한 노동을 다룬 마르크스의 저술을 가르칠 때면 학생들이 대개 소외를 무의미한 일, 즉 자신의 중요한 측면을 포기해야만 계속할 수 있는 일에 종사할 때 느끼는 허무감이라고 직관적으로 이해하는 것을 보게 된다. 그들은 여름 방학에 경험한 소외된 노동의 예를 들려주고, 나 역시 기계화 이후에 과수원에서 일한 경험을 예로 들려준다. 농장 일은 언제나 힘든 육체노동이지만 기계화 이전에는 사회적인 측면이 존재했다. 나는 언니와 한 팀이 되어 체리 농장에서 같은 나무의 열매를 따며 웃고 떠들었고 옆 나무를 맡은 도시 소년들에게 추파를 던지기도 했다. 복숭아를 포장하는 곳에서는 요란한 기계 소리가 우리를 갈라놓기 전까지 수확기의 6주 동안 성인 여자들과 소녀들이 나란히 서서 함께 일하며 소식과 소문을 주고받았다. 그러나 기계화된 작업대가 설치되면서 우리는 사람의 등을 보고 서야 했다. 기계 때문에 자리를 옮겨 다니거나 대화를 할 수 없게 되자 즐거움이 아닌 생산성의 증대가 목적이었던 아버지는 무척 기뻐했다. 일은 단조로워졌고 사회적 측면은 사라졌다. 우리는 주말이 오기만을 기다렸다.

　이러한 반사회적 특징과 더불어 일을 무의미하게 만드는 것은 자율성의 결여다. 창의적인 기획이나 개인의 관심, 의지, 자기표현 등을 요구하지 않는 일은 우리를 매료시키지 못한다. 이 경우에 일터는 그저 특정한 역할을 수행하는 곳이 된다. 런던의 한 글로벌 경영 컨설팅 회사를 대상으로 실시한 2009년 연구에서 한 경영자는 자신의 일터를 가장무도회에 비유한다. 그녀는 가면을 쓰고 들어가 일과를 마치고 나올 때 벗는다고 한다. 책을 좋아하고 창의적인 젊은 컨설턴트는 자기 일이 시간을 요구할 뿐 지적 노력은 거의 요구하지 않는다는 이유로 "숨 막히고" "뇌를 퇴화하게 한다"고 표현한다. 그와 동료들은 메마른 사회생활에 대해 불평을 늘어놓는다. 기업에서 요구하는 역할 때문에 일 이외의 자리에서 자유롭게 구현할 수 있는 페르소나를 빼앗긴다는 것이다. 한 직원의 불평처럼 삶이 그저 따분한 일과 잠으로 이뤄진다면 다른 이들과 흥미롭게 주고받을 수 있는 얘깃거리도 사라진다.[22]

　문제의 핵심은 일이 **거의** 벗어날 수 없을 만큼 자본과 복잡하게 뒤얽혀 있다는 점이다. 일의 의미는 자신의 재능과 흥미를 통해 세상에 무언가를 제공하기 위해 지속적으로 노력하는 활동이 아니라, 생존에 필요한 임금을 받기 위한 활동으로 축소되고 있다. 아렌트는 모든 인간 활동이 "삶의 필수품들을 확보하고 그것을 풍부하게 공급하는 것"으로 축소되는 "직업인의 사회" — 아울러 소비자의 사회 — 로 바뀌는 것을 경고한다.[23] 또한 선견지명을 발휘해 직업인의 사회는 우리에게 개체성, 즉 "여전히 개별적인 감각으로 지각되는 삶의 고통"을 포기하고 그저 자신에게 기대되는 자동적이고 "평온한" 행동을 수용하도록 요구한다는 점을 생각해보라고 촉구한다. 이와 함께 아렌트는 인간 활동으로 전도유망하게 시작한 현대가 "역사상 유례없을 정도로 지독하고 무기력한 수동성의 상태로 끝날 수도 있다"고 예견한다.[24]

강의 시간에 나는 시장과 상관없는 활동, 즉 소외되지 않고 도구적이지도 않으며 평온하거나 수동적이지도 않은 활동의 예로, 학자인 나의 직업을 들곤 했다. 내가 내 일의 수단과 목적에 대해 느끼는 애착은 산업 노동자나 앞에서 인용한 기업 직원들은 누릴 수 없는 것이다. 20여 년 전만 해도 내 일의 제도적인 측면은 학자의 삶에서 사유와 저술, 멘토링 같은 보다 의미 있는 일을 방해하기 때문에 조금 성가시긴 해도 비교적 양호한 편에 속한다고 말할 수 있었다. 대체로 나는 내 직업적 삶이 나의 삶 자체와 동떨어져 있다거나 권위자에게 나의 자율성과 재능을 넘겨주고 다른 사람을 연기해야 한다고 느끼지 않았다. 나의 연구 및 교수 프로젝트의 동기는 전적으로 흥미였다. 나는 어느 누구보다도 시장의 요소들과는 거리가 먼 사람이었다.

내 직업처럼 도구화와 자본화를 피할 수 있는 일들을 생각하면 베라르디의 비판을 피하는 쪽으로 "노동하는 영혼"을 해석할 수 있다. 이 경우에는 삶과 일의 구분이 모호해진다. 우리는 대개 일을 사회적 교류나 특정한 열정의 추구, 여가 활동과 같은 의미 있는 활동

외로움의 책

을 위한 수단으로 여길 때 삶과 대립시킨다. 그러나 일이 삶에서 가장 가치 있는 부분이 된다면 일과 삶은 쉽게 구분할 수 없다. 이 경우 영혼이 노동을 한다고 해도 이는 노예화가 아니라 자유의 행위다. 우리의 영혼, 즉 감정과 감성, 창의성을 요하는 일이라 해서 반드시 영혼을 착취한다고 말할 수는 없다. 친밀한 관계뿐 아니라 프로젝트도 중요하다고 말한 앤서니 스토의 주장을 떠올려보자. 우리는 사회적 동물이지만 이와 더불어 자신의 한계를 넘어서는 노력을 할 수 있는 비범한 능력을 지녔다. 저술이나 건물 설계, 조직 창설, 밴드 결성과 같은 프로젝트에 완전히 몰두하는 것은 삶에서 가장 (괴롭기는 해도) 신나는 경험에 속할 것이다. 그러한 프로젝트를 이행하기 위해서는 온전히 집중해야 한다. 우리는 스스로 사교 행사를 포기하고 일을 택할 수도 있다. 일하기 위해서 교류보다는 고독을, 그리고 외로움을 택하기도 한다.

그러나 열정과 재능을 요하는 일, 시장 자본주의의 제약에 얽매이지 않는 창의적인 일과 아마존 물류 창고나 음식 배달 기사들이 거리에서 하는 일 사이의 막대한 간극을 생각하면 "일"이라는 말의 의미를 묻지 않을 수 없다. 세상의 대다수 사람들이 하는 일과는 반대의 일을 만들어주는, 내가 좋아하는 일의 조건들이 있다. 이제는 위협받고 있는 그 조건들은 바로 자율성과 창의성, 독자적인 판단을 내리고 새로운 아이디어를 창출할 수 있는 권한, 그리고 엄청난 압박에 시달리지 않게 해주는 무제한의 시간(모든 조건을 통틀어 가장 귀한 조건)이다. 글쓰기나 연구 같은 창의적인 일은 정신적으로 가장 고통스럽지만 가장 큰 즐거움을 준다. 그러나 그 밖에도 내가 일이라고 부르는 활동들 가운데 학습 증진에 기여하는 직무라는 점에서 의미를 갖는 것들이 있다. 일과 관련해 나는 내가 가치를 두는 무언가의 일부다. 내 일이 시장의 요소들에서 멀수록 더 흥미롭고 만족스러워지는 것은 어찌 보면 당연한 일이다.

이러한 일에 대한 사랑은 베라르디의 주장을 더욱 뒷받침한다. 자본의 요구를 위해 일하지 않을 때 그 일은 삶을 더 풍부하게 만들어준다. 일이 경제적 가치를 뛰어넘는 가치를 갖는다면 노동 시간이 길어진다고 해도 우리가 끊임없이 더 많은 것을 요구하는 힘에 얽매여 있다는 의미가 되지 않는다. 우리는 기본적인 필요를 돌보는 데 쏟는 시간이 줄어들면서 과거와 달리 일에 더 온전히 몰두할 수 있게 되었고 이 때문에 일을 사랑할 수도 있다. 나는 특히 여성이 그렇다고 생각한다. 하루 종일 아이나 노인을 돌보며 가사 노동을 하는 의무와 다른 소모적인 의무에서 해방되면서 이런 일이 가능해졌다. 우리는 우리가 사랑하는 일에 좀 더 몰두할 수 있게 되었다. 이런 경우 일은 "일상에서 누릴 수 있는 에로스"를 부정하기는커녕 오히려 강화한다.

그러나 기업의 이해관계와 디지털 기술이 고등 교육에 큰 변화를 가져오면서 내 일의 조건들도 바뀌고 있다. 학자들은 자본가의 이익을 위해 하루 여덟 시간 기계와 하나가 되어 몸으로 단조로운 일을 하는 공장 노동자는 아니지만 우리는 점차 우리의 정신 활동을 기업의 목적에 맞출 것을 강요하는 기업의 기계와 하나가 되어가고 있다. 아이디어는 금전적 가치가 있어야 하고, 교수 방법은 현대적이고 능률적이어야 하며, 강의 내용은 구미가 당기도록 구성해야 하고, 학습 성과가 보장되어야 할 뿐 아니라, 성적은 마치 판매 상품처럼 협상해야 한다. 우리는 (점차 학자가 아닌 비즈니스 전문가로 바뀌고 있는) 행정관들에게 재능과 창의적 에너지를 넘겨주어야 하고, 학생들은 걱정과 경쟁에 짓눌려 교육보다는 직업 훈련을 택한다. 그렇다고 그들을 탓할 수도 없다. 문학과 언어, 예술, 음악, 연극, 역사와 철학은 암흑기를 맞고 있다. 경제적 가치에만 치중하여 다른 모든 가치의 정량화를 요구하는 세계에서 이런 것들은 순식간에 불필요한 것으로 간주되기 때문이다.

예술대학과 인문대학의 학과들이 폐쇄되고 있는 현실은 대학이 기업주의와 창의성이 대립하는 독특한 유형의 전장(戰場)이 되었음을 입증한다. 대학은 최고의 창의성과 사유의 독립성을 상징하는 곳이다. 이 둘은 모두 상품화를 견딜 수 없다. 사유는 본질적으로 창의적인 활동이다. 사유는 새로운 발상이 독려되는 사회 환경을 요구한다. 설사 논쟁을 초래하는 발상이라고 해도 말이다.[25] 대학은 그런 환경을 제공하는 곳이다. 이 전투에서 우리가 이기지 못하면 누가 이기겠는가? 그러나 우리는 패하고 있다. 효율성과 생산성에 대한 요구가 커지면서 행정 업무가 늘고, 서로 얼굴을 맞대는 기회와 모임이 줄면서 새로운 발상이나 의견을 주고받을 기회도 줄고 있다.

우리가 이 전투에서 패하고 있음을 보여주는 가장 확실한 징후는 정교수나 종신교수보다 훨씬 더 저렴하고 강의를 더 많이 하며 연구할 시간은 거의 없고 단기 계약직이어서 장기적인 대학 문화에 기여할 수 없는 계약직 강사들이 급증하고 있다는 점이다. 그들은 계약에 따라 대학을 옮겨 다니며 대학 시스템 전체를 보강하는 역할을 하고, 한곳에 정착하거나 가정을 꾸리거나 학자의 명성을 쌓기 어려운 경우가 많다. 그들은 학과에서 부수적인 존재다. 그곳의 미래 문화와 의사 결정에 영향을 미칠 수 없는 임시직이기 때문이다. 정교수와 계약직 강사가 뚜렷하게 구분됨으로써 노조든 행정이든 바꿀 수 없는 새로운 상하 구조가 생겨난다. 이는 처참한 사회적 의미를 함축한다. 정착이나 영구 직장, 시간이 보장되지 않으면 우정이 형성될 수 없고, 따라서 연대가 불가능하며, 연대할 수 없으면 일의 조건에 이의를 제기할 수 없다. 21세기에 새로이 공포를 조장하는 요소는 경쟁이다. 경쟁은 모든 이들을 고립시키고, 함께 행동할 시간이 없을 정도로 열심히 일하게 만든다. 설사 시간이 있다고 해도 투쟁의 상대인 시스템이 곳곳에 침투해 있는 탓에, 모든 기관의 사람들이 연합해야 함에도 그러한 연합을 독려하는 방법을 알지 못한다.

대학들이 지적인 삶을 파괴하는 것을 막기 위해 우리는 서로 대화하고 함께 행동해야 한다. 그러나 교육 기관 역시 다른 일터와 마찬가지로 연대가 아닌 고립을 양산하고 있다. 학과와 학부는 기금과 승인을 놓고 서로 경쟁하기 때문에 종종 격납고로 묘사된다. 등록자와 관리직의 수가 늘어 공간의 가치가 높아지면서 인간적 교류를 위한 학생 휴게실 등은 우선순위에서 밀려난다. 설사 휴게실이 있다고 해도 그것을 사용할 시간과 의향이 있어야 한다. 이제 점심시간에도 일 때문에 쉴 수가 없고 점심은 이메일 확인 업무의 반주(飯酒)로 바뀌었다. 최근 『가디언』지에는 "이팅 알 데스코(eating al desko, 책상 앞에서 먹기)"를 다룬 기사가 실리기도 했다.[26] 수강 관리 업무가 늘고 인터넷으로 어디서든 처리할 수 있게 되면서 우리 역시 연구실에서 일하는 시간이 점차 줄고 있다. 표면적으로 학생들에게는 별다른 영향을 미치지 않는다. 이제 직접 얼굴을 마주하는 것은 기회라기보다는 성가신 일로 여겨지니까.

학생들이 끊임없이 쫓기는 시대에는 대면 접촉이 불편한 일이 된다. 그들이 압도되는 것은 단순히 공부와 학비를 벌기 위한 아르바이트 때문만이 아니다. 그들은 피할 수 없는 듯 보이는 소셜 미디어의 가혹한 요구와 유혹적인 디지털 세계의 공격에 시달리고 있다. 학과의 과제는 많은 학생을 극심한 불안과 두려움에 빠뜨린다. 그 결과 대다수가 위키피디아 페이지보다 길거나 복잡한 글을 읽는 데 거부감을 느낀다. 이런 상황의 불가피한 결과로서 사유는 인지 활동에 그칠 뿐, 반대 의견을 표명하는 비판적 사고가 작동하지 않는다. 비판적 사고가 없으면 배움은 이뤄지지 않는다. 플라톤은 지배적인 의견에 끊임없이 이의를 제기하는 스승 소크라테스에게 쇠파리라는 별명을 붙였다. 그러나 오늘날 청년들을 가르치는 우리는 쇠파리보다는 조력자 또는 서비스 제공자 역할을 한다. 우리는 그들이 느끼는 불안이나 두려움의 근원을 이해하려고 노력하지 않는다. 그러다 보면 우리 역시 그들 못지않게 압도될 테니까. 그보다는 도전을 공격으로 받아들이는 분위기 속에서 그들을 위해 모든 것을 좀 더 쉽게 만들어주려고 노력한다.

그들에게는 공부하는 삶과 일하는 삶이 다르지 않다. 둘 다 현재 또는 미래의 소득과 관련된 도구적 활동이기 때문이다. 이따금 양심적인 학생들은 아르바이트가 없는 날에 공부하지 않고 친구들과 어울리면 죄책감을 느낀다고 내게 털어놓는다. 그들은 교수들만큼이나 생산성을 중시하며 거기에 자부심을 느낀다. 누가 그들을 탓하겠는가. 세상은 밝은 미래를 약속하지만 동시에 위기와 재난의 뉴스가 쏟아져 나오고 있다. 자기만의 재능이 있다는 믿음은 어릴 때부터 시작된 무자비하고 경쟁적인 환경 앞에서 흔들린다. 현재 불안증과 정신 쇠약에 시달리는 학생들의 비율이 높아지는 것은 성취에 대한 가혹한 압박 속에서 실제로 무언가를 이루는 사람이 극소수에 불과하다는 사실 때문일 것이다. 불안과 우울에는 외로움이 따르기 마련이다. 누가 경쟁자들 사이에서 친구를 찾을 수 있겠는가? 일과 공부, 가상의 페르소나를 유지하고 관리하는 일로 하루 일과가 빽빽한데 언제 친구를 사귄단 말인가?

우리처럼 의미 있는 일이라는 구명정에 매달릴 수 있는 사람은 행운아다. 그렇지 않다고 해도 인간은 서서히 적응하기로 잘 알려져 있다. 필요해서 하는 일이라고 해도 견딜 수 없는 상황을 버티기 위해 긍정적인 요소를 더할 수 있다. 예전에 공항에 갔을 때 기다림에 지친 성마른 사람들을 보안 검색대로 안내하는 여자가 유머 감

　　　　　　　　　　　　　　　외로움의 책

각을 발휘해 지나가는 사람들과 생생한 대화를 나누며 지겨운 일을 즐거운 일로 바꾸는 모습을 보았다. 내가 가는 동네 식료품점의 계산원은 단골손님들을 특별히 챙기고 심지어는 정신이 온전치 않은 손님에게도 말을 걸어준다. 어느 분주한 카페의 바리스타는 근무 시간이면 마치 주인인 것처럼 일터를 꼼꼼히 살피고 그곳에 자부심을 갖는다. 내가 분명하게 느낀 한 가지는 일에서 의미를 찾는 사람들은 자신이 관여하는 대상과 관계를 맺음으로써 의미를 찾고 스스로 인류에 공헌한다고 느낀다는 것이다. 그들은 이러한 공헌에 자부심을 갖는다. 우리는 존엄을 탐한다. 조금이라도 존엄해질 수 있는 기회가 오면 어떻게든 그 기회를 움켜잡는다. 일과 관련된 활동을 그저 필요하기 때문에 할 뿐 그 반대를, 즉 삶 자체를 그 안에 녹여내지 못한다면 이런 작은 기쁨의 순간들조차 그저 의미 없는 일에 적응하는 과정으로 전락한다. 누구도 의미 없는 일에 적응해선 안 된다.

그러나 우리처럼 운 좋은 사람들도 생산성과 성취라는 명목으로 가혹한 속도의 요구에 서서히 적응해가고 있다. 이제 시간은 시장에서 떼어낼 수 없는 요소가 되었다. 베라르디가 경고했듯이, 지적 노동은 점차 경제적 생산성의 영역으로 빨려들어가고 있다. 우리는 "정신 활동의 모든 파편들"을 자본으로 바꾸어야 한다. 그것도 점점 더 빠르게 말이다.[27] 생산성은 정신의 삶보다도, 과거 지식인들을 사로잡았던 윤리적·정치적 문제보다도 중요한 가치가 되었다. 정신의 삶은 대체로 천천히, 그리고 압박이나 보상의 약속이 없어야만 발전할 수 있다. 시장의 필요가 지적인 삶의 필요를 압도하고 있다. 고독, 사유와 창작을 위한 시간, 토론을 위한 공적 공간의 필요를 시장의 요구가 집어삼키고 있다. 소외가 시작되고 우리의 영혼은 노동에 얽매인다. 이는 곧 사유와 감정, 관계와 언어, 창의성과 상상력이 더는 자유롭지 않다는 뜻이다. 학생 수가 늘고, 연구 기금을 따내야 한다는 압박이 사유할 시간을 빼앗으며, 고립과 외로움에 휩싸이면서 우리 같은 사람들도 압도되는 대다수의 계층에 합류하고 있다. 이런 상황에서 우리는 우리 시대의 중요한 질문을 점점 외면하는 기관과 조용히 대세에 발맞추는 철학계의 기득권층을 보며 절망한다. 우리 가운데 오로지 배움을 향한 욕망으로 대학을 일하는 집으로 삼은 이들은 이제 문가에 서 있는 이방인이 된 기분에 휩싸일 것이다.

일은 앞에서 살펴본 외로움의 공적인 조건과 사적인 조건에 모두 닿아 있다. 우리들 대부분은 직업을 통해, 그리고 이상적으로는 재능을 발휘하고 관심사에 매진함으로써 세상에 참여한다. 일이 사회적인 환경을 제공하지 않는다면, 고립되는 상태를 방치한다면 우리는 하루 중 많은 시간을 외롭게 보낼 것이다. 일이 세상에 의미 있는 공헌을 할 기회를 주지 않는다면 우리는 소외를 겪을 것이다. 소외는 외로움을 낳는다.

현재 일과 관련된 삶의 조건이 불안정과 고립, 위태로움, 경쟁, 시간과 창의성의 착취라는 점을 고려하면 우리는 아렌트가 고립의 결과로 예측한 세상의 황폐화를 목격하고 있다고 결론 내리는 편이 안전하다. 그것은 사회적 재앙이며, 설사 그 최악의 영향을 운 좋게 피할 수 있는 상황이라고 해도 모두가 간접적으로 영향을 받을 것이다.

사막에서

사막이 우리가 아는 세상의 전부라면 우리가 사막에 있다는 것을 어떻게 알 수 있을까?

1940년 "프랑스와 유럽의 재난 상황에서" 쓴 『시시포스의 신화 (The Myth of Sisyphus)』에서[1] 알베르 카뮈는 습관적인 삶의 부조리와 조우하는 명확한 징후를 다음과 같이 묘사한다.

어느 순간 무대 장치가 무너지기도 한다. 아침에 일어나 전차를 타고 사무실이나 공장에서 네 시간 일한 뒤 식사하고 전차를 타고 다시 네 시간을 일한 뒤 식사하고 잠을 자는 일상이 월요일, 화요일, 수요일, 목요일, 금요일, 토요일, 똑같은 리듬으로 반복된다. 대개는 이런 경로가 쉽게 이어진다. 그러나 어느 날 "왜" 하는 의문이 고개를 들면 놀라움이 깃들어 있는 이 권태 속에서 그 모든 것이 시작된다.[2]

카뮈는 우리가 존재의 부조리, 즉 개인의 삶에 부여된 절대적 의미나 목적은 없으며 무엇도 그것을 위로하지 않는다는 사실을 마주해야만 비로소 자유로워질 수 있다고 주장한다. 습관적인 삶에 대한 권태에 "놀라움"이 깃들어 있는 것은 바로 이 때문이다. 그것은

외로움의 책

온전히 현재를 사는 삶, 경험으로 가득한 삶, 즉 저항적이고 열성적이며 자유로운 삶이 시작된다는 신호다. 부조리 앞에서 자유를 접하고 그것을 포용할 때 비로소 우리의 습관과 규범의 무대를 지탱하는 소품들, 즉 "무대 장치"가 무너지는 것이다.

나는 교수로 몸담은 학과에서 이러저러한 이유로 편안함을 느끼지 못하고 견딜 수 없는 소외감에 시달릴 때 이 부분을 자주 떠올렸다. 나는 카뮈의 공식을 활용해 행정 업무와 강의 준비, 학생 상담, 강의, 이메일 확인, 연구 조사, 수면 등 "똑같은 리듬으로 반복"되는 일들을 중심으로 나의 권태 목록을 만들기도 했다. 하지만 나는 박사 학위를 딴 사람이라면 누구나 탐내는 교수직, 이제는 사람들이 좀처럼 쉽게 얻을 수 없는 안정적인 직업을 가졌고, 경제적 특권층에 속할 정도의 급여를 받고 있었으므로 절망에 압도될 자격이 없다고 느꼈다.

그 외로운 몇 년 동안 내가 겪은 절망의 원인은 단순히 고등 교육 기관의 변화만이 아니라는 것을 얼마 뒤 다른 대학으로 옮기고서야 깨달았다. 아렌트는 인간은 언제나 사막의 조건을 마주할 것이라고 했다. 대학이 기업화되고 교수들과 직원들, 학생들도 모두 압도당하고 있었으니 그 역시 사막의 조건으로 간주할 수 있을 것이다. 그러나 우리는 사막의 삶에 적응하지 않도록 경계해야 한다.[3]

사막이 우리가 아는 세상의 전부라면 어떻게 사막에 적응하지 않을 수 있을까? 함께 일하는 동료들 가운데 나와 가깝게 지내는 사람은 극소수에 불과했다. 나는 내 일의 거의 모든 측면을 좋아했지만 내가 무언가의 일부라고 느끼지 못했다. 내 의견은 중요하게 여겨지지 않았다. 나는 내가 일하는 학과의 중요한 문제에 대해서도 딱히 발언권을 갖지 못했다. 일주일에 며칠씩 학교에 갔지만 몇몇 학생들을 제외하곤 누구와도 말하지 않을 때가 많았고 학교에 가지 않을 때는 집이나 도서관, 카페에서 혼자 일했다. 이따금 강의나 회의를 하러 가는 동료들을 마주쳐도 그저 서로 바쁘다는 불평을 주고받을 뿐이었다. 그런 불평을 즐긴 것을 보면 우리는 피로와 함께 초생산성을 미덕으로 여긴다는 믿음을 표현하려 했던 것 같다. 누구나 모임을 꺼리는 분위기였다. 학생들은 직접 만나는 것을 좋아하지 않았고, 토론하기보다는 디지털 독백을 선호했다. 이런 방식은 오해와 의심, 심지어 적대감을 불러일으키기 쉬웠는데 말이다. 내 메일함은 늘 가득 차 있었지만 내 연구실의 의자들은 비어 있었다. 이런 상황에서 나는 언제든 적이 될 수 있었다. 내 자리를 탐내는 박봉의 계약직 강사들, 불만을 품은 고객(즉 학생)이나 그 반대편의 기업 관리자(즉 행정관)뿐만 아니라, 내가 경제적으로 유망한 미래를 보장해주기를 바라는 젊은이들을 대신해 사회 전체가 나를 적으로 삼을 수도 있었다. 실제로 심각한 표절 때문에 낙제시킨 학생의 부모가 자기 자식의 미래를 망쳤다고 항의하며 이 사실을 확인해주기도 했다.

나는 카뮈가 말한 권태에 짓눌려 있었지만 "왜?" 하는 의문이 떠올랐을 때 놀라움은 깃들어 있지 않았다. 카뮈는 처참한 고립 상태에서 홀로 부조리를 마주하는 상황은 고려하지 않은 듯했다. 가끔은 앞으로 수년 동안 이런 메마른 사회적 환경에서 살아야 한다는 생각에 원초적인 두려움이 밀려들었다. 그 메마름 속에서 질식할 것 같았다. 탈출구가 없고 내가 이런 사막에 적응하도록 도와줄 사람도 없다는 사실을 알았으므로 더없이 절망적이었다. 나는 미친 듯이 나만의 세상을 만들려고 애썼다. 다른 학과나 다른 프로그램의 강의 제안을 받아들였고, 석박사생들과 토론 그룹을 꾸렸으며 저녁 식사 모임을 열기도 했다. 그러나 어떻게 해도 나의 강렬한 고립감과 소외감을 달랠 수 없었다. 한 동료는 교수들 가운데 다른 도시에서 통근하는 사람들이 많아서 외로운 사회적 환경이 조성되는 게 아니냐고 물었다. 가족이 많이 사는 지역에 혼자 사는 게 문제라고 생각하는 사람도 있었다. 또 어떤 사람들은 평범하지 않은 것을 좋아하지 않는 철학 교육 기관에서 평범하지 않은 연구를 하기 때문에 소외감을 느끼는 거라고 했다.

나는 늘 어디서나 사람은 기본적으로 똑같고 그저 특정한 지역에서 가치관과 규범, 습관, 관계 맺는 방식 등을 공유하며 고유의 문화를 구축하는 것뿐이라고 주장하고 싶다. 국가의 문화와 민족의 문화, 종교의 문화도 있지만 직장 문화, 심지어 집안 문화라는 것도 있다. 집은 국가와 마찬가지로 호의적이거나 적대적일 수 있으며, 관대할 수도 있고 인색할 수도 있다. 따뜻할 수도 있고 차가울 수도 있다. 내게 놀라운 점은 특정 집단에 새로 들어오는 사람들이 대체로 동화된다는 것이다. 인간은 순응하기를 좋아한다. 순응은 빠르게 일어나기도 한다. 우리는 한시라도 빨리 편안함을 느끼려는 듯 낯선 법과 규범에 적응한다. 새로 들어온 사람들이 그들만의 확고한 문화를 가진 대규모 집단이고 적응에 딱히 관심이 없다면 그렇지 않을 수도 있다. 한 지역에 갑자기 이주민이 늘어나면 기존 주민들이 두려움과 강박을 느끼는 것도 이런 이유 때문이다.

누가 지배적인 문화를 이루느냐는 역사의 우연한 요소들이 좌우하지만 소수의 중요한 인물들이 영향을 미치기도 한다. 다원성을 지키려는 사람들이 많이 있어야 인간적인 공통의 문화가 유지되고 모두의 참여를 독려하는 공동의 세계가 구축된다.

문제는 우리가 적대적인 곳에도 적응할 수 있다는 사실이다. 삭막함이 표준이 되면 우리는 모르는 사이에 그것이 세상에 존재하는 전부라고 믿게 된다. 다른 곳은 그렇지 않을지도 모른다는 사실을 망각하는 것이다. 오히려 환경을 바꿀 수 없는 자신을 위로하기 위해 다른 곳도 나을 게 없다고 스스로를 설득하려 들기도 한다.

나는 다른 대학으로 이직한 뒤 그곳이 훨씬 호의적인 세계임을 깨닫고 나서야 내가 있던 곳을 사막이라 부를 수 있었다. 소외를 일으키는, 세계성이 결여된 곳. 최악의 상황도 함께 견디는 사람이 있으면 버틸 수 있다. 견딜 수 없는 것은 일부가 될 수 없는 것, 소속되지 않는 것이다. 라르스 스벤센이라면 나의 소외 상태를 내 탓으로 돌렸을 것이다. 혼자라서 외로운 것이 아니라 외로워서 혼자인 것이라고. 하지만 실상은 그렇지 않았다. 내가 외로웠던 것은 다른 이들과 적극적으로 참여할 수 있는 세계가 없었고 나의 존재가 중요한 공적 세계, 내 목소리가 중시되는 공적 세계가 없었기 때문이다.

기술의 강철 끈

아렌트는 전체주의 통치에서 개인이 고립되는 동시에 순응하는 역설적인 상황이 벌어진 것을 "테러의 강철 끈"의 책임으로 돌린다. 우리에게는 현대판 강철 끈이 있다. 우리는 디지털 기술의 파급력 속에 살고 있다. 인터넷은 고립을 양산하는 동시에 모든 이들을 구분되지 않는 대중으로 단단히 묶으면서 강철 끈의 역할을 한다. 소셜 미디어 플랫폼들은 수백만의 사용자를 한데 묶고 정치적 충성과 도덕성의 과시, 분노 공유, 동일한 욕망의 생산 등을 통해 동조할 것을 요구한다. 우리는 글을 게시하거나 다른 사람의 글에 '좋아요'를 누르고 이모티콘을 달면서 다원성과 반대 의견을 중시하지 않는 공공의 장에서 특정한 도덕적 또는 정치적 입장을 강화한다. 간단히 표현하면 우리의 가상 세계는 우리가 점심에 먹은 음식 사진들과 부당함을 향한 도의적 분노의 표현이 공존하는 집단화된 사적 공간이다. 세계 각지의 사람들이 똑같은 밈을 보며 웃고, 같은 장소에서 셀카를 찍으며 같은 정견을 지지하고 심지어는 동일 집단의 사람들을 증오하거나 같은 유형의 범죄를 저지른다. 어느 "편"이든 우세한 정서에 동조하지 않는 사람은 따돌림이나 괴롭힘을 당하고 이로써 동조하는 사람들의 도덕적 올바름이 확증된다.

인터넷은 우리를 한데 묶기도 하지만 서로 떨어뜨리기도 한다. 익명성의 망토 속에서 정제되지 않은 감정이 공감이나 심지어는 상식적인 예의마저도 짓누른다. 얼굴은 미묘한 감정을 드러내지만 온라인에서는 이러한 표현 수단 대신 이모티콘과 줄임말, 좋아요, 화면 슬라이드 등으로 자신을 표현하거나 소통을 거부한다. 헤드폰 등으로 세상을 차단하며 소리 없이 무관심을 표하거나 수동적으로 거절을 표하는 경우도 있지만 보다 적극적으로 인간적 교류를 거부하는 경우도 있다. 사람들과 함께 있을 때 휴대폰을 확인하는 행위는 사적인 대화를 불쑥 끝내는 것과 똑같은 행위인데, 이제 우리는 그것을 무례하다고 여기지도 않는다. 강의실에서 학생들은 바로 앞에서 주의를 끌려고 애쓰는 사람을 무시한 채 동영상을 보거나 친구들과 온라인으로 소통한다. 엄청난 돈을 내고 강의실에 앉아 다른 어디서든 수업료를 내지 않고도 할 수 있는 가상의 활동을 한다는 얘기다. 여기 왜 앉아 있죠? 가끔 나는 이렇게 묻지만 사실 그들은 그곳에 있지 않다. 교수들도 회의나 학회에서 비슷한 행동을 한다. 우리는 가상의 세계 때문에 실제 세상을 등한시하고, 그만큼 상대방에게도 예의나 집중을 기대하지 않는다. 더 극단적인 경우 페이스북과 유튜브의 콘텐츠 중재자들이 외상 후 스트레스 장애(PTSD)에 시달릴 정도로 폭력적인 증오와 여성 혐오, 인종 차별, 편견, 이미지들이 가상 세계에서 유포되는데도 인간이 응당 느껴야할 감정을 전혀 느끼지 못하는 상황이 목격되기도 한다.[1]

나는 디지털 기술의 부정적인 사회적 영향에 대해 토론할 때면 디지털 기술의 긍정적인 효과도 있지 않느냐는 질문을 받곤 한다. 대개 이런 질문을 하는 사람은 전화나 텔레비전이 발명되었을 때, 혹은 더 거슬러 올라가 인쇄기가 발명되었을 때도 기술 발전의 사회적 영향에 대해 이와 비슷한 불안이 조성되었음을 지적한다. 여기에는 우리가 그러한 발전을 겪고도 모두 살아남았으며 기술의 부정적인 영향보다는 이로운 점이 더 많다는 의미가 함축되어 있다.

이런 질문을 받으면 러다이트(Luddite)로, 심지어는 공룡으로 몰릴 수도 있다는 걱정에 한 발짝 물러서고 싶어진다. 실제로 예전에 강의실에서 노트북과 휴대폰 사용 금지령을 내렸다가 공룡이라는 별명을 얻은 적이 있기 때문이다. 그러나 내가 이런 자기 의심에 시달린다는 사실 자체가 기술을 믿는 것이 옳다고 주장하는 사람들의 희망적 사고를 폭로하는 셈이다. 그들은 그저 막연히 기술이 미래의 기후 재앙에서 우리를 구해줄 것이며, 기술의 유해성 자체로부터도 우리를 구원할 것이라고 믿는 것이다. 이런 맹목적인 믿음 때문에 반드시 지금 해야만 하는 중요한 과제를 놓쳐선 안 된다. 지금 우리는 갑자기 사고로 몸이 마비된 운동선수나 시한부 선고를 받은 환자처럼 앞으로 어떻게 살아야 하는지 새로이 배워야 한다. 기술에 대한 믿음을 벗겨내면 우리가 이따금 마주하는 현실, 즉 인간이 유도한 진보의 막강한 영향 앞에서 속수무책이 되는 현실이 드러날 것이다.

디지털 기술에 대해 우려하는 이들을 러다이트로 몰아가는 전략은 대화를 효과적으로 차단한다. 그 결과 기술은 양자택일의 문제로 남는다. 이로운 점들을 내세워 기술을 받아들일 것인가, 해로운 점들을 내세워 거부할 것인가. 앤드루 머랜츠(Andrew Marantz)는 현재 우리의 삶과 얽혀 있는 사회 관계망을 만든 "몇몇 천재 청년", 스스로 대중의 자유로운 표현을 가능하게 하는 민주적 모험을 시작하고 있다고 여긴 이들을 "기술 이상주의자(techno – utopian)"라고 일컫는다. 머랜츠는 마크 저커버그(Mark Zuckerberg)의 말을 인용한다. "그토록 많은 사람이 디지털 미디어를 시작하게 된 것은 그것이 민주화의 동력이 되어 사람들의 손에 힘을 쥐여줄 수 있다고 믿기 때문이다."[2] 그러나 이 기술 이상주의자들은 백인 우월주의 테러리즘의 온상이 된 에잇챈(8chan, 2015년에 개설된 인터넷 커뮤니티로, 인종 차별주의자나 음모론자, 극우 성향의 이용자 등이 테러리즘 범죄에 악용하면서 2019년 폐쇄되었다 – 옮긴이) 같은 사이트나 온라인 소아 성애, 폭력적인 포르노의 확산은 예상하지 못했다. 저커버그는 여전히 페이스북 덕분에 세상이 더 나은 곳이 되었다고 주장하면서도 인터넷 플랫폼이 오용될 수 있음을 인정한다. "20억 명의 사람들을 연결하면 인간의 아름다움과 추함을 모두 볼 수밖에 없다."[3]

이러한 통찰은 굳이 20억 명의 사람들을 연결하지 않아도 기술 발전의 역사를 생각해보면 쉽게 얻을 수 있다. 참신한 아이디어나 이론적 발견과 마찬가지로 신기술은 언제나 남용될 소지가 있다. 어떤 기술이 처참한 수준의 부정적인 영향을 낳으면 그제야 우리는 비로소 이미 발명된 것을 되돌릴 수 없음을 한탄한다. 또한 우리는 기술의 사회적 영향을 생각할 때 약간의 자기 의심을 감내한다. 결국 우리가 신기술을 환영하고 끊임없이 선택하는 것은 그것이 주는 혜택 때문인지도 모른다는 의심 말이다. 나는 인터넷이 현대 외로움의 조직화에 기여하는 한 가지 요소임을 의심하지 않는다. 그러나 기술은 이제 인간의 삶에서 뗄 수 없는 무엇이 되었고 인간의 최선과 최악을 모두 끌어내고 있으므로 우리는 그것을 사려 깊게 비판할 필요가 있다.

분명히 우리는 소셜 미디어와 디지털 기술로부터 혜택을 얻는 경우가 더 일반적이다. 소중한 사람과 떨어져 있을 때 우리는 가상의 커뮤니케이션 수단을 이용해 그리움의 고통을 달랜다. 나이에 관계없이 외롭거나 혼자이거나 수줍음이 많은 사람은 온라인 커뮤니티에서 위안을 얻는다. 여러 연구에서 소셜 미디어가 어린이와 성인의 자폐증에 도움이 된다는 사실이 입증되기도 했다. 보조 공학은 시각 장애인들에게 놀라운 도구를 제공한다. 애서가와 연구자, 뉴스를 찾는 이들에게도 인터넷은 풍부한 자료의 보고가 된다. 그러나 기술의 진보에는 언제나 대가가 따르기 마련인데, 우리는 부정적 영향을 미리 예측하고 적절한 대응책을 세우지 못하는 경향이 있다. 많은 사람이 디지털 기술의 사회적 영향에 무관심한 것은 생산성과 효율성, 편의성, 독립성에만 몰두하기 때문이다. 여기에 디지털 기술의 중독성과, 새로운 발명에 흥분하는 시점과 그 의미를 진지하게 고찰하는 시점까지의 시차를 더하면 의도적인 맹목의 공식이 완성된다. 러다이트로 몰릴까 봐 비판해야 할 임무를 피해선 안 된다. 기술 "발전"의 과정은 되돌릴 수 없고 그 대가에도 불구하고 모두가 그 혜택을 갈망하는 상황에서 이러한 비판 작업을 어떻게 수행할 것인가를 고민해야 한다.

나는 우리의 디지털 문화에 대한 비판을 일종의 애도로, 지나간 시대의 사회 관습을 (그리워하며) 기리는 송시(頌詩)로 해석한다. 프랑코 베라르디는 지난 30년 동안 기계 시대에서 디지털 시대로 전환된 과정을 "인간 경험의 짜임과 세계라는 직물 자체의 변형"이라고 묘사한다. 그는 신석기 혁명 이래 줄곧 지배적인 위치에 있던 인간의 사회적 교류 방식의 대대적인 변화가 이런 변형을 일으키고 있다고 주장한다. 그가 말하는 과거의 지배적인 사회적 교류 방식은 "접합적" 관계 맺기로, 감정 이입 또는 공감을 바탕으로 한 인간의 유대라고 정의할 수 있다. 우리는 물리적으로 접합하면 상대의 감정과 경험을 자신의 것처럼 이해함으로써 자아의 경계를 넘어 이 상호 작용 이전에는 경험할 수 없었던 존재가 된다. 접합은 의미 있는 대화로 이어지고 이 대화는 새로운 것을 탄생시킨다. 그 과정에서 우리는 변화된다. 이러한 교류는 새로운 사유나 행동을 낳기도 한다. 교류가 이뤄질 때마다 이미 형성된 패턴이나 디자인과는 다른 "무한한 수의 배열"이 시작되기 때문에 접합적 관계 맺기는 창조적이라고 말할 수 있다. 이런 의미 있는 대화의 필수 요소는 맥락이다. 우리는 사람과 사물들로 이뤄진 특정한 맥락 안에서 상대가 의미하는 바를 해석한다. 상대의 말에 섞인 의도와 말하지 않은 부분, 교류에 내포된 함의에도 주의를 기울인다. 접합적 관계 맺기에는 신체가 온전히 관여하며 감수성과 감각, 감정, 공감적 이해가

외로움의 책

사용된다.[4]

   바라건대 누구나 타인과 접합적 관계 맺기를 해본 경험이 있을 것이다. 타인을 사랑하기 위해서는 자신의 필요와 욕구의 범위를 넘어설 수 있어야 하고 이를 위해서는 공감 능력과 취약성, 보이지 않는 것에 마음을 터놓는 자세가 필요하다. 타인이 우리를 어떻게 바꿔놓을지는 아무도 알 수 없다. 편안하게 교류할 때에도 이러한 만남의 예측 불가성을 인지해야 한다. 어느 날 우연히 길을 걷다가 낯선 사람과 얘기를 나눴는데 그 사람의 얼굴과 말이 오랫동안 남아 새로운 사유의 길로 우리를 이끌 수도 있다. 또 어느 날엔 복도에서 우연히 만난 동료와 공통점을 발견하고 새로운 관계가 시작될 수도 있다. 연인이나 친구와 처음 만난 시점으로 거슬러 올라가다 보면 그만의 독특한 역사적 맥락 속에서 그 사람과 우연히 접합적으로 만난 사실을 발견할 것이다.

   베라르디는 디지털 시대로 전환되면서 접합적 관계 방식이 "연결적" 관계 방식으로 바뀌고 있다고 주장한다. 타인과 연결을 통해 관계를 맺을 때 우리는 타인의 경험에 자신을 투영해 공감하면서 이해하기보다는 "통사적 구조", 즉 가용 문법이나 코드에 따라 이해한다. 연결을 통해 전달되는 메시지를 이해하고 정확한 행동 규칙과 알고리즘 기능의 반복에 따라 우리에게 요구되는 바를 수행하기 위해서는 코드를 알기만 하면 된다. 대화를 둘러싼 맥락이나 실제로 감지할 수 있는 뉘앙스 또는 의도가 없으므로 대화의 모호성을 해독할 필요가 없다.[5] 이런 연결로는 새로운 것이 창조되지 않는다. 개인들은 분리되어 있고 그들 사이의 교류는 유용하지만 의미 있다고 말할 수 없다. 남는 것은 신체들이나 기계들 사이의 기능적인 또는 논리적인 연결뿐이다. 전체주의 이데올로기를 위한 논리가 아니라 디지털 자본주의가 요구하는 효율적인 대화를 위한 논리다.

우리의 소셜 미디어 교류는 베라르디가 말하는 연결적 관계 방식으로 분류할 수 있다. 디지털 메시지는 얼굴 표정이나 몸짓을 전달하지 않는다. 우리는 이러한 소통 방식의 한계를 뛰어넘고자 줄임말이나 이모티콘 같은 코드를 만들었지만 그것은 피상적인 수준을 넘어서지 못한다. 자신이 누구인지 드러내기 위해 프로필을 만들 때조차도 코드의 규칙을 따른다. 알고리즘으로 사랑할 대상이나 섹스 상대를 찾아주는 온라인 데이트 사이트는 모든 우연을 차단한다. 우연이 없을 때 사람들은 미리 정해놓은 기준이나 특징을 모색한다. 프로필에 묘사된 사람을 직접 만나면 알고리즘이 허용하는 범주와는 크게 다른 모습 때문에 코드의 마법이 깨진다.

소중한 사람과 가상으로 소통하면 접합적 관계가 소환된다고 항변할 수도 있다. 나 역시 문자 메시지를 보내거나 손 편지를 대신하는 이메일을 보낼 때는 애정을 표현한다. 베라르디는 접합과 연결이 뚜렷한 대조를 이루는 것은 아니라는 점, 두 가지가 양극단에 있다기보다는 "점진성과 음영, 뉘앙스"의 문제라는 점을 분명히 한다.[6] 한쪽 끝에는 우리의 정체성을 근본적으로 바꾸는 의미 있는 사랑이 있고, 다른 쪽 끝에는 알고리즘에 따르는 기계적 교류가 자리한다. 그 사이에는 서로 다른 정도로 감수성을 드러내는 다양한 상호 작용의 스펙트럼이 넓게 펼쳐져 있다. 그렇다고 해서 우리가 세계라는 직물 속에서 겪고 있는 변형이 줄어드는 것은 아니다. 베라르디는 우리가 새로운 영토에 들어와 있다고 경고한다. 그 안에서 우리는 개념적 도구들을 만들고 길잡이가 되어 줄 지도를 그려야 한다.

거의 서른 살이 돼서야 월드와이드웹을 처음 접하고, 그로부터 또 10년이 지나서야 휴대폰을 사용한 내게는 이 접합과 연결의 차이가 분명하게 와닿는다. 20대 초반의 학생들과 대화할 때면 나는 디지털 문화에 대한 우리의 비판이 전혀 영향을 미치지 않는다는 사실에 놀라곤 한다. 그들에게 우리의 판단 기준은 마치 과거 우리 부모님의 판단 기준이 나에게 그랬던 것처럼 생경할 뿐이다. 나는 이제 어머니의 젊은 시절인 1960년대처럼 일요일 오후에 친구들이나 친척들이 대가족을 이끌고 점심을 먹으러 불쑥 찾아오지 않는다는 사실을 다행이라 여기는데, 내 학생들은 마찬가지로 과제를 할 때 도서관에서 책을 찾으며 시간을 보낼 필요가 없다는 점을 다행이라 여긴다. 내가 아무리 학생들에게 우리가 소셜 미디어를 통해 습득하는 소통 습관이 우리의 대면 관계에 어떻게든 영향을 미친다고 설명해도 그들은 나의 판단 기준을 이해하지 못한다. 디지털 문화가 우리의 일상을 잠식하기 전에 대면 관계가 어떠했는지 알지 못하기 때문이다.

우리의 새로운 연결적 교류 방식은 직접적인 상호 작용에도 불가피하게 영향을 미친다. 이제 우리는 조금만 거슬려도 분노를 표출하고, 전혀 모르는 사람을 외모나 행동만으로 판단하여 피하고, 그저 화면을 슬라이드해서 데이트 앱의 매칭 상대를 거절하듯이 무례한 행동도 서슴지 않는다. 그 결과는 쉽게 예상할 수 있다. 미묘한 뉘앙스를 감지하는 능력과 공감 능력이 무뎌지고, 상대의 복합적인 표현을 이해하는 능력이 떨어진다. 아주 단순하고 뚜렷한 것, 이를테면 흑백만 구별할 수 있으며 모호한 빛깔이나 두 가지 이상이 섞인 색은 감지하지 못한다.

소통의 요구가 집요해지면서 아이러니하게도 새로운 형태의 고립이 나타나고 있다. 지그문트 바우만이 말하듯, 우리는 "접속"보다는 "탈퇴"를 원한다. 바우만은 인터넷이 "훌륭한 격리 상태", 즉 거리나 동네, 일터 등의 실제 세상에서는 상상할 수도 없는 고립 상태를 제공한다고 믿는다. 원치 않는 사람은 누구든 삭제하거나 접근을 거부할 수 있기 때문이다. 세상으로부터 소원해지기에 이보다 효율적인 방법은 없을 것이다. 인터넷은 연대와 이해를 돕기보다는 "담 쌓기와 분리, 배제, 적대, 갈등의 행위를 조장하고" 있으며 이제는 이러한 행위가 오프라인 교류까지 침투하고 있다.[7] 우리는 더 이상 중요하거나 흥미롭지 않은 사람에게 귀를 기울이거나 주의를 쏟을 사회적 책임을 느끼지 않고 격리를 택한다. 우리와 의견이 다른 사람들의 얘기도 들을 필요가 없다. 요즘 진보적인 성향의 청년들은 의견 충돌을 불편하게 느끼고 다른 이들의 감정을 해치거나 자신이 상처 받을까 봐 피하기도 한다.

연결적 관계 맺기의 격리 상태에 적응하면 연대와 공동체, 심지

외로움의 책

어 우정의 의미도 망각할 우려가 있을까? 최근 한 학생이 강의가 끝난 뒤 나를 찾아와 친구가 뭔지 모르겠다고 털어놓았다. 나는 그 고백에 입을 다물지 못했다. 친구가 없는 것만으로도 끔찍한데 친구의 개념조차 이해하지 못하다니. 여학생의 아리송해하는 얼굴을 들여다보면서 나는 친구가 일상의 중심이 되어야 할 또래 청년들 가운데 그녀와 똑같은 고백을 할 만한 이들이 얼마나 많을까 생각해보았다.

아렌트가 전체주의 논의에서 다룬 테러의 강철 끈과 내가 말한 기술의 강철 끈은 분명 다르다. 개인들을 테러의 강철 끈으로 묶는 것은 두려움인 반면, 우리를 기술의 강철 끈 안으로 끌어들이는 것은 욕망의 충족과 즐거움에 대한 기대다. 사실 우리는 인터넷이 제공하는 자기도취의 자양분과, 자기와 의견이 다르거나 그저 짜증을 유발하는 사람들을 배제할 수 있는 자유, 엄청난 정보, 편리한 온라인 쇼핑 등을 누리기 위해 기꺼이 우리의 사생활과 개성을 포기하는 것이다. 외로움은 이러한 즐거움과 편의를 위해, 다시 말해 옆에서 성가시게 하는 사람들을 배제하는 호사를 누리기 위해 치르는 대가다.[8]

기술은 외로움을 불러오고 그것을 달래줌으로써 보상하려 한다. 한 손으로는 빼앗고 다른 손으로는 돌려주는 셈이지만 우리는 보상의 선물이 고마워서 그전에 먼저 빼앗겼다는 사실을 금세 잊어버린다. 이런 점에서 기술의 지배는 20세기 전체주의 지배와 다르다. 20세기 전체주의 통치는 그것을 테러의 도구로 휘두른 이들을 제외하고는 누구에게도 혜택을 주지 않았다. 그러나 우리가 보상으로 얻는 교제는 어떤 것인가? 암울한 시기라고 부를 법한 이 시대에 우연히 함께 사는 사람들 속에서 편안함을 느끼지 못할수록, 돌봄과 즐거움, 연대를 누리지 못할수록 인터넷이 제공하는 확실한 정체성에 더욱 끌리는 법이다. 베라르디는 소속될 곳이 없을 때 느끼는 소속에 대한 갈망이 "처음부터 존재하지도 않는 정체성을 향한 향수 어린 욕망"으로 이어지는 것은 놀라운 일이 아니며, 이는 정체성에 기반한 폭력의 출발점이 될 수 있다고 말한다.[9]

외로움을 외로운 사람들의 잘못으로 돌리는 것이 지나친 단순화이듯, 현대의 외로움을 그저 기술이 양산한 연결적 관계 방식의 탓으로 돌리는 것도 지나친 단순화다. 우리가 겪고 있는 변형, 즉 "인간 경험의 짜임과 세계라는 직물 자체"의 변형은 베라르디가 "절대적 자본주의(capitalist absolutism)"라고 일컫는 보다 넓은 맥락에서 일어난다. 절대적 자본주의의 파괴적 영향은 환경과 경제, 교육, 사회복지 등에서 뚜렷이 드러나고 이런 영향을 되돌리려는 사회 운동도 힘을 발휘하지 못한다. 경쟁의 심화와 생산성의 증대, "노동의 리듬의 끝없는 강화" 때문에 연대가 희생되고 있다면 어떤 저항을 할 수 있겠는가? 연대가 없으면 우리는 저항하기 어려운 절망과 외로움의 사막에 남겨진다.[10]

상황이 이렇다 보니 정부가 개입해 외로움부 장관이 이끄는 외로움 전략을 발동하고, 시민 사회 조직들이 이끄는 국가 캠페인으로 지역 사회의 인프라를 구축하고 사회적 연결을 독려하는 방법에

외로움의 책

관한 보고서를 대량으로 쏟아내기도 한다. 남자의 헛간(Men's Shed, 1980년대 오스트레일리아에서 시작된 비영리 지역 조직으로, 은퇴자들의 건강과 복지 증진을 위해 공예 및 교류의 공간을 제공하는 서비스 – 옮긴이), 유족 모임, 커뮤니티 카페, 어린이를 위한 "관계 교육", 싱글 클럽, "가족 대여" 서비스 등을 마련하기도 한다.[11] 그리고 외로움 전문가들이 제시하는 해결책 종합 세트로 눈을 돌린다. 수영 그룹이나 자원봉사 조직, 도예 수업에 참여할 것, 휴대폰 사용을 잠시 중단하게 하는 "사교 피트니스"를 시도할 것, 더 많이 웃으라고 일러주는 외로움 앱을 구매할 것, 직장에서 함께하는 시간을 마련할 것 등이 그들이 내놓는 해결책이다. 이들의 상투적인 조언도 빼놓을 수 없다. 외로움은 흡연 못지않게 해로우며, 업무가 누락되고 이직률이 높아지며 생산성이 떨어지면 고용주의 비용이 올라가고 우리의 보건 시스템도 고갈된다는 조언 말이다. 외로움은 절대적 자본주의의 원활한 작동을 방해하고 그것이 약속하는 행복이 과장이라는 것을 폭로한다.

이런 포괄적인 외로움 방지책으로 도움을 받는 사람도 있을 것이다. 그러나 조직적인 외로움 때문에 외로움과 다른 제반 증상들, 즉 고립이나 우울, 정신 질환, 불안, 권태, 스트레스, 짜증, 공황, 심지어 폭력 등을 구분하기 어렵다는 점을 감안하면 터무니없을 만큼 효과가 없어 보인다.

방해받지 않는 자유를 위해 치르는 대가가 외로움이라면 조직적인 외로움에 저항하기 위해서는 불편을 감수하고 다른 이들이 방해하는 것을 허락해야 한다. 그러면 더 이상 당연한 것으로 여겨지지 않는 연대와 우정, 예의, 돌봄이 사막의 삶에 적응하는 것을 막는 저항의 도구가 될 것이다. 이 투쟁을 위해 우리에게는 사랑과 우정 같은 "생명을 주는" 근원, 없으면 "어떻게 숨을 쉬어야 할지 모를" 오아시스가 필요하다.[12]

사회적 결함

일본에서는 '고도쿠시', 즉 고독사가 큰 쟁점으로 떠오르고 있다. 노인이나 환자가 혼자 죽음을 맞이하고 몇 주나 몇 달, 가끔은 수년 동안 발견되지 않을 때도 있다. 자녀가 있지만 찾아오지 않는 경우도 있고 친구들이 멀리 이사한 경우도 있으며 이웃과 전혀 왕래가 없는 경우도 있다. 마침내 시체가 발견되면 청소업체가 와서 구더기를 제거하고 집을 원상태로 되돌려놓는다. 한 조사에 따르면, 일본에서 발생하는 이런 고독사는 해마다 약 3만 건에 달한다.[1]

그러나 고독사는 노인들에게만 일어나는 일이 아니다. 2019년 여름 뉴질랜드 캔터베리 대학교 1학년생인 메이슨 펜드러스(Mason Pendrous)의 기숙사 방에서 사후 한 달 이상 지난 그의 시체가 발견되었다. 그에 관한 보도 가운데 유독 뇌리를 떠나지 않는 한 문장이 있다. "사망한 청년의 방은 긴 복도의 끝에 있어 공용 공간만 청소하는 기숙사 미화원의 발길이 닿지 않았다." 기자는 사람이 죽었는데 몇 주 동안 발견되지 않은 합리적인 이유를 찾으려 한 듯 보인다. 마치 같은 기숙사에 사는 학생들이 그의 생존을 몰랐다는 사실보다 기숙사 미화원들이 모든 방에 들어가지 않는다는 사실이 더 놀랍다는 뉘앙스다.[2]

이런 죽음은 마음을 몹시 산란하게 한다. 어쩌다 이런 지경까지 왔을까. 어떻게 옆방에 인기척이 없고, 로비의 우편함이 넘쳐 나고, 문이 열리거나 닫히지 않는데도 아무도 알아차리지 못할 만큼 가까이 지내는 사람도 없이 철저히 혼자인 상태로 살다 죽을 수 있단 말인가? 아렌트는 우리가 사람들의 세계에게 자리를 잃으면 누구에게도 의지하지 못한 채 황량한 풍경에 남게 된다고 말한다. 우리 사이의 모든 것이 말라버리면 세상은 사막이 된다. 그 증거는 주위에서 쉽게 찾아볼 수 있다. 특히 젊은이들, 심지어는 아이들 사이에서도 자살과 우울증, 불안 장애, 자해가 늘고 있으며 고독사도 증가하고 있다. 많은 이들이 적응하려고 노력한다. 적응이 불가능한 사람들은 자신들에게 문제가 있다고 생각할 것이다. 그러나 아렌트는 사막의 삶에 적응할 수 없다면 그것은 우리가 아직 인간적이라는 증거라고 일깨운다.[3]

외롭고 무의미한 실존에 대한 좌절과 환멸이 안으로 향하면 부적응은 조용하고 내밀한 방식으로 일어난다. 기술이 발달한 부유한 국가들에서 나타나는 새로운 형태의 은둔을 생각해보자. 1990년대 일본에서 처음 시작된 이러한 은둔 현상과 은둔자를 '히키코모리'라고 부른다. 말 그대로 '안으로 끌어당기다'라는 뜻이다. 히키코모리는 사회를 완전히 떠나 몇 달, 몇 년, 때로는 몇십 년 동안 방에 틀어박혀 지내며 대부분 부모에게 경제적 지원을 받는다. 정확한 수를 추산하기는 어렵지만 일본에는 수십만 명이 있을 것으로 추정되고, 일부 조사에 따르면 수백만이 넘을 수도 있다.[4] 대다수가 남성이고 최근까지 청소년과 젊은 성인들이 연구 대상이었으나 이제는 중년 히키코모리의 증가세가 주목을 끌고 있다.[5]

히키코모리들의 생활 방식이나 행동 방식은 공개적으로 논의되는 것보다 더 다양하지만 대부분 학교나 직장을 그만두고 가족과 함께 식사하거나 대화하기를 거부하며 방문을 잠그고 틀어박혀 있다가 밤에만 음식을 사러 나간다. 세상과의 접촉은 대개 가상 세계에 국한된다. 중장년의 히키코모리는 은퇴와 함께 은둔을 시작하는 경우가 많다. 최근의 조사에 따르면, 이 부류의 3분의 1은 노년의 부모가 저축해놓은 돈이나 연금의 지원을 받는다. 공개된 수많은 개인 기록에 따르면 히키코모리는 수치심과 실패의 느낌, 끊임없는 외로움을 표현한다. 세상에 반감을 가진 일본 청소년들 편에서 가장 열렬하게 그들을 옹호하는 작가 아마미야 카린(雨宮処凜)은 히키코모리의 "실존적 분노"를 "존재론적 불안"으로 묘사한다. 1990년대부터 시작된 일본의 무자비한 노동 규제 완화 때문에 가장 타격을 입은 이들이 겪는 인정과 소속감의 결여를 말하는 것이다. 아마미야는 "누구에게나 자신을 필요한 존재로 여기는 장소, 정체성, 소속, 이바쇼(거처)가 필요하다"고 주장한다.[6] 그러나 봉급이 지급되는 안정적인 직업들이 위태롭고 유동적인 임시직 일자리로 바뀌고 "일회용" 노동자들의 인간성이 말살되면서 이러한 필요는 충족되지 못하고 있다.

히키코모리에 대한 논쟁은 여전히 이어지고 있다. 한쪽에서는 정신과 의사의 개입이 필요한 질병으로 봐야 한다고 주장하는 반면,

다른 한쪽에서는 인간관계를 맺기 어려우며 탄탄한 직업과 전통적인 가정을 여전히 성공의 지표로 여기는 (그러나 직업적 불안이 커지고 여성들이 결혼 및 육아에 흥미를 잃으면서 갈수록 가정을 이루기가 어려워지는) 나라에서 의미 있는 일자리와 가까운 관계가 부재할 때 나타나는 적절한 반응이라고 주장한다.[7] 두 번째 관점을 지지하는 프랑코 베라르디는 사회적 은둔이 실제로 "경쟁과 정신적 착취, 위태로운 상태의 견딜 수 없는 스트레스"에 맞서 자연스레 일어나는 건강한 반응이며 "충분히 이해할 수 있는 지옥 탈출 행위"라고 주장한다.[8] 앤 앨리슨(Anne Allison)은 적대적인 세상에서 살아남지 못한 히키코모리는 "평범함에서 떨어져 나온 난민"이라고 표현한다. 그들은 마치 유배 생활을 하듯 살아간다.[9]

일본의 사회적 은둔이 국가적 문제로 떠오르며 한층 더 대중의 이목을 집중시킨 계기가 있었는데, 바로 2000년 히키코모리로 추정되는 이들이 저지른 몇 건의 충격적인 살인과 한 건의 유괴 사건이다.[10] 의식적으로든 무의식적으로든 세계에서 자리를 잃은 상황에 적응하기를 거부하는 행동이 언제나 조용히 또는 은밀하게 이뤄지는 것은 아니며, 이러한 부적응이 언제나 아직 인간적이라는 증거가 되는 것도 아니다. 우리는 최근 수십 년 사이 특히 미국에서 늘고 있는 대량 살인의 가해자를 일컫는 말로 "외로운 살인마" 또는 "외로운 늑대"라는 표현을 자주 듣는다. 사실 이런 범죄는 미국뿐 아니라 캐나다와 프랑스, 노르웨이, 일본을 포함해 각지에서 증가하고 있다.[11] 이러한 단독 테러 행위에서 무엇이 새로운 점이며, 가해자들은 일반적으로 어떤 공통점을 보이는지 생각해보면 고립과 외로움의 경험, 과도한 인터넷 사용, 경제적 특권, 여성이나 이슬람교도, 그 밖의 다른 집단을 향한 깊은 적대심, 폭력적인 복수의 욕망 등을 꼽을 수 있다.

이런 가해자들 중에서 가장 잘 알려진 사람은 엘리엇 로저(Elliot Rodger)일 것이다. 2014년 5월 스물두 살의 나이로 샌타바버라의 캘리포니아 대학 근처에서 청년 여섯 명을 살해하고 열네 명을 다치게 한 로저는 그에 앞서 가족과 자신의 상담 치료사에게 일종의 성명서를 보냈다. 어린 시절로 거슬러 올라가는 이 긴 외로움의 일대기에는 키와 신체적 "허약함", 혼혈 인종에 섹스 경험이 없는 점, 부모님이 멋진 옷과 비디오 게임을 많이 사주었는데도 학교에서 "쿨한" 아이들과 어울릴 수 없었던 기억 등으로 몹시 불행해하는 청년의 모습이 드러나 있다. 또한 사이코패스의 전형적인 특징인 공감의 결여와 망상이 나타나 있으며 여성을 향한 성적 욕망이 충족되지 않아 괴로워하는 부분에서는 깊은 여성 혐오가 엿보인다. 이러한 증오에 자극을 받은 그의 궁극적인 목표는 자신을 거부한 여성들뿐 아니라 자신이 거부당한 섹스의 쾌락을 즐긴 사람까지 모조리 벌하는 것이었다.[12]

현재 로저는 인셀(Incel, "비자발적 순결자"라는 뜻의 "involuntarily celibate"의 줄임말) 운동, 즉 자신의 것이라고 생각하는 여성과 사랑을 나눌 수 없는 남자들의 가상 커뮤니티로 외로운 남자들을 끌어들이는 온라인 서브컬처의 수호성인으로 유명하다. 2018년에 일어난

알렉 미나시안(Alek Minassian)의 토론토 대량 살인과 스콧 폴 베이얼(Scott Paul Beierle)의 플로리다주 탤러해시 대량 살인, 니컬러스 크루즈(Nikolas Cruz)의 고등학교 대량 살인은 모두 로저의 영향을 받았다. 그들의 극단적인 여성 혐오는 아네르스 브레이비크(Anders Breivik, 2011년 노르웨이 오슬로와 인근 섬에서 일어난 폭탄 테러 및 총기 난사 사건의 범인 – 옮긴이)와 브렌턴 태런트(Brenton Tarrant, 2019년 뉴질랜드 크라이스트처치 이슬람 사원 총기 난사 사건의 범인 – 옮긴이)의 이슬람교도 혐오와 딜런 루프(Dylann Roof, 2015년 미국 사우스캐롤라이나 찰스턴 교회 총기 난사 사건의 범인 – 옮긴이)의 흑인 인종 차별과도 견줄 수 있다.

프리다 프롬라이히만이 자신의 조현병 환자들에게 던진 질문은 여기에도 적절해 보인다. "외로운 이들의 역사에서 무엇이 잘못되었는가?" 외로운 살인자의 경우에는 정신 착란과 자기도취증, 깊은 패배감, 무의미한 실존 등을 외로움의 과거에서 분리할 수 없을 것이다. 이를 여성 혐오나 인종 차별주의와 연관 짓는 연구는 하나의 학문 분야를 이룰 정도다. 2009년 8월 피츠버그 외곽의 한 피트니스 센터에 불을 질러 여성 세 명을 사망에 이르게 하고 아홉 명을 다치게 한 조지 소디니(George Sodini)는 정신 질환이나 사이코패스의 징후를 전혀 보이지 않았고 전과도 없었다. 그가 남긴 일기에는 삶에 낙담한 자신을 구원해주지 않는 모든 여성에게 복수를 하기까지 9개월의 기록이 담겨 있다. 그는 총제적인 고립을 묘사한다. 30년 동안 가까운 친구를 만들지 못했고 어떤 목표도 이룰 수 없었다. 현재도 공허하지만 미래는 더욱더 공허하다고 썼다. 소디니의

삶은 에어로빅 수업에 참석한 모르는 여자들을 죽이겠다는 계획과
는 별개로 무의미했다.[13]

가상의 세계 외에는 어떠한 세계도 갖지 못한 외로운 사내가 분
노에 차 무장을 하고 일으키는 테러는 아렌트에게 조직적인 외로움
에 관한 글을 쓰도록 자극한 20세기 전체주의의 테러와는 크게 다
르다. 그러나 외로운 살인마의 터무니없는 행동에서도 우리는 고립
이 테러의 비옥한 토양이 된다는 것을 알 수 있다. 로저와 소디니 그
리고 비슷한 범죄를 저지른 이들이 외롭고 고립되지 않았더라도,
또는 총과 인터넷에 쉽게 접근할 수 없었더라도 대량 살인을 저질
렀을지 여부는 알 수 없다. 그것은 좀 더 복잡한 문제다. 하지만 이
러한 유형의 테러가 확산되는 것은 현대의 사회적 결함의 한 징후
라고 결론 내릴 수 있을 것 같다. 우리는 서로 복잡하게 뒤얽혀 있
는, 황폐한 세계의 정신적·사회적·정치적 영향의 극단에 도달한 것
이다.

아무도 기억하지 않고 시체를 찾지도 않는 죽음, 사회적 죽음을
맞이한 채 유배 생활을 하는 "난민", 다른 이들의 목숨을 빼앗기 오
래전에 이미 다른 이들의 세상에서 죽음을 맞이한 외로운 살인마,
이 모두가 고독사다. 그들은 서로 다른 방식으로 우리에게 무엇이
필요하며, 우리가 무엇을 놓치고 있는지를 보여준다.

제3부

우리에겐 지금 무엇이 필요한가?

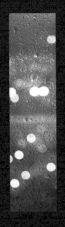

팬데믹의 잠시 멈춤 •

이 글을 쓰는 지금 전 세계 인구의 대부분이 코로나19 팬데믹 때문에 다양한 단계의 봉쇄(록다운)를 겪고 있다. 내가 사는 인구 6만여 명의 도시도 "집에 있으라"는 지시가 내려온 지 8주 차에 접어들고 있다. 세상은 잠시 모든 것을 멈췄고 그 영향은 그저 이례적이라는 표현으로는 턱없이 부족한 듯 보인다. 수백만 명이 하룻밤 사이에 생계를 잃었을 때 어느 정도의 경제적 타격이 생길지, 어느 정도의 고통이 뒤따를지 아직 아무도 모른다. 많은 이들에게 코로나바이러스보다 더 큰 위협은 굶주림이다. 누군가는 목숨을 걸고 일터로 나가고, 누군가는 목숨을 걸고 집에 머문다. 그것이 정치에는 어떤 영향을 미칠지 우리는 숨죽인 채 기다리고 있다. 팬데믹은 대중주의(포퓰리즘)의 양식이 될 것인가, 아니면 그것을 말려버릴 것인가? 우리는 이미 알고 있다. 독재 지도자들은 대중에 대한 통제력이 강화될 때 순식간에 이익을 취하고, 두려움과 패닉은 우리를 순식간에 수동적인 존재로 만든다는 것을. 팬데믹은 고립을 시행하는 (심지어 법제화하는) 황금의 기회이며 이러한 고립은 집단 패닉을 매개로 우리를 무력하고 순종적인 존재로 바꿔놓는다. 그러나 여기서 내가 살펴보고자 하는 것은 그보다는 지금과 같은 사회적 교류의 돌연한 중단을 통해 우리에게 무엇이 필요한지를 배울 수 있을까, 그렇다면 무엇을 배울 수 있을까이다. 우리는 결핍의 상황에서 무엇이 사치이고 무엇이 꼭 필요한 것인지 보다 정확히 알 수 있기 때문이다.

공공 생활이 사라진 도시는 오싹한 곳이 된다. 최근 미디어에는 세계 각지의 텅 빈 도시 광장이나 거리에 한 사람의 모습만 보이는 사진들이 넘쳐 난다. 이런 사진들을 보면 우리는 눈으로 볼 수 있는 삶의 징후들이 사라진 광경에 매력을 느끼는 듯하다. 어쩌면 그 외로운 형체를 보며 재난에서 혼자 살아남는 공포를 상상하는지도 모른다. 우리는 그 정적과 황량한 외로움을 귀로, 몸으로 느낄 수 있다. 어쩌면 이런 공허의 상태는 죽음의 허무를 상기시키는 것인지도 모른다. 우리는 영원히 이해할 수 없는 것을 이해하기 위해 그런 이미지에서 의미를 모색하는 것인지도 모르겠다.

나는 이제 친구 집이나 도서관, 카페처럼 사람이 있는 곳을 목적지로 삼을 수 없으므로 멀리까지 걷지 않는다. 밖에 나갈 때면 작가 제인 제이컵스(Jane Jacobs)가 떠오른다. 그녀는 경솔한 도시 계획에 분노를 드러내며 무엇이 도시를 역동적인 생활 환경으로 만드는지 멋지게 설파한 바 있다. 그녀가 꼽는 요소는 보도에서 펼쳐지는 삶과 그런 삶의 공적인 성격, 아이들이 놀 수 있는 공간, 낯선 이들과 현지인들의 뒤섞임 등이다. 요즘 나는 마치 디스토피아 영화의 세트장 같은 곳을 걷고 있다. 쌀쌀한 4월이 끝나갈 즈음에야 연둣빛으로 변하기 시작하는 집 근처 공원에서는 외로운 배우들이 저마다의 무대에서 홀로 연기를 펼친다. 내 왼편에서는 10대 아이가 농구 코

외로움의 책

트 한쪽 끝을 향해 링을 던지고 있고 반대편 끝에서는 한 여자가 휴대폰을 들고 허공에 두 팔을 휘저으며 활기차게 떠들고 있다. 내 오른편에서는 노숙인인 듯한 중년 남성이 혼자 벤치에 앉아 앞쪽 잔디를 멍하니 바라본다. 나는 친숙한 미소를 띠고 그의 옆을 지나가지만 그는 고개도 들지 않는다. 그 너머에서는 한 여자가 어린아이의 팔을 붙잡고 지친 얼굴로 놀이기구에 올라갈 수 없는 이유를 설명하고 있다. 경계심이 우리 주변의 대기를 물들인다. 우리는 마치 에드워드 호퍼(Edward Hopper)의 그림 속 주인공처럼 단절된 채 저마다 분리된 세상에 갇혀 있다.

이러한 경계는 아이러니하게도 새로운 연대 의식을 불러온다. 우리는 조심스럽고 과묵하며 겸연쩍은 존중의 태도로 유명한 도시에 살고 있다. 증상이 나타나기 전에도 감염의 우려가 있는 질병이니 의심부터 하는 게 합당한 반응이지만, 그런 상황에 우리는 마음이 편치 않다. 사회적 거리 두기가 시행된 첫날, 동네 식료품점은 어째서인지 음악을 틀지 않았다. 바이러스가 소리로도 전파될까 걱정했거나, 이렇게 심각한 시기에 음악을 트는 게 경솔한 행동이라고 생각했던 모양이다. 몇 달이 지난 지금, 손님들은 서로 멀찍이 떨어져 있고 눈도 맞추지 않는다. 이 역시 이상한 일이다. 눈빛으로 바이러스가 감염되는 것도 아닌데. 나는 이처럼 조심스러운 태도가 새로운 것이라기보다는 갑자기 모르는 사람들과 연대를 느끼면서 좀 더 확연히 의식하게 된 것이 아닐까 생각한다. 토론토는 평온한 시기에도 길에서 지나가는 사람과 눈 맞추기가 편치 않은 도시다. 호의적이지 않아서가 아니라 차분하고 과묵한 사회 풍조 때문이다. 근원은 분명하지 않지만 아마도 세속적인 도시에서는 그것이 적절한 태도라고 믿는 전문직 종사자들과 기업가들의 겉치레에서 왔을 것이다. 혹은 날씨 탓이거나.

식료품점에서도 경계와 연대의 아이러니를 엿볼 수 있다. 두려움과 함께 온정의 느낌이 확연히 드러나기 때문이다. 한번은 내가 토마토 한 상자를 만지작거리다가 내려놓자 웬 노인이 역정을 내며 예의가 없다고 꾸짖었다. 그를 피해 다니려고 애썼는데도 결국 생선 코너에서 다시 마주쳤고 이번에는 그가 내게 큰 소리로 "저리 가!" 하고 외쳤다. 몇몇 손님들은 마스크를 쓴 얼굴에 공감의 미소를 띤 채 서로 눈짓을 주고받았다. 더 넓은 세상으로 눈을 돌리면 놀라운 친절, 때로는 목숨을 희생하기도 하는 친절의 행위에 관한 소식이 들려오는 한편, 탐욕과 적대감, 인종 차별, 가정 폭력의 소식도 심심치 않게 들려온다. 위기는 인간의 가장 선한 면과 악한 면을 모두 드러낸다. 의사와 간호사들이 위중한 환자의 목숨을 구하려고 안간힘을 쓰다 죽어가는가 하면, 누군가는 마트에서 마스크 착용을 강요당했다는 이유로 총을 꺼낸다. 세계 각지에서 자원봉사자들이 음식을 나눠주거나 외로운 이들에게 전화를 걸어주는 동안, 일부 개인과 기업은 인간의 고통을 이용해 돈을 버는 데 혈안이 되어 있다. 일일이 열거하자면 끝이 없을 것이다.

나는 사람들의 활기를 느끼기 위해 거리 쪽으로 나 있는 전면 창 앞에 서 있을 때면 자전거를 타거나 걸어서 지나가는 사람들에게 손을 흔들고 싶은 유혹에 시달린다. 사람 사이의 상호 작용 하나하나가 갑자기 이전과 달리 너무도 소중해졌기 때문이다. 이웃 사람이 보이면 얼른 현관문을 열고 나가 멀찍이서 대화하며 예전에는 당연하게 여겼던 짧은 교류를 한껏 음미한다. 가끔은 이런 교류가 일이나 일과 후의 휴식을 방해한다는 이유로 성가시게 여기기도 했다. 팬데믹 이전에 우리는 평범한 날에 이따금 일어나는 이런 평범한 일상의 만남이 얼마나 소중한지 알았을까? 우리가 주변 세상에 대한 수많은 감각과 감정의 반응을 공유하고 있음을 보여주는 얼굴 표정이나 몸짓이 얼마나 감사한 것인지 알았을까? 나는 소중한 친구들과 나눈 애정 어린 시간, 대화가 깊어지면서 복잡하게 움직이는 그들의 눈과 입과 손을 보며 우리가 함께 쌓아온 세상으로 들어가던 그 시간이 그립다. 동네 채소 가게 주인들과 인사를 나누고 양배추와 호박을 고르면서 날씨나 부동산 시장에 관해 투덜거리던 일도 그립다. 우리는 우리의 감각이 이토록 탐욕스럽다는 것을 알고 있었을까?

이 일시적인 유예 기간에 우리가 멈춘 것은 사회적 교류만이 아니다. 우리는 매일 하던 일에서도 손을 놓았다. 매일같이 돌아가던 테크노 자본주의의 모든 작동이 마치 연기를 피워 올리며 푸푸거리다 끼이익 멈춰버리는 시끄러운 기계처럼 삐걱거리고 있다. 공기가 깨끗해지고 우리의 감각은 약에 취해서 자다 깬 사람처럼 부스스 깨어나고 있다. 봉쇄 초기에는 베네치아의 운하가 맑아져서 깊은 곳에 사는 물고기가 보일 정도이고, 펀자브의 주민들은 수십 년 만에 히말라야 산맥을 육안으로 보게 되었다는 반가운 소식이 들리기도 했다. 그토록 많은 사람이 경제적 궁핍과 외로움에 시달리지만 않는다면 우리는 힘겹게 바위를 밀어 올린 뒤 잠시나마 가볍고 활기찬 걸음으로 산을 내려오며 주변 풍경을 음미하는 시시포스의 기분을 느낄 것이다.

봉쇄 초기만 해도 심각한 타격을 입지 않은 사람들은 예기치 못한 고독과 휴식에 잠깐이나마 숨통이 트였다. 행사와 미팅, 여행, 학회가 취소되고 마감이 연기되었으며 아침저녁으로 출퇴근하던 사람들은 매일매일의 심리적 부담을 잠시 내려놓았다. 정신없는 도시의 움직임이 하루아침에 느려지면서 돌연 그토록 정신없이 돌아갈 필요가 있었나 싶었다. 대체 우리는 왜 그토록 바쁘게 살았을까? 이런 식으로라도 그렇게 빠른 속도로 계속 움직일 수는 없다는 것을 깨달아야 했던 것일까? 나 역시 감염과 불확실한 미래를 걱정하면서도 1~2주 정도는 이러한 변화를 음미했고 몇 달 만에 일의 부담에서 벗어나 숨을 골랐다. 사람들은 아이들과 이웃들, 오랫동안 연락하지 않던 옛 친구들에게 더 많은 시간을 쏟았고 갑자기 이 새로운 고독을 즐기기 시작했다. 1990년대나 그 이전, 아이들이 방과 후 거리에서 뛰어놀고 이웃끼리 밖에서 모이곤 하던 그 시절을 기억하는 이들은 향수 어린 대화를 나누기도 했다. 집 안에만 갇혀 있던 사람들이 인간적인 교류를 위해 밖으로 나오면서 예전에 알던 동네의 개념이 되살아났다. 얼마 전 나는 친구의 전화를 받고 판촉원이 아닌 누군가와 시간 약속 없이 전화 통화를 한 것이 몇 년 만이라는 사실을 깨달았다. 실존적 위협이 닥치자 갑자기 우리를 몰아치는 일보다 친구와의 대화가 더 중요하게 느껴졌다.

얼마 후 줌 미팅이 이 유예의 상태를 방해하기 시작했고 나는 끊임없이 바뀌는 정책과 긴급 조치, 당황한 학생들의 메시지에 시달렸다. 갑자기 가상 공간으로 일터가 바뀌면서 이는 오히려 관리와 감시를 강화하고 독자성을 빼앗는 절호의 기회가 되고 있다. 세계 각국은 전문가의 조언을 무시하고 앞다퉈 경제 활동을 재개하기 시작했고 생존을 위해 일자리가 필요한 사람들은 대부분 이 성급한 움직임을 받아들였다. 테크노 자본주의의 놀라운 점은 타격을 받은 뒤에는 언제나 재정비를 한다는 것이다. 마치 변이를 거듭하며 자신을 통제하려는 의학과 과학의 시도를 끊임없이 무력화하는 바이러스처럼 말이다.

집에 있으라는 지시와 함께 우리는 서로 소통하기 위해, 그리고 가능한 경우 집에서 일하기 위해 디지털 기술에 더욱 의존하게 되었다. 소셜 미디어의 영향에 가장 비판적이었던(혹은 소셜 미디어의 언어와 역학에 익숙지 않았던) 사람들조차도 그것이 고립된 우리에게 혜택을 준다는 점을 인정하고 있다. 그러나 많은 사람이 가상 세계에 만족하지 못하면서 이제는 먼 옛날처럼 느껴지는 팬데믹 이전의 주장들을 새삼 확인해주고 있다. 소셜 미디어 플랫폼은 그저 대면 만남을 보완하는 데 필요하거나 다른 방식으로는 사회적 교류를 전혀 할 수 없을 때 필요한 것이라는 주장 말이다. 기술 이상주의자들은 멋진 가상의 신세계를 꿈꾸지만 인간의 교류가 전적으로 인터넷에만 의

존하면 어떻게 될지 실제로 상상해본 사람이 있을까? 우리 가운데에
는 오감으로 느끼는 세상이 숨 쉴 수 있는 깨끗한 공기만큼이나 절
실하게 필요하다는 사실을 깨닫고 놀라는 사람도 있을 것이다.

　예를 들어 전화 통화의 급증은 어떻게 설명하겠는가? 미국 최대
규모의 통신 회사 보고에 따르면, 지금까지 1년 중 전화 통화가 가
장 많이 이뤄지는 날은 어머니날인데 현재 평일 기준 일일 전화 통
화 횟수가 어머니날의 두 배를 넘어섰다.[1] 게다가 통화 시간도 길어
졌다. 인터넷 사용의 증가는 모두가 예상했지만 과거 기술로의 회
귀는 예상치 못한 일이다. 그러나 따지고 보면 놀라운 일이 아니다.
서로 얼굴을 볼 수 있게 해주는 기술은 너무 간접적인 느낌을 준다.
직접 눈을 맞출 수 없고 목소리가 분명하게 들리지도 않는 데다 이
따금 연결이 끊기기 때문이다. 우리는 친구와 통화할 시간이 많아
지진 않았지만 통화의 필요성은 더 많이 느끼고 있다.

　최근 몇십 년 사이 온라인 학습이 크게 각광받는 듯했으나 북미
학생들은 다음 학기 수업이 온라인으로 진행될 거라는 전망에 머
뭇거리고 있다. 가상의 강의실에서는 그들이 지불한 돈에 상응하는
교육 경험을 얻을 수 없다는 것이 그들의 항변이다.[2] 마샤 게센(Ma-
sha Gessen)은 한 걸음 더 나아가 미국 대학 교육의 신화가 코로나
바이러스 때문에 "깨지고" 있다고 주장한다. 비단 대학들이 학생들
에게 약속하는 밝은 미래가 이제는 불확실해졌고 심지어 두려워지
기까지 했다는 이유만은 아니다. "삶의 내용이 고갈되고 줄거리가
사라졌다." 그녀는 "온라인 수업이 따분하다"는 한 학생의 불평에

대해 이렇게 썼다.[3] 사람들이 물리적으로 모이는 공간, 북적거리는 강의실과 학교 식당의 맛없는 식사, 괴짜 교수, 새로운 아이디어에 대한 흥분과 같은 공통의 경험이 사라지면 학생들은 집중력과 동기를 잃는다. 나는 그런 삶을 상상할 수도 없다. 대학 시절 나는 점심 시간이면 학교 식당에 앉아 수업 시간이나 도서관에서 시험공부할 때 있었던 일을 친구들과 떠들었고 지금도 그런 추억을 곱씹는다. 학습에는 언제나 사회적 요소가 존재한다. 강의실뿐 아니라 복도와 식당, 기숙사에서도 사회적인 경험이 일어난다.

집에만 있는 것이 답답하다는 이유로 일터로 돌아가고 싶은 사람도 많을 것이다. 오로지 경제적인 필요 때문에 집을 나서는 것은 아니다. 우리에게는 공적인 삶이 어느 정도 필요하고, 또 그것을 욕망한다. 내 경우 팬데믹 때문에 모두가 재택근무를 하기 전에도 집에서 일할 때가 많았으므로 업무 양상은 비교적 크게 바뀌지 않았다. 책이나 사유, 그 밖의 창의적인 작업에 필요한 도구들과 함께 소일하는 우리 같은 사람들에게는 집에 있으라는 지시를 따르는 일이 그리 어렵지 않다. 그러나 우리의 일은 다른 이들의 세상과 연결된다. 우리는 아무도 읽지 않는 책은 쓰지 않고, 아무도 듣지 않을 음악이나 세상의 빛을 보지 못할 예술 작품은 만들지 않는다. 하루 종일 책을 읽을 때면 나는 나와 비슷하거나 대조적인 세상을 가진 사상가들과 대화하며 세상을 경험한다. 그렇다 해도 도심의 거리에서 일어나는 인간의 삶, 우연적인 만남과 사건이 동반되는 그 삶의 흐름, 심지어는 출퇴근 시간에 지하철에서 사람들과 부딪치는 일마저도 그렇다. 그런 경험은 생각할 거리 또는 친구나 학생들과 토론할 거리를 던져준다. 그런 흐름이 없다면 내적인 삶의 경험을 풍부하게 누린다고 해도 그 경험의 초점과 활기마저 잃게 될 것이다. 비유하자면 화가가 산이나 강이 보이지 않는 곳에서 기억에만 의지해 풍경화를 그리는 것과도 같다.

조금 끔찍한 질문이지만 우리는 고통이 어느 정도 수준에 도달했을 때 차라리 죽는 편이 낫다고 느낄까? 병상에 누워 있는 환자도 고통이 견딜 수 없는 수준에 이르렀다고 느끼는 순간이 올 것이다. 현재의 팬데믹에서 배울 점이 있다면 바로 사적 영역에만 사는 것은 공적인 영역에만 사는 것 못지않게 인간의 삶에 위험하다는 사실이다. 양쪽 모두 필요한 요소가 결여된 삶이다. 아렌트식으로 말하면 세상에 출현하는 것과 세상으로부터 숨는 것 둘 중 하나가 빠져 있다. 혼자 사는 이들에게 집에만 있는 것은 독방에 감금되는 상황과 비슷할 것이다. 우리가 알고 있듯이 독방 감금은 우울증이나 광기로 이어질 수 있다. 성인인 내 아들은 평소처럼 다른 이들과 교류하지 못하고 그에게 늘 힘이 되어주는 창작 프로젝트에도 참여하지 못하자 몹시 절망하며 어쩔 줄 몰라 한다. 아이러니하게도 자기 안에 갇혀 자기를 잃어가고 있으며 텅 빈 하루하루에 답답함을 호소한다.

배우자나 가족, 친구들과 함께 집에 갇혀 있는 사람에게는 집이 사르트르의 희곡 「출구 없는 방」에 나오는 지옥이 될 수도 있다. 가정 폭력이 급증하는 것도 놀랄 일은 아니다. 부부 또는 부모와 자식은 자기들끼리 공적인 삶을 충족할 수밖에 없고 이로써 이미 존재하는 가족의 사회적 배타성이 더욱 강화될 것이다. 경계가 둘러쳐진 집안은 민주적인 또는 독재적인 통치를 받는 하나의 작은 국가가 되며 모든 국가가 그렇듯 그 안에는 불평등이나 탐욕, 폭력이 존재할 것이다. 바라건대 동포애가 있을 테지만 폐쇄된 세상에서는 우정이나 사랑도 우리의 숨통을 죌 수 있다. 팬데믹은 확실히 누구에게나 삶을 채워줄 타인이 한두 사람 이상 필요하다는 사실을 보여준다.

우리 모두 봉쇄가 끝나기를 열망하는 것은 비단 경제적인 이유 때문만은 아니다. 어떤 위기에서든 인간은 다른 이들과 함께하면 고통을 견딜 수 있고, 심지어 그 고통이 의미 있는 것이 되기도 한다. 하지만 그것을 혼자 겪는다면 버텨내기 어렵다. 고립 상태는 오래 지속할 수 없다. 그것은 삶의 내용을 모두 고갈시킨다. 그러나 백신이 생산되기 전까지[4] 모두가 서로 2미터씩 거리를 두고 악수와 포옹을 피하며 우리의 얼굴에서 서로를 가장 편안하게 해줄 수 있는 부분을 가려야 하는 상황이 우리의 뉴 노멀(new normal), 즉 새로운 표준이 될 거라고 한다. 이 새로운 표준이 1년 이상 지속된다면 우리는 어떻게 될까? 우리는 이 공백 기간이 일깨워준 교훈을 기억할 거라고 말한다. 보건업계 종사자들부터 식료품점 계산원에 이르기까지 우리의 목숨을 구해준 사람들에 대한 고마움과, 다정한 이웃뿐 아니라 고독의 새로운 의미까지 잊지 않을 거라고 한다. 그러나 이 공백 상태는 결국 끝날 것이고 관성의 인력은 대개 새로운 것을 상상하려는 의지보다 더 강하다.

그래도 지금 우리는 우리에게 필요한 것이 무엇인지 알고 있다.

소속

시인 A. K. 라마누잔(Attipate Krishnaswami Ramanujan)은 1979년 11월 9일자 일기에 쉰 살이 되어서야 자신이 "다소 서툰" 사상가이자 작가라는 사실을 깨닫고 "기막힌" 느낌이 들었다고 썼다. 그는 자신이 난생처음 나이 드는 것을 두려워하고 있다고 결론 내렸다. "표현되지 않는 것을, 배를 놓쳐버리는 것을, 그리하여 소속되지 않고 소속되길 원치도 않는 것을" 두려워한다고 말이다.[1] 나는 마지막 부분에 호기심이 인다. 그는 어차피 소속되지 않았다고 생각해서 소속되길 원치 않은 것일까? 아니면 소속되길 **원하면서도** 소속되길 **원치 않은** 것일까? 그리고 그가 말하는 "소속되는 것/소속되지 않는 것"은 어떤 의미일까?

나는 소속되길 원하면서도 원치 않는 이 모순을 너무도 잘 알고 있다. 어딘가에 속해 있지 않을 때 이따금 외로움을 느끼고, 어딘가에 속해 있을 때 이따금 답답함을 느끼는 모순 말이다. 내가 이런 양가감정을 느끼는 것은, 과거에 자율성이 위협받을 만큼 결속이 강한 집단에 속해 있었기 때문일 것이다. 하지만 어쩌면 그저 독립적인 성격을 타고났기 때문인지도 모른다. 그렇다면 내게는 언제까지고 소속이 유혹적이면서도 지겹게 느껴질 것이다. 인접과 거리 두기, 즉 함께하는 것과 분리되는 것 사이를 끊임없이 오가는 이 변증법적 운동은 결코 해소되지 않는다. 사실 나는 이것이 해소돼서는 안 된다고 생각한다. 문제는 인접을 거부할 수 없다는 것이다. 우리는 "배를 놓치고" 뒤에 남겨지길 원치 않는다. 나는 라마누잔이 중년에 이러한 걱정을 기록한 것이 타당하다고 생각한다. 자기가 없어도 세상이 돌아간다는 것을 난생처음 자각하게 되는 것이 중년이기 때문이다.

우리는 소속의 가치를 공동체의 가치처럼 당연한 것으로 여기는 경향이 있다. 공동체는 우리의 소속 욕구가 가장 흔하게 구현되는 사회 형태다. 나는 소속과 공동체 모두에 양가감정을 갖고 있지만 그래도 우리는 공적 세계와 사적 세계 모두에 소속되어야 한다고 생각한다. 다만 우리가 소속의 의미를 너무 단순화하고 있다는 점이 우려된다. 이는 우리가 공동체를 단순하게 이해하기 때문일 수도 있다. 특정한 정체성의 범주에 들어가는 것을 소속의 목적으로 강조하다 보니 소속의 의미가 왜곡되고 있다. 이런 현상은 지난 30여 년 동안 꾸준히 강화되었다. 우리는 라마누잔이 그토록 아리송하게 표현한 모순의 다른 한쪽 면, 즉 우리를 제약하는 소속에서 벗어나게 해주는 "소속되길 원치도 않는" 느낌을 놓치고 있다.

우리가 소속된다(belong)는 말을 어떤 의미로 사용하는지 『메리엄 – 웹스터(Merriam – Webster)』 사전의 두 가지 정의로 생각해보자. 이 둘은 서로 구별되지만 연관되어 있다. 하나는 이를테면 태생적으로 "속박되는(attached)"(애착을 갖는다는 의미로도 쓰인다 – 옮긴이) 또는 "얽히는(bound)" 것이고, 다른 하나는 사람이나 사물의 "부속물" 또는 "일부"가 된다는 뜻이다. 두 정의는 서로 무관하지 않다. 소속된다는 것은 한 장소나 사람들의 집단에 얽히는 것이고 이러한 속박은 자신을 넘어서는 무언가의 일부가 되는 것을 말한다. 사적인 소속도 있고 공적인 소속도 있다. 우리는 사랑하는 사람, 깊은 애착을 갖는 대상에게 소속되는 동시에 직장과 지역 또는 국가 등 자신이 세상의 일부라고 느끼는 곳에 소속된다. 이런 곳에서 우리는 우리 주변을 채색하는 요소들에 얽혀 있다. 그곳이 동네라면 거리나 자기 집 정원의 나무들, 이웃들, 인근의 산이나 호수, 풍경의 익숙함에서 애착을 느끼거나 무언가의 일부라는 것을 자각한다. 『메리엄 – 웹스터』의 정의에서 빠진 것은 바로 감정이다. 소속된다는 것은 속해 있다고 **느끼는** 것이다. 이 감정은 **집에 있는 듯** 편안한 느낌으로 묘사하는 것이 가장 정확할 것이다.

확실한 비(非)소속의 예를 살펴보면 이런 감정을 좀 더 쉽게 이해할 수 있다. 집과 공동체, 일, 친구를 모두 잃은 난민은 어디에도 속하지 않은 상태다. 노숙인도 그러하다. 특정한 거리나 자신의 몇 안 되는 세간에 애착을 갖는다곤 해도 스스로 사회의 일부라고 느끼지는 않을 것이다. 히키코모리는 잉여의 존재이며 세상과 연결되지 않았다고 느끼는, "집에 있지만 집이 없는 사람(homeless at home)" 으로 묘사된다.[2] 외로운 사람, 소수 민족이나 성 소수자, 퇴직자 또는 실업자, 신체 질환이나 정신 질환을 앓는 사람, 이들은 모두 애착, 즉 무언가의 필수적인 일부라는 느낌을 갖지 못할 것이다.

아렌트는 비소속의 위험을 지적한다. 그녀는 모든 권리, 심지어는 권리를 가질 권리까지도 조국에의 귀속에 엮여 있으므로 소속이 인간의 핵심적인 조건이라고 여긴다. 이러한 필요를 가장 잘 보여주는 예가 난민이다. 난민은 태어날 때부터 소속되어 있던 국가의 영토를 떠나 모든 권리가 박탈된 동시에 "세상에서 차지할 수 있는 자리, 견해를 의미 있는 견해로 만들고 행위를 효과적인 행위로 만드는 그런 자리"를 박탈당한 상태다.[3] 아렌트가 보기에 세상에서 자리를 갖는 것, 그리하여 세계를 구축하는 일에 참여하는 기회를 누리는 것은 시민의 권리인 자유와 정의보다 훨씬 더 근본적인 권리다. 그러한 장소가 없으면 시민의 권리를 누릴 권리조차 가질 수 없기 때문이다.[4] 비소속의 위험은 곧 무세계성의 위험이다. 무국적자는 시민권과 직업을 잃을 뿐 아니라 다른 이들이 중요하게 평가하는 견해 그리고 자신의 "정체"와 "고유한 점"을 알려주는 행위까지 상실한다.[5] 공통된 세상 안에서 자신을 표현하고 행동할 수 있는 힘을 잃으면 고유한 개성을 잃게 된다.[6]

이 논리는 합법적으로 시민의 권리를 누릴 권리를 갖는 조국에의 귀속에만 적용되는 것이 아니다. 우리는 우리의 기여를 가치 있게 여기는 직장과 그 밖의 모든 조직적, 집단적 삶에 이와 같은 방식으로 소속되기를 욕망한다. 이러한 의미의 소속은 민족이나 종교, 성 정체성, 그 밖에 우리가 속해 있다고 말할 수 있는 수많은 범주와는 무관하다. 아렌트가 중요하게 여기는 것은 장소와 그 장소를 미래 세대가 살 수 있는 곳으로 유지하기 위해 우리가 그 안에서 하는 행위다.

장소의 관점에서 소속을 생각하면 양가감정이 희석되는 듯하다. 집에 있는 듯 느끼는 것은 친숙한 환경에서 그것을 공유하는 이들과 함께 존재하는 것을 편안해한다는 뜻이다. 말하자면 가구처럼 익숙한 일부가 되는 것이다. 그렇다고 사유나 행동을 일치시켜야 하는 것은 아니다. 독자적인 의견은 모두 존중된다. 적절한 신분증을 보여줄 수 있어야만 소속되는 것도 아니다. 우리 사이의 거리, 우리의 독자성과 자유의 표지를 희생하지 않고도 집에 있는 듯 느낄 수 있다. 만약 이 거리를 희생하라는 요구를 받는다면 우리는 더 이상 무언가의 일부라고 말할 수 없다. 그렇게 되면 그 안의 일원들이 저마다 독자적인 존재로 구별될 수 없기 때문이다.

가까이 ●

내 고양이는 내가 다른 방에서 일하려고 책상을 떠날 때마다 조용히 나를 따라온다. 그러곤 나와 가장 가까운 자리를 찾아 내가 글을 쓰는 동안 내 종이 위나 무릎 위에 앉아서 자는 척한다. 결국 내가 차를 만들기 위해 일어나리라는 것을 알고 기회를 노리다가 마침내 내가 일어나면 나의 의자, 체취와 몸 자국이 남은 그 폭신한 표면을 차지한다. 내 고양이는 인접의 즐거움을 아는 녀석이다.

나는 난생처음 몇 달 이상 오롯이 혼자 살게 되었을 때 단독 주택으로 이사했다. 한 집에 한 가구씩 사는 비슷한 주택들이 늘어선 거리였고 동네에도 단독 주택이 많았다. 그때 나는 인접을 향한 뚜렷한 열망을 경험했다. 사랑이나 애정에 대한 욕구라기보다는(대개는 인접과 사랑이 함께 어우러지긴 하지만) 다른 이들과 물리적으로 가까이 있고픈 욕구였다. 사람들과 가까이 살 때 우리는 다른 집에서 들려오는 사람 소리, 즉 위층에서 걸어 다니는 소리나 샤워하는 소리, 콧노래 소리, 키보드 두드리는 소리가 주는 위안을 당연한 것으로 여긴다. 아파트 건물에서는 복도에서 아이들 소리가 들려오고 옆집 거실에서 웃음소리나 텔레비전 또는 비디오 게임 소리가 들리기도 한다. 예니 에르펜베크(Jenny Erpenbeck)의 소설 『가는, 간, 가버린

(Gehen, Ging, Gegangen)』에서 고전학 교수로 은퇴한 주인공 리하르트는 인접의 즐거움을 적절하게 표현한다. 아내와 사별한 뒤 혼자 살던 그는 어느 날 오후 한 친구가 그의 집에서 연주하는 피아노 선율을 듣다가 "평행 우주의 즐거움"에 관해 숙고하게 된다. 그는 자신이 오랫동안 다른 인간의 소리가 없는 일상을 살아왔다는 사실을 깨닫고 예전에 그가 책상 앞에서 일하는 동안 아내가 옆방에서 비올라를 연주하던 시절이 얼마나 행복했는지 회상한다.[1]

그 단독 주택에 살 때 나는 혼자 사는 것을 견디기 힘들었다. 직장에서 소외감을 느낀다는 점, 가장 친한 친구나 아들이 차로 한 시간 걸리는 곳에 산다는 점, 부부와 가족이 많이 사는 동네에서 싱글로 산다는 점, 벽 너머에서 들려오는 사람 소리가 없다는 점, 이 요인들 가운데 무엇이 가장 큰 영향을 미치는지 알 수 없었다. 하루 종일 사람들에게 치이면서 갈망하던 고요한 장소가 며칠 만에 답답하게 느껴졌다. 나를 에워싼 물건들, 책과 화분, 그림, 사진 같은 것들도 위로가 되지 않았다. 오히려 적막한 공간에 사는 그것들이 가여웠다. 일을 하다가 잠깐 쉬려고 해도 무얼 해야 할지 몰라서 그저 이 방 저 방 돌아다녔다. 집을 벗어나 갈 만한 곳을 떠올려보기도 했지만 가는 길에 맞닥뜨리는 사소하거나 중요한 사건을 즐겁게 털어놓을 사람이 없으니 그것마저 내키지 않았다. 마치 가택 연금을 당한 기분이었다. 내 몸은 철저한 공백 속에 갇혀 있었다.

외로움에 관한 연구들은 다른 신체의 존재에 대한 욕구를 간과하는 경우가 많다. 성교를 생각할 때는 자연스레 타인의 신체를 고려하지만 그보다 강도 낮은 친교에 대해서는 그러지 않는다. 친구나 지인, 심지어 낯선 이들의 신체 사이에서 일어나는 다양한 접촉 방식, 즉 악수와 시선 교환, 공감의 미소, 팔이나 등을 건드리는 행위 등은 쉽게 무시한다. 우리는 루크레티우스가 발견한 "클리나멘(clinamen, 편위)" 현상, 즉 원자들이 서로를 향해 움직임의 경로를 바꾸는 현상이나, 페로몬을 방출해 집을 찾아가는 꿀벌처럼 물리적인 가까움에 저절로 끌린다. 사람들이 도시로 몰리는 까닭은 일자리가 많아서만이 아니라 훨씬 더 다양한 사람들 속에 살기 위해서이기도 하다. 우리는 집에 혼자 있는 것을 피하기 위해 노트북을 들고 카페에 가서 일하거나 공부한다. 세계적인 팬데믹의 절정에서도 사람들과 가까이 있기 위해 감염 위험을 무릅쓰고 공원에 모인다. 인간의 공감은 이처럼 물리적으로 가까이 있을 때 극대화되며(물론 가까이 있을 때 공감이 최소화되기도 하지만) 타인의 고군분투가 내 것이 된다. 이 글을 쓰는 지금, 흑인이 미국 경관의 손에 목숨을 잃는 사건이 또 한 번 일어난 뒤 세계 여러 도시에서 인종 차별 반대 운동이 유례없이 급증하고 있다. 이런 세계적인 연대는 인접의 고무적인 영향에 속한다.

내가 조용한 집에서 느끼던 외로움은 좀 더 큰 도시에서 다른 세입자들이 함께 사는 공동 주택의 집을 구해 이사하자 바로 해소되었다. 벽 너머에서 들리는 사람 소리는 내가 더 큰 인간 집단의 일부임을 확인해주는 듯했다. 빽빽한 도시에서 문만 열면 사람들이 북적거린다는 점도 마음을 편안하게 해주었다. 끊임없이 움직이는 생활 방식으로 정신없는 삶에 합류하면서 혼자라는 느낌이 사그라졌다. 비비언 고닉(Vivian Gornick)은 뉴욕의 아파트에서 혼자 앉아 저녁을 먹으며 창밖의 삶을 보고 위안을 얻는다고 썼다. "오늘 나의 경로를 스쳐간 모든 이들을 떠올려본다. 그들의 목소리를 듣고 그들의 몸짓을 보면서 그들의 삶을 채우기 시작한다. 곧 그들은 친구, 그것도 훌륭한 친구가 된다."[2]

멀리 •

우리는 인접이 언제나 즐겁기만 한 것은 아니라는 사실을 알고 있다. 배우자나 이웃은 이따금 화를 내고 아이들은 성가시며, 평화적인 항의가 때로는 거칠고 파괴적인 행동으로 변하기 때문이다. 지나친 가까움은 정반대의 열망, 즉 거리를 두고픈 열망을 부추기기도 한다.

우리 사이의 거리는 내가 당신과 별개의 존재이며 나의 욕구가 반드시 당신의 욕구와 똑같지는 않다는 것을 의미한다. 나는 이러저러한 행동을 이러저러한 방식으로 하고자 하는 의지를 가졌으며, 내 결정과 행동은 오롯이 나의 책임이므로 내가 택한 길에 대해 다른 누군가를 탓할 수 없다는 뜻이다. 또한 나는 당신이 원치 않는 것을 원할 수도 있고 당신이 느끼지 않는 감정을 느낄 수도 있으며 홀로 사유할 수 있다는 뜻이다. 당신과 나 사이의 거리는 내가 독자적인 존재이고, 나의 실존에는 당신이 갖지 않은 특이한 무언가가 있음을 뜻한다. 이러한 특이성은 자유를 내포한다. 내가 내 삶의 방식을 선택할 수 있다고 확신하는 까닭은 당신이 나를 대체할 수 없기 때문이다.[1]

나의 특이성은 당신의 특이성과 마찬가지로 보호받아야 한다. 즉

외로움의 책

당신과 나 사이의 거리는 실존적 욕구다. 집단에 비해 딱히 개인을 방어할 필요가 없어 보이는 시대에 이런 주장은 이기적으로 들릴 수도 있다. 사실, 실재 세계에서든 가상의 세계에서든 지나치게 자신에게만 집중하는 경향 탓에 무관심과 증오, 은밀한 공격, 폭력과 같은 반사회적 감정과 행동이 심화되고 있으니 말이다. 과도한 개인주의는 테크노 자본주의의 기본적인 특징 가운데 하나다. 이는 2019년 캐나다 연방 선거 당시 보수당의 슬로건에도 잘 드러나 있다. "당신이 앞서갈 때입니다." 누구보다 앞서간다는 것일까? 물어볼 필요도 없이 **누구보다도**이다. 지금 우리는 이러한 자기중심주의의 지독한 영향을 목격하고 있다. 개인의 자유라는 미명으로 거부를 정당화하는 사람들, 즉 타인을 끔찍한 질병과 죽음으로부터 보호하는 일에 협조하지 않으려는 사람들 때문에 바이러스가 걷잡을 수 없이 퍼지고 있지 않은가?

과도한 개인주의와 자기중심적인 자유를 더 이상 부추기지 않고도 적당한 거리를 유지하려면 어떻게 해야 할까? 인간은 오래전부터 집단의 지나친 간섭에 위협을 느낄 때면 개인의 자율성을 위해 투쟁했다. 어쨌든 그런 힘이 있을 때는 그랬다는 얘기다. 우리는 정략결혼이나 폭력적인 배우자를 견뎌야 한다는 믿음, 자식의 흥미와는 상관없이 교육을 좌지우지하려는 부모의 독단, 법을 이용한 출산 강요나 정부의 산아 제한 등에 맞서 싸웠다. 독재 정부에 대해서는 전 국민이 집단의 자율성을 위해 싸우기도 했다. 설사 독자성을 원치 않을 것 같은 사람들, 즉 노인이나 장애인, 싱글들조차도 약간의 거리 두기로 자유를 누릴 수 있다면 그 대가가 외로움을 포함한다고 해도 기꺼이 받아들일 것이다. 미국의 외과 의사이자 작가인 어툴 가완디(Atul Gawande)가 『어떻게 죽을 것인가(Being Mortal)』에서 지적하듯, 역사의 양상을 보면 우리는 기회와 능력이 허락하는 한 언제까지고 독립성을 선택할 것이다. 그는 그 근거로 자신의 할아버지를 예로 든다. 그의 할아버지는 노년에 인도에서 가족의 희생이나 세대 간의 갈등 따위는 모르는 채로 대가족의 지지를 받으며 "자신이 원하는 삶을 계속" 살 수 있었다.² 가완디는 우리가 이처럼 전통적인 방식으로 나이 들기를 바라지만 그것은 향수일 뿐이라고 말한다.³ 인간은 기본적으로 독립성을 열망하지만 이를 언제나 누릴 수 있는 것은 아니다.

거리 두기와 인접은 늘 팽팽하게 대치한다. 인간은 군중 속에 삼켜지거나 자신이 통제할 수 없는 힘에 제압당하지 않기 위해 끊임없이 저항해야 한다. 20세기 초반 게오르크 지멜(Georg Simmel)은 개인과 사회의 관계를 분석한 글에서 이러한 긴장을 적절히 묘사한다. "현대의 삶에서 가장 심각한 문제들은 개인이 사회의 통치권에 맞서 자기 존재의 독립성과 개성을 유지하려는 데서 비롯된다."⁴ 여기서 변수는 "사회"다. 지멜은 소도시나 공동체의 개인과 대도시의 개인을 비교한다. 사회 단위가 작을수록 통치권이 강하고 순응의 요구에 저항하는 개인의 힘은 약해진다. 소도시에서는 거리를 두기가 어렵다. 반면 큰 사회 단위에서는 통치권이 약하고 이에 따라 사회 단위도 약하기 때문에 개인이 더 큰 자율성을 갖고 스스로 원하는 존재가 될 수 있으며, 나름의 생활 방식을 구축하고 나름의 선택을 할 수 있다.[5] 간단히 말해, 개인이라 부를 만한 것이 없다면 우리는 독특한 존재가 되지 않는다. 권력이 제멋대로 우리를 종속시키고 결정할 뿐 아니라 삶 자체가 따분해진다. 사회의 일원이 되기 위해서, 누군가 또는 무언가에 속하기 위해서는 개인이 되어야 한다.

지멜이 이 글을 쓴 때는 사람들이 총으로 자신을 보호할 권리를 주장하거나 팬데믹 상황에서 타인을 보호하는 마스크 착용을 거부할 권리를 주장하기 한 세기 전이라는 점에 주목해야 한다. 이런 주장은 누군가의 자유를 존중하기 위한 것도 아니고 개성이나 거리의 필요에서 나온 것도 아니다. 자유와 거리는 사람들과 함께하는 세상에서만 의미를 갖는다. 이를 가장 잘 표현한 사람은 시몬 드 보부아르다. "내가 감금된다면 탄압받는다고 할 수 있지만 내 이웃을 감금할 수 없다고 해서 탄압받는다고 말할 수는 없다."[6] 내가 자유롭다면 당신의 자유도 존중해야 한다. 내가 당신의 자유를 해치는 일을 하려 한다면 저지당할 수 있고 그래야 마땅하다. 그렇지 않다면 우리 둘 다 자유롭지 않은 것이다.

거리 두기는 인접 없이는 무의미하다. 두 개념은 서로를 반영해야 한다. 롤랑 바르트는 거리 두기는 중요한 가치이지만 "감정을 해치지 않을 때"만 그러하며 "애정"과 존중이 뒷받침되어야 한다는 주장으로 이 점을 환기한다.[7] 그는 보부아르와 똑같이 집단 세계를 전제하고 있다. 거리 두기가 반드시 집단 경험의 해체를 의미하는 것은 아니다.

여전히 나는 우리가 외로움을 대가로 치르지 않고도 개인이 될 수 있는지, 즉 우리에게 허용된 거리 안에서 자유를 누릴 수 있는지 알고 싶다. 이를 위해서는 친밀한 관계와 모르는 사이의 중간 어디쯤에 속하는 공적 관계가 반드시 필요하다.

동네에서

코로나바이러스의 확산을 막기 위해 집에 있으라는 지시가 내려온 뒤로 평소에는 가까운 주변 사람들과의 사회적 교류가 일어나지 않던 도심에 옛 동네의 개념이 부활한 듯 보인다. 이웃들이 적당한 거리를 두고 대화하기 위해 마당이나 진입로로 나오고 아이들은 한산해진 거리에서 자전거 경주를 하거나 뛰어논다. 우리는 동네가 제공하는 독특한 사회 형태를 누리려면 무엇을 해야 하는지 알았다. 사적 영역에 갇혀 있거나 가상 세계의 신체 없는 교류에 국한되어 있던 일상의 삶, 그것을 내주어야 한다. 갑자기 물리적 위치가 중요해졌다. 직장 동료를 만나거나 멀리 사는 친구에게 가는 일이 불가능해지자 가까이 있는 사람들과 더 많이 교류하게 된 것이다.

삶의 어느 시점에 어디에 살게 되는가는 오롯이 우연한 정황에 좌우되므로 동네는 우연한 공동체라 할 수 있다. 대개의 경우 우리는 특정한 공동체에 소속되듯이 정체성을 바탕으로 동네에 소속되지는 않으며(때론 동네도 획일적이고 배타적이지만) 일반적으로 이웃을 선택하지도 않는다. 우리가 특정 지역에 사는 것은 그저 그곳에서 태어났거나 어느 시점에 그곳으로 이사했기 때문이다. 어느 정도 살고 나면 어느새 그 동네라는 직물의 짜임에 얽혀 그 일부가 된다.

동네가 이러한 짜임을 갖게 되는 것은 세계 각지의 도시들이 문화적 특이성에도 불구하고 공통적으로 갖고 있는 여러 사회적 관행 때문이다. 제인 제이컵스는 『미국 대도시의 죽음과 삶(The Death and Life of Great American Cities)』에서 이러한 관행을 흥미롭게 다룬다. 스스로 1950년대 후반에 유행하던 도시 계획을 향한 "공격"이라고 일컬은 이 책에서 제이컵스는 도시의 다양성과 활력을 유지하는 데 필요한 사회 조건들을 파헤치고 이러한 조건이 어떻게 배양되는지를 살핀다. 예를 들어 동네에서는 하찮게 보이는 수많은 일상의 공적 접촉이 알고 보면 주민들의 삶에 필수적인 것이 된다. 나는 제이컵스가 말한 동네의 사회적 조건들이 그 후 60여 년 동안 크게 바뀌지 않았다고 생각한다. 다만, 충족하기가 더 어려워졌을 뿐.

모든 도시 동네에는 제이컵스가 이름 붙인 "보도 생활"이 있다. 보도는 출근하거나 장을 보러 갈 때, 아이들을 학교에 데려다줄 때, 개를 데리고 공원에 갈 때 가까이 사는 사람들을 만날 가능성이 가장 높은 공적 공간이다. 우리가 보도에서 모르는 사람이나 지인들과 맺는 관계는 우연적이고 가벼운 상태로 이어지는데, 이는 공적 공간에서 누릴 수 있는 사람들 사이의 거리를 잘 보여준다. 제이컵스 역시 우리에게 적당한 거리가 필요하다는 점을 분명히 인식하고 있다. 그녀는 사람들이 친밀하지 않게 관계를 맺으며 "대개는 친밀해지기를 원하지도 않는다"고 말한다. 그러니 이러한 거리 두기는 무관심이나 무시의 의미가 아니며 사생활을 보호해주기도 한다. 대도시에서는 소도시나 시골에 비해 사생활을 지키기가 어렵다. 반면 소도시나 시골에서는 공적 생활을 보호하는 일이 더 시급하다. 제이컵스의 주장에 따르면, 도시 계획이 이상으로 삼는 '공생'은 공적 생활의 임의성과 다양성을 고려하지 않은 채 그저 사람들이 함께해야 한다는 인위적인 요구로 작용하기 때문에 도시 생활에 파괴적인 영향을 미친다. 그녀는 잔디밭과 운동장, 주민 클럽 등의 공용 공간 주위에 주택들이 모여 있는 피츠버그의 전원 마을을 예로 든다. 그곳의 편협함과 중산층 주민들의 동질성을 토대로 제이컵스는 다음과 같은 결론을 내린다. "이곳에는 도시에서 볼 수 있는 공적 생활이 전혀 없다. 그저 정도가 다른 사적 생활의 연장이 있을 뿐이다."[1]

이처럼 동네에서 일어나는 느슨한 연결은 언젠가 친구 사이로 발전할 수 있는 교류가 아니라 그 자체로 필요에 의해 이뤄지는 것이다. 제이컵스는 이런 관계가 수십 년 동안 가벼운 형태로 유지될 수 있으며 이는 찬사를 보내야 마땅한 일이라고 주장한다. 공적 관계의 적당한 거리 두기는 사회 집단의 불가피한 동질성과 순응에 저항하고 사생활을 보호해준다. 이와 동시에 보도 생활은 동네 주민들에 대해 제한적이나마 꼭 필요한 헌신을 하고 책임감을 갖게 한다. 이러한 헌신은 동네가 필요할 때 자원이 될 수 있다는 신뢰를 쌓아주고 이를 통해 공공의 정체성이 형성된다. 동네 주민들은 보도에서 사람들과 반복해 접촉하면서 "도움을 받을 수 있다는 가정"을 하게 된다.[2]

제이컵스는 1950년대 자신이 살고 있던 뉴욕에서 신뢰가 쌓인 사례 몇 가지를 제시한다. 우리의 현대 도시 생활에서는 극히 찾아보기 어려운 수준의 신뢰여서 조금은 이질적으로 느껴질 수도 있다. 제이컵스가 묘사하는 사례 하나는 사람들이 집을 비울 때 친구가 와서 들어갈 수 있도록 집 열쇠를 동네 가게의 종업원이나 술집 주인에게 맡겨놓는 관습이다. 또 다른 사례로 그녀는 과자 가게 주인 이야기를 들려준다. 과자 가게 주인은 "그저 필요한 일"이라는 이유로 학교에 갈 때 길을 건너는 아이들을 인도하고 비가 올 때 우산을 빌려주거나 집을 비운 이웃들의 소포를 맡아주기도 하며 단골손님들을 위해 신문을 빼놓고 그들이 집안 문제로 불평하는 것을 들어준다.[3]

이 과자 가게 주인 같은 사람을 제이컵스는 "자처한" 또는 "터를 잡고 있는" "공적 인물"이라고 부른다. 이들은 동네에서 신뢰와 집단 책임 의식의 육성에 중요한 역할을 한다. 대개는 가게 주인이나 바텐더, 그 밖에 어느 도시 블록에서나 쉽게 볼 수 있고 길거리나 가게에 자주 나타나는 동네 사람들, 이른바 "돌아다니는 공적 인물들"과 자주 접촉하는 사람이 이 역할을 맡는다. 제이컵스 역시 그리니치빌리지에 살 때 공원 구제를 위한 캠페인을 벌였고, 몇 년 뒤 토론토에서도 활력 있는 도시 생활의 주창자로 활동하며 자신의 동네에서 "자처한" 공적 인물이 되었다.[4]

도시를 스쳐가는 이방인이나 다른 지역에서 오는 방문자들도 동네의 지도자들과 주민들 못지않게 중요하다. 도시 근린의 목적은 사람들이 모이는 주요 상업 시설을 중심으로 동네가 꾸려지는 소

외로움의 책

도시처럼 응집력이나 자족 생활을 이루는 것이 아니다. 도시에서는 누구나 자유롭게 다양한 시설과 활동에 참여할 수 있다. 사실 그것이 도시의 역할이라고 제이컵스는 주장한다. 자족하는 소도시가 제공할 수 없는 풍부한 선택지와 기회를 이용하는 것이 대도시 생활을 선택하는 이유다.[5] 이를 위해서는 계속해서 변화가 일어나야 한다. 사람들이 끊임없이 동네로 이사 오거나 동네를 떠나야 한다. 그러나 변화가 지나치면 동네는 불안정해지고, 변화가 너무 적으면 정체된다.

내가 제이컵스의 논의에 열광하는 까닭은 자족에 노골적인 반감을 보이기 때문이다. 동네라는 직물의 직조 방식을 다룬 그녀의 풍부한 묘사는 공동체나 가족, 친구 무리, 심지어 국가에 이르기까지 다양한 사회 형태에 적용할 수 있을 듯 보인다. 제이컵스는 어떤 형태의 집단에든 개방의 이점과 편협의 위험이 존재한다는 점을 인정한다. 내게 특히 인상적으로 다가오는 부분은 안정성과 가변성 사이의 미묘한 균형이다. 동네에는 고정물인 가게 주인과 술집 주인 못지않게 정체를 예방하는 외지인과 방문자, 새로운 주민도 필요하다. 분명히 국가도 마찬가지다.

나는 제이컵스가 묘사하는 보도 생활을 경험했지만 대개는 길게 이어지지 않았다. 주민들이 이웃의 사생활을 존중하고 느슨한 공적 연결의 이점을 누리면서 자연스레 형성된 한도 안에서 서로를 돌보는 동네들을 알고 있지만 그런 돌봄을 직접 경험하진 못했다. 가장 큰 이유는 이 도시에서 저 도시로 자주 옮겨 다녔기 때문이다. 이웃간의 돌봄이 배양되기 쉬운 환경, 제이컵스의 표현으로 "도움을 받을 수 있다는 가정"이 존재하는 환경이 자리 잡기까지는 시간이 걸린다. 그러나 나는 또한 제이컵스가 그토록 강조한 공적인 사회적 교류의 풍부함을 우리가 서서히 잊고 있다고 생각한다.

지난 몇 년 동안 나를 이웃과 접촉하게 해준 공간, 우리가 잡초를 뽑거나 땅을 파거나 아이들을 지켜보는 공통의 활동을 하면서 가까이 있도록 해준 공간들이 있다. 현관 앞과 마당, 눈 덮인 보도, 조용한 거리 등이다. 토론토 어디에나 있는 모퉁이 가게와 카페, 과일과 채소를 파는 시장도 동네를 느끼게 하는 데 중요한 역할을 한다. 이런 동네 상점에 자주 갈수록 자신을 돌아다니는 공적 인물로 인식하게 된다. 하지만 임대료가 오르면서 개인이 운영하는 가게나 카페들이 문을 닫고 그 자리에 팀 호턴스(Tim Hortons, 캐나다의 프랜차이즈 커피 및 도넛 판매점 – 옮긴이)와 쇼퍼스 드러그 마트(Shoppers Drug Mart, 캐나다의 프랜차이즈 약국 – 옮긴이)가 들어서고 있다. 불안정한 일자리와 무자비한 부동산 시장 때문에 들고 나는 주민들이 늘어났다. 게다가 가상 세계의 선택지가 늘어나면서 아이들은 밖으로 나오지 않고 어른들은 유연 근무제로 집에서 일한다.

이러한 요인들을 보면 우리는 이미 가장 친밀한 관계와 가장 먼 연결 사이에 있는 이 중도의 관계를 상실할 위기에 놓여 있다. 장기적인 팬데믹이 이 위험을 줄일지 늘릴지는 아직 지켜봐야 한다. 당분간은 재택근무를 하며 사람이 많이 모이는 공공장소를 피하는 수밖에 없다. 그러나 어쩌면 덕분에 동네가 한 번 더 기회를 얻게 될지

외로움의 책

도 모른다.

　아마도 우리의 가장 중요한 과제는 우리에게 무엇이 필요한지를
기억하는 것, 제이컵스가 암흑의 시대에는 늘 따라다닌다고 주장하
는 "집단 기억 상실"을 피하는 것이리라.[6]

카페에서 　　　　　　　　　　　　　　　　　　　●

보도 생활은 사생활의 영역에서 벗어나 에디트 슈타인이 말한, 인간이 함께하는 "경험의 물살"에 합류하고자 하는 사회적 충동의 표출이다.[1] 카페 생활도 다를 바 없다. 우리가 카페에서 발견하는 수많은 소소한 사항들을 모두 합치면 결코 작지 않은 결과물이 나온다. 바로 세상에서 자리를 차지하는 것이다.

　나는 모카 라테와 와이파이도 없던 대학원생 시절부터 카페에 다니기 시작해 25년쯤 이 습관을 이어왔고 그사이 여러 도시에서 열두 군데가 넘는 카페의 단골이 되었다. 내가 사는 곳이 어디든 대개는 좋아하는 카페가 두세 군데 있었고 그날의 기분이나 상황에 따라 그중 한 곳을 골랐다. 나는 채점할 학생들의 과제나 읽을 책, 집필 중인 원고, 행정 업무 따위를 들고 카페에 간다. 여행할 때도 마찬가지다. (내 취향의 기준에서) 가장 훌륭한 "문화"를 가진 카페를 찾아 잠깐이나마 단골이 된다.

　카페 생활의 가장 큰 즐거움은 감각적인 요소다. 잔과 잔 받침이 부딪치는 소리, 거기에 어우러지는 배경 음악과 오르락내리락하는 사람들의 목소리, 잠시 기분 전환이 필요할 때 늘 흥미로운 구경거리가 되어주는 사람들의 특이한 얼굴 표정과 몸짓, 뜻하지 않게 엿

듣는 대화 소리, 대기에 가득 퍼진 커피와 크루아상 냄새. 이런 요소들은 우리가 카페에 앉아 있을 때 느끼는 공적 영역의 기분 좋은 특징이다. 내가 생각하는 두 번째 즐거움은 혼자 일할 때 느끼는 고립감에서 벗어나는 것이다. 카페와 비슷한 분위기에서 혼자 노트북으로 일하거나 여럿이 팀 프로젝트를 할 수 있는 "코워킹(coworking)" 공간이 증가하는 것을 보면 이러한 탈출 기회를 소중하게 여기는 사람은 나뿐만이 아닌 듯싶다.

카페는 저마다 나름의 문화와 분위기를 갖춘 독특한 공적 공간이다. 마치 아주 작은 국가처럼 나름의 역사와 통치자들, 시민들뿐 아니라 설계와 비전이 그 고유한 문화와 분위기를 모양 짓는다. 한 카페의 문화가 호의적인지 과묵한지, 예술적인지 사무적인지, 가벼운지 무거운지, 따뜻한지 위압적인지는 이러한 요인들에 의해 결정된다. 카페가 어떻게 공적인 삶의 구조를 이루는가는 그 자체로 하나의 연구 분야가 될 수 있다. 우리는 물리적인 공간의 수많은 세부 사항들, 평소 그곳을 차지하는 사람들과 사물들, 즉 테이블과 의자의 배치나 일하는 사람들의 태도, 손님들의 성격과 사회적 습관까지 모든 것을 고려해야 한다. 이 모든 세부 사항이 한 카페의 공적인 삶에 영향을 미친다.

독립적인 개인으로 카페에 들어가 그곳에 머무는 동안 사회 조직의 통합적인 일부가 된다는(혹은 경우에 따라 그러지 않는다는) 사실은 흥미롭다. 이러한 전환은 손님들 사이의 대화를 유도하는 작은 불씨, 즉 서로의 존재를 알고 있다는 표시의 눈빛 교환과 작은 고갯짓,

미소 등과 함께 자연스럽게 일어난다. 조건이 맞는다면, 즉 인접성
과 흥미, 분위기가 모두 적절하다면 대개는 공통의 화제로 짧은 소
통이 이뤄지기도 한다. 토론토의 경우(아마도 어디나 마찬가지이겠지만)
우리가 같은 세상에 살고 있음을 가장 잘 드러내는 주제는 날씨다.
폭염에 시달리든 눈보라가 치든 우리가 낯선 이들과 날씨 얘기를
나누는 것은 그것이 공통의 경험을 보장하는 주제이기 때문이다.
설사 그에 대한 감정이 서로 다르다고 해도 말이다.

연결이 거기에서 끝난다 해도 우리는 최소한 같은 세상에 살고
있음을 인정했고, 이는 그 나름대로 의미 있는 일이다. 매일 낯선 사
람과 날씨 얘기를 주고받는 일을 평생 한다면 같은 종(種)임을 인정
하는 행위로서 적지 않은 의미를 갖는다. 그러나 대부분의 사람들
은 여기서 좀 더 나아간다. 날씨 이외에 우리가 가진 공통점을 보여
주는 무언가를 찾는 것이다. 아이들(또는 반려동물)은 마치 자석처럼
서로를 끌어당겨 평소 같으면 결코 시도하지 않을 대화를 나누게
한다. 아이들이 부모나 보호자와 함께 카페에 들어오면 금세 주목
을 끈다. 도시인들이 학습한 절제의 태도, 게오르크 지멜의 표현을
빌리면 도시에서 우리가 지나치게 흥분하는 것을 막아주는 "심드렁
한" 태도를 갖지 못한 아이들은 아무에게나 미소를 짓고 자신에게
관심을 보이는 사람과 기쁨이나 슬픔을 나눈다.[2] 우리는 그들의 세
계에 속수무책으로 끌리고 이 일시적인 사회 형태에 초대받은 다른
이들과 공감을 나눈다. 아이가 카페의 단골이라면 어른들은 그 아
이에게 모종의 책임을 느끼기 시작한다. 제인 제이컵스가 예로 든

이야기에서 과자 가게 주인이 길 건너는 아이들을 지켜봐야 한다는 책임을 느꼈듯이, 자신이 필요하다고 생각될 때 나서게 되는 것이다. 어른들은 부모가 잠시 주의를 돌린 사이에 아이가 문에 손을 찧으려 하거나 의자에서 떨어지려고 하면 막아준다. 이는 공통의 감정에 토대한 사회적 돌봄의 완벽한 사례로서 우리가 공적 공간에 함께 존재한다는 사실을 입증한다.

주의를 끄는 아이가 없으면 다른 무언가를 찾는다. 요즘 사람이 많은 카페에서는 대화를 독려하고 노트북 사용을 줄이기 위해 긴 공유 테이블을 놓는 경우가 많은데, 이런 테이블에서는 인접성 때문에 날씨에서 좀 더 깊은 대화로 옮겨가기가 쉽다. 같은 테이블에 앉아 있는 사람을 무시하기란 어려운 법이니까. 내가 펼쳐놓은 책과 옆자리 손님이 가방에서 꺼내는 스케치북, 앞자리 사람이 읽는 신문의 헤드라인 따위가 대화의 계기가 되기도 한다. 그 뒤에 같은 사람들이 우연히 다시 같이 앉게 되면 대화가 좀 더 발전한다. 이런 식으로 카페에 갈 때마다, 대화가 거듭될 때마다 공통 화제의 레퍼토리가 확장된다. 그것은 공통의 의견이 될 수도 있고 관심사가 될 수도 있으며 불만이나 관점, 느낌, 경험이 될 수도 있다. 오래지 않아 과거의 삶이 담긴 스냅 사진을 서로 보여주기도 한다.

혹은 아닐 수도 있다. 제이컵스가 지적하듯, 공적 관계는 보다 친밀한 애착 관계와는 반대로 대개는 공적인 영역과 사적인 영역 사이의 경계를 지키는 가볍고 느슨한 연결로 남는다. 나는 단골 카페에서 다른 단골손님들과 교류하지만 그들과 친구가 되지는 않으며 그것을 기대하지도 않는다. 카페의 공간 밖에서는 그들과 어울리지 않는다. 그들의 이름을 끝내 알지 못하고, 날씨나 그날 아침 지하철이 지연된 일 등을 얘기할 뿐 더 깊은 대화는 하지 않는다. 우리가 공통적으로 가진 것은 카페 공간이다. 그곳은 우리가 소속감을 느낄 만큼 친숙하지만 한계가 있는 공적 공간이다.

마지막으로 카페의 문화가 호의적인지 냉담한지를 결정하는 중요한 요소가 있다. 카페 주인과 매니저, 직원들이다. 이들은 제이컵스가 동네를 분석할 때 그토록 애정을 갖고 서술한 "터를 잡고 있는" 공적 인물이다. 내 카페 생활의 역사를 돌아보면 동네라는 공동체를 만드는 데 모범적인 역할을 한 곳이 두 군데 있다. 두 곳의 주인 모두 손님들을 따뜻이 맞아주고 소소한 돌봄과 관용을 베푸는 사람들이었다. 이에 대해 손님들은 공간 자체에 책임을 느끼고 그 고유한 문화를 지키는 방식으로 보답했다.

그중 내가 사는 곳에서 두 블록 떨어져 있던 카페에서 나는 아주 많은 시간을 보냈다. 바리스타들의 이름을 모두 알았고, 주인과 그녀의 딸들과도 가끔 수다를 떨었다. 서로에 대해 이것저것 물어보다가 중요한 집안의 위기나 직장에서 겪는 문제들까지 알게 된 사이였다. 주인이 가게를 매각했을 때 나는 폐업 파티에 가서 다른 단골손님들과 함께 한 시대의 종말을 애도했다. 공적 공간에 소속되어 뿌리를 내린 뒤 그 뿌리가 뽑혀서 다시 속할 곳을 찾아야 할 때면 실제로 한 시대가 끝난 느낌이 들기 때문이다.

다른 한 곳도 몇 년 동안 나의 공적인 터전 역할을 하다가 문을 닫았다. 그곳에 들어갈 때면 "그곳에서 일하는 사람 모두가 내 이름을 알죠" 하는 시트콤 「치어스(Cheers)」의 주제곡이 머릿속을 맴돌았다. 주인은 손님들의 얘기를 공감하며 들어주는 전형적인 바텐더 유형이었지만, 때로는 손님들에게 먹을 것을 권하고 조언을 해주며 커피를 더 따라주기도 하는 이탈리아 할머니 같았다. 그는 가끔 나와 함께 앉아 내가 학생들의 표절에 대해 투덜거리는 소리를 들어주거나 내게 직원 채용 문제를 털어놓았다. 우리는 카페의 벽 사이에 펼쳐진 이 제3세계의 공간에서 서로의 이질적인 세계를 엿보곤 했다.

두 카페의 사례에서 중요한 것은 주인이나 직원, 다른 손님들과 얼마나 가까웠느냐가 아니다. 우리의 삶이 맞닿은 지점은 비교적 작았다. 사람들이 모이는 곳, 모두가 어느 정도 소속돼 있는 곳은 언제나 그렇다. 중요한 것은 내가 집을 떠나 공적 공간에서 내 이름을 부르며 맞이해주는 사람들과 관계를 맺었다는 사실이다. 나는 이것이 거리 두기를 일종의 존중으로 이해해야 한다는, "애정이 뒷받침되어야 한다"는 바르트의 말을 입증하는 가슴 저린 예시가 아닐까 생각한다.

시장에서

토요일 아침이면 나는 토론토 시내에 있는 세인트 로렌스 시장에서 친구를 만난다. 우리는 패딩턴 식당에서 이른 아침을 먹은 뒤 바퀴 달린 캔버스 천 장바구니를 끌고 북적거리는 사람들을 비집으며 농산물 가판대들 사이를 돌아다닌다. 친구는 시장의 베테랑이다. 좋아하는 상인들의 이름을 모두 알고 있으며 그들이 기분 좋게 인사를 건네면 어떤 것이 제철 채소인지, 어떻게 요리해 먹는 게 가장 좋은지 등을 물어본다. 나는 그를 따라 가판대를 옮겨 다니며 그에게 이 독특한 공간의 문화를 소개받고 즐겁게 동화된다.

이 시장의 일상적인 관습에는 신뢰와 흥겨움이 배어 있다. 내 친구를 부르는 인사는 나에게까지 이어진다. 한 가판대에서 친구는 내게 열네 살 때부터 이 시장에서 일한 상인을 소개해주고 이탈리아인 특유의 활기 넘치는 대화가 오가고 나면 마지막으로 상인은 내게 가장 좋은 상품을 골라준 뒤 하루를 즐겁게 보내라는 인사를 여러 번 되풀이한다. 온갖 색상과 모양의 호박이 가득한 가판대에서는 주인이 5분에 걸쳐 좋은 버터넛 스쿼시를 고르는 방법을 설명한다. 모양을 보셔야 해요. 아랫부분이 너무 불룩하면 씨만 가득 차 있다는 뜻입니다. 그는 참을성 있게 내게 알려준다. 그리고 꼭지를 확인하세요. 가장자리 주위가 살짝 물러 있으면 너무 익었다는 뜻이거든요. 그는 내게 물건을 판다기보다는 자기가 호박 재배의 달인이라는 자부심을 과시하려는 듯하다. 그에게서 엿보이는 위엄을 토대로 우리는 관계를 쌓는다.

시장에 갈 때마다 나는 그 경험이 주는 유쾌함에 놀라곤 한다. 과일과 채소의 색과 질감이 내 감각을 즐겁게 해줄 뿐 아니라 상인들의 친근한 태도도 인상적이다. 중요한 것은 우리가 이러한 감정을 공유한다는 점이다. 아렌트의 말이 옳다면 우리는 다른 모든 감각을 통합하는 "공통 감각"을 가졌으며 이를 통해 혼자만의 신뢰할 수 없는 감각을 경험하는 것을 막을 수 있다. 감각은 전염된다. 그 시장의 사람들은 모두 흥겨운 태도에 사로잡혀 있다. 공기에서 **이곳에 함께 있으면 이렇게 된답니다**라는 메시지가 느껴지는 듯하다. 그런 곳에서 우리가 모르는 사람들과 얘기를 나누는 것은 관용과 환대의 전통이 우리를 그렇게 하도록 유도하기 때문이다. 우리는 도심에서 보여주는 점잖은 태도를 버리고 굳어 있던 표정을 푼다. 이 시장의 흥겨운 분위기의 유혹을 거부하기란 쉽지 않다.

셀프 계산대를 도입하는 식료품점이 늘면서 '인간' 계산원들이 하나둘 사라지고 있다. 많은 이들이 이러한 인간적 교류의 상실을 대수롭지 않게 여길 것이다. 도심에 사는 사람들은 대부분 자주 가는 상점이 여러 군데 있으며 계산원 한 사람과 관계를 쌓지 않는다. 물론 모두가 그런 것은 아니다. 단골손님들을 살피고 지난 며칠이나 몇 주의 근황에 대해 가벼운 대화를 시도하는 계산원도 있고, 손님들 가운데에는 하루 중 유일한 대화 상대가 식료품점의 계산원인 사람도 있을 것이다. 이런 계산원들은 프랜차이즈 마트의 냉담한 분위기를 따뜻하게 만들고 손님들의 무관심한 얼굴 표정을 바꾸기 위해 노력하는 것이다.

시장을 나서면서 나는 프랑코 베라르디가 말한 "일상에서 누릴 수 있는 에로스"를 떠올린다. 베라르디는 "에로스"를 타인과 관계 맺는 즐거움이라는 포괄적인 의미로 사용하고, 일터의 생산성이 우리의 모든 욕망을 빨아들이는 탓에 우리는 이 에로스를 잃을 위험에 처했다고 주장한다.[1] 우리는 공통 감각이 양산하는 이 전염성 강한 흥겨움을 지키기 위해 싸워야 한다. 그런 일이 저절로 일어나기를 기다려선 안 된다.

돌봄 •

지금껏 내게 타인을 물리적으로 돌보는 경험이 얼마나 의미 있는 일인지 말해준 사람은 아무도 없었다. 그래서 몇 년 전 죽음을 앞둔 아버지를 돌보게 되었을 때에도 내가 그 일을 원한다거나 그 일을 선물로 느끼리라고는 예상하지 못했다. 아버지는 숨쉬기가 힘들어서 산소 공급을 받고 있긴 했지만 특정한 병을 진단받거나 중병의 증상이 있는 것은 아니었으므로 치료가 필요하지 않았다. 그저 식욕을 잃어갈 뿐이었다.

나는 점점 쇠약해지는 아버지의 몸에 깊은 애정을 느꼈다. 돌봄의 행위는 갈수록 희미해지는 아버지의 존재로 나를 더욱 가까이 끌어당겼고, 그 안에서는 누구의 시선도 의식하지 않고 본능적으로 위로의 말과 애정이 오갔다. 아버지의 생애 마지막 저녁, 그를 가장 잘 아는 세 여자, 즉 그의 아내와 두 딸이 병상 주위에 모였다. 아버지는 힘겹게 숨을 쉬며 안절부절못했고 아마도 죽음이 임박했음을 느꼈을 것이다. 우리는 아버지의 등을 쓸어주고 손과 이마를 어루만지며 다정한 말로 달랬다. 모두 자식을 키워본 터라 우리의 손은 위로의 언어에 더없이 익숙했고, 몸에는 뜨거운 이마를 닦아주거나 자전거에서 떨어진 아이를 안아주던 기억이 각인되어 있었다.

타인을 돌보는 행위로 표현되는 사랑은 가장 이타적인 사랑인 동시에 당사자에게도 가장 의미 있는 일이지만 우리 중 많은 사람은 이런 뜻밖의 선물을 경험하지 못한다. 돌봄을 낭만적으로 포장하려는 게 아니다. 돌봄의 과정에서 가장 어렵다고 여기는 부분, 즉 질병과 죽음에 따르는 고통과 수치를 지켜봐야 한다는 점과, 환자의 두려움과 공격성을 달래야 한다는 점, 몸과 마음이 무너질 때 일어나는 최악의 상황에 대처해야 한다는 점 등을 가볍게 치부할 생각도 없다. 내가 만약 요강을 비우거나 공격적인 치매 환자를 말리는 일을 해야 했다면 이야기가 달라졌을지 모르지만, 그래도 돌봄을 베푸는 사람과 받는 사람 모두가 순수한 선물을 얻게 된다는 생각은 변하지 않을 것이다.

돌봄의 요건은 접촉과 애정, 온정이다. 그것은 타인과 관계를 맺을 때 따라오는 반응이다. 사랑도 포함되지만 돌봄은 사랑의 범위를 넘어선다. 사랑은 느끼는 것이고 돌봄은 행위와 연관되기 때문이다. 돌봄(care)을 다른 사람이나 무언가에 대해 걱정하는 감정으로 정의할 수도 있지만 나는 우리가 서로를 보살피기 위해 하는 행위로서의 돌봄에 초점을 맞추고자 한다. 가장 포괄적인 의미의 사랑, 즉 인간에 대한 자비롭고 온정적인 관심이라는 의미의 사랑이 아니라면 돌봄에는 사랑이 반드시 필요하지 않다. 누군가를 돌볼수 없어도 사랑할 수 있고 사랑하지 않고도 돌볼 수 있다. 그러나 신체적으로 돌보다 보면 그 사람에게 사랑을 느끼기 쉽고, 거꾸로 조금도 사랑하지 않는 사람이라면 신체적으로 돌보기가 어렵지 않을까 싶다. 사랑해서 돌보고 싶은 마음이 들기도 하지만 돌보다 보면 사랑하게 될 수도 있다. 아기를 돌보는 일을 생각해보자. 우리는 아기와 생물학적으로 연결되어 있다는 점이 우리 사랑의 토대라고 생각하지만 혈연과는 상관없이 오로지 모든 것을 나에게 의존하는 작은 몸을 지속적으로 돌보기만 해도 애착이 생길 수 있다. 아기의 몸을 구석구석 알게 되고 아주 작은 변화와 아주 사소한 불편의 기색 또는 기쁨의 기색에 일일이 반응하게 되며 이러한 친밀한 이해는 돌봄뿐 **아니라** 사랑도 유도한다. 이것은 누군가에게 필요한 존재가 될 때 느끼는 독특한 즐거움과도 닿아 있다.

인간 존재의 취약성과 우리가 육체적·정신적 생존을 위해 서로에게 절대적으로 의존한다는 점을 고려할 때 누구에게나 돌봄이 필요하다는 것은 자명한 사실이다. 그러나 누가 돌봄을 제공할 것인가는 그리 자명하지 않다. 과거부터 돌봄은 여성의 일이었다. 유료든 무료든, 공적 영역에서든 사적 영역에서든 마찬가지다. 우리는 자녀와 아픈 사람, 죽어가는 사람, 병든 부모를 보살폈고, 가정뿐 아니라 돌봄을 책임지는 조직이나 기관도 관리해왔다. 이제 여성이 돌봄 이외에 다른 일을 할 수 있게 되면서 상황이 크게 바뀌었지만 남자들은 거의 기여하지 않았다. 20세기 하반기에 많은 여성이 직업을 갖게 되면서 나타난 돌봄의 공백은 시장 자본주의의 고도화와 기술 발전의 가속화로 한층 더 심화되었다. 일에서 오는 스트레스가 심해지고 많은 가정이 맞벌이를 하고 있으며 공동체 유대가 약해지고 사회적 교류가 가상 세계로 옮겨가면서 돌봄의 공백이 커지는 한편 돌봄에의 요구는 높아지고 있다. 돌봄은 이해타산을 따져서 할 수 있는 일이 아니다. 그것은 이윤 추구와 양립할 수 없다. 그리고 당연하게도 실질적인 대상이 없으면 돌봄을 제공하기 어렵다. 어리거나, 아프거나, 노쇠하거나, 다쳤거나, 피를 흘리거나, 냄새나거나, 굶주렸거나, 죽어가는 신체가 있어야 한다. 돌봄은 직접적인 필요를 마주해야만 제공할 수 있다.

상황도 고려해야 한다. 돌봄의 일을 하기에 유리한 조건이 있고 불리한 조건이 있다. 돌봄의 대상이 되는 신체는 우리의 시간을 요구한다. 하지만 그들이 언제나 우리가 한가할 때 병을 앓는 건 아니다. 가장 힘든 시기에 아기가 찾아오기도 한다. 죽음도 마찬가지다. 우리가 어떤 프로젝트에 몰두해 체력과 건강, 집중이 필요할 때에도 노화의 과정은 멈추지 않는다. 신체는 요구가 많고 기다려주지 않는다. 우리에게 수면이나 집중이 필요하다는 사실은 개의치 않는다. 돌봄을 제공하는 신체도 보충이 필요한데 말이다.

그러나 이제 우리는 시간이 없으므로 돈을 주고 다른 사람에게 돌봄을 맡긴다. 공정과 존엄의 원칙을 토대로 이런 시스템이 조직되었다면 그리 나쁘지 않을 것이다. 과거의 여성들이 사적인 영역에서 무급으로 돌봄의 일을 대부분 도맡았다면 오늘날의 여성들은 집에서 무급으로 돌봄의 일을 상당 부분 책임지는 동시에 공적인 영역에서도 낮은 임금을 받고 돌봄의 일을 도맡고 있다. 이러한 현실을 가장 뚜렷하게 보여주는 시기는 봉쇄 때문에 "필수 서비스" 이외의 모든 일이 중단된 지금의 팬데믹 상황일 것이다. 사회가 기본

외로움의 책

적인 기능을 유지하기 위해 필요한 가장 중요한 일 대부분을 여성이 맡고 있으며 이 가운데 대다수가 유색인이라는 사실을 돌연 모두가 알게 되었다. 게다가 이러한 필수 서비스는 임금이 가장 적은 축에 속한다. 한 보고에 따르면 미국의 간호사와 간호조무사는 열명 중 아홉 명이, 식료품점 계산대와 패스트푸드점 카운터의 직원은 3분의 2가 여성이다. 연봉이 3만 달러 미만인 보건업계 종사자 580만 명 가운데 83퍼센트가 여성이며 이 중 절반이 유색인이다.[1]

이 글을 쓰는 현재 내가 사는 지역의 장기 요양원 사망률이 이례적으로 증가하고 있다. 이러한 시설이 코로나19에 가장 취약하기 때문이기도 하지만 한편으로는 일부 요양원이 감염병 폭증에 대처할 수 없을 만큼 터무니없는 환경이기 때문이다. 장기 요양원 다섯 군데의 감염병 폭증 상황을 돕기 위해 차출된 캐나다 군대는 보고서를 통해 기본적인 보건 원칙과 관행을 무시하는 현실을 폭로했다. 보고서는 고질적인 인력 부족과 오염된 카테터 사용, 강압적인 급식 방법이 야기하는 기도 폐쇄, 상한 음식, 바퀴벌레 침습 등의 문제를 상세히 다룬다.[2] 비영리 요양원이나 시립 요양원에 비해 영리 요양원에서 코로나19 바이러스에 의한 사망 가능성이 네 배 더 높은 것도 놀라운 일은 아니다.[3]

그저 돌봄에 부적절한 환경이라는 말로는 부족하다. 이는 열악한 돌봄 상황의 극단적인 사례이지만 그렇지 않은 경우라고 해도 작은 문제들이 축적되었을 때 나타날 수 있는 결과는 몹시 우려스러울 정도다. 우리 사회에서는 수많은 크고 작은 육체적·정신적 필요가 충족되지 않고 있다. 이는 비교적 부유하고 진보적인 민주주의가 약속하는 행복과 일상적인 우리 삶의 현실 사이의 모순을 드러낸다. 우리는 이따금 무거운 가구를 옮기거나 펑크 난 타이어를 교체하는 일을 도와줄 사람, 여행 갈 때 고양이나 식물을 맡길 사람을 찾기 어렵다. 혼자 사는 사람들은 아플 때 돌봐줄 사람이 없다는 점을 걱정한다. 팬데믹이 고립과 외로움으로 정신적 고통을 가속화하기 전에도 이미 정신 건강 돌봄이 충분하지 않다는 점이 확연히 드러나고 있었다. 도시에는 정신이 온전치 않고 마땅히 갈 데가 없어 거리에 사는 노숙인들이 점차 늘고 있다. 대학들도 학생들의 정신 건강을 위한 자원을 조달하고자 꾸준히 예산을 늘리고 있다. 지역사회 또는 동네에 기반을 둔 관계들이 사라지면서 그 공백이 이런 부분에서 확연하게 체감되는 듯하다. 이제 우리는 제인 제이컵스가 말하는 "도움을 받을 수 있으리라는 가정"을 할 수 없게 되었다.

문제는 우리 모두 어떤 식으로든 돌봄이 필요하지만 더 이상 타인이 그 필요를 충족해주리라 기대할 수 없다는 점이다. 돌봄은 선물이다. 상대가 주고자 하는 열망이 있어야 한다. 시몬 베유(Simone Weil)는 "영혼에 필요한 것들"을 열거하면서 우리에게 권리와 책임이 모두 있다고 말하는 것은 이치에 맞지 않는다고 주장한다. 우리에게 권리나 책임이 있는지 여부는 우리의 관점에 달려 있다. 내가 당신에게 책임이 있다면 나의 관점에서 당신은 권리를 가진 사람이다. 거꾸로 당신이 나에게 책임이 있다면 당신의 관점에서는 내가 권리를 가진 사람이다. 그러나 베유의 논지는 내가 그저 당신에게 책임이 있다는 생각만 하면 된다는 것이다. 그것이 나의 관점이 된다. 이 경우 우리 모두가 책임을 진지하게 여긴다면 우리는 권리를 요구할 필요가 없다.[4]

안타깝게도 우리는 타인을 돌보는 책임을 진지하게 받아들이는 세상, 돌봄이라는 선물을 쉽게 경험할 만큼 충분히 그러한 세상에 살고 있지 않다.

우정

히틀러가 독일의 정권을 잡으면서 민족주의와 독재의 열기가 뜨거워지기 시작한 1934년, 시몬 베유는 탄압에 대해 뛰어나게 분석한 글을 내놓았다. 여기에 우정에 관한 인상적인 글귀가 실려 있는데, 역사적 맥락을 고려하면 다소 놀랍게 느껴진다. "우리는 자유보다 훨씬 더 귀한 선(善)을 추구해야 한다. 인간이 인간에게 굴욕과 수모를 주는 것보다 더 지독한 일은 없으며 우정만큼 아름답거나 달콤한 것은 없다." 바로 앞에서 베유는 노예 상태가 인류의 자연적인 조건이지만 — 우리는 진보의 노예이므로 — 우리는 언제나 우리 안에 "자유에 대한 타고난 열망"이 내재되어 있음을 느낀다고 설명했다. 여기서 자유란 어떠한 방해도 없이 원하는 것을 얻게 해주는 자유가 아니다. 베유가 말하는 자유는 우리의 정신 활동, 즉 사유와 판단에 따라 행동할 수 있는 상태를 의미한다. 그런 엄청난 자율성은 현실에서는 이룰 수 없는 이상이지만 어쨌든 우리는 "현재의 상태보다 덜 불완전한 자유나마 얻으리라는 희망을 갖고" 그것을 지향해야 한다고 베유는 말한다.[1]

자기 자신이 아닌 다른 무언가에 의해 자율성을 거부당하는 것은 결코 가벼운 일이 아니다. 이는 모든 형태의 파시즘에서 얻을 수 있는, 딱히 배우고 싶지 않은 교훈이다. 그렇다면 우정이 자유보다 "훨씬 더 귀한 선"이라는 주장에 고개가 갸우뚱해질 것이다. 이런 논리라면 친구가 없는 상태로 자유를 누리는 것보다 친구와 함께 노예가 되는 것이 낫고, 자신의 의지에 따라 행동할 수 있는 자유를 누리며 외롭게 살기보다는 자율성을 빼앗긴 채 친구를 얻는 게 낫다는 뜻이 될 테니까. 노예 상태는 언제나 인간에게는 최악의 조건 중 하나로 여겨졌다. 우정을 자유보다 중시하는 것은 터무니없게 느껴진다.

우정은 "연인" 관계의 그늘에 가려져왔다. 우리는 연인 관계를 로맨틱하고 성적인 관계로 정의하고 커플의 관습을 중심으로 연애의 다양한 단계와 발전 상태를 일컫는 수많은 어휘를 만들어왔다. 그러나 우정에 관한 어휘는 많지 않다. 우리는 지인이나 연인이 될 가능성이 있는 사람에게 이렇게 묻는다. 혹시 만나는 사람 있어요? 연애하나요? 연인이 있어요? 하지만 우정이나 친구에 관해 묻거나 친구가 어떤 존재인지 호기심을 표하는 경우는 거의 없다. 두 사람 사이에 애정이 싹트고 있는 게 아니냐는 질문을 받으면 우리는 이렇게 대답한다. **우린 그냥 친구예요.** 마치 친구 사이가 그저 패자에게 주는 위로상에 불과한 것처럼. 우리는 친구가 무엇인지 알고 있을까? 친구가 어떤 존재가 될 수 있는지 아는가?

이 물음에는 추상적으로 대답할 수 없을 것 같다. 내 경우 절친한 친구들을 생각할 때 가장 먼저 떠오르는 것은 그들의 얼굴을 보고 목소리를 들으며 서로 애정을 표할 때 느끼는 순수한 즐거움이다.

나는 내 친구들이 너무도 아름답다는 사실에 감탄한다. 그것은 문화가 만들어낸 물리적인 매력의 기준을 넘어서는 아름다움, 내 안의 아름다운 것을 끌어내는, 그런 아름다움이다. 플라톤의 『향연』에서 디오티마가 소크라테스에게 설명한 바에 따르면, 이것은 사랑의 작용이다. 사랑은 "아름다움 안에서 무언가를 낳는 것"이다. 그리스어 원문의 모호성을 감안하면 "아름다움이 존재하는 가운데에서 낳는 것"이리라.[2] 우리는 아름다운 사람을 만나면 우리 안에 "담고 있던" 것을 출산한다.[3] 즉 대화에서 표면화되기 전까지 우리 안에 존재하는 줄도 몰랐던 생각이나, 친구가 있을 때만 드러나는 숨겨진 성격의 측면을 내놓는다.

나와 친구들의 상호 작용에는 물리적인 맥락, 감각적인 맥락이 관여한다. 말하자면 세계성이다. 팬데믹으로 전화 통화로만 교류하게 되면서 우리는 이 세계성의 맥락, 즉 우리의 교류에 살을 붙이고 우리가 공유하는 감각을 확인해주는 색깔과 소리, 질감의 필요성을 더욱 절감하고 있다. 평소에 나는 주로 카페에서 친구를 만난다. 한 친구는 매주 같은 카페에서 만나고 가능하다면 늘 번잡한 토론토 거리가 내려다보이는 같은 자리에 앉는다. 우리의 주변 환경은 단순한 배경이 아니라 함께 사유할 수 있게 해주는 촉매제 역할을 한다. 보도에서 펼쳐지는 삶과 우리 주위에서 대화를 나누는 사람들의 유별난 특징이 우리의 대화에 녹아든다. 다른 친구는 도서관에서 만나 몇 시간씩 함께 조용히 공부하다가 감동적이거나 당황스러운 문장이 나오면 잠시 책에서 눈을 떼고 그것을 공유한다. 그날 하루는 함께 철학을 공부하는 우리의 우정에 감사하는 날이 된다.

이처럼 친구와 함께 시간을 보내면 놀랍게도 어느새 우리의 기분이 합성된다. 세상에 대해 절망하고 지쳐 있다가도 서로가 곁에 있다는 점과 우리 사이에 오가는 대화에 고무되어 헤어질 때가 되면 활기가 넘친다. 감정과 감각은 전염된다. 우리는 어떤 어려움에 직면해도 함께 맞서리라는 것을 안다. 그것이 바로 신뢰다.

친구 집에 가는 것은 또 다른 경험이다. 이 역시 신뢰의 표시다. 이런 일이 점점 드물어지는 이유는 현대 도시 생활의 특징 때문일 것이다. 시끄럽고 번잡한 도시 속의 집은 좀 더 사적인 공간으로 여겨진다. 여기에 더해 가혹한 일의 압박과 도시 생활의 스트레스 때문에 청소할 시간이 없어지면서 지저분한 집을 보여주느니 가까운 카페에 가는 것을 더 편하게 느낀다. 그러나 친구의 가장 사적인 공간에 함께 있는 것은 무엇으로도 대신할 수 없는 경험이다. 친구가 일상에서 사용하는 물건들, 좋아하는 커피 잔이나 신문, 미술품, 기념품뿐만 아니라 삐걱거리는 마룻널에서부터 낡은 의자에 이르기까지 습관적인 동작을 보여주는 증거물 속에서 내가 사랑하는 '존재'가 더욱 뚜렷이 보인다. 초대는 깊은 관용의 선물이다.

이는 빌러비드가 폴 디에게 말한 것처럼 누군가의 "안쪽"을 건드리는 것을 의미하기도 한다.[4] 우정에는 그 나름의 에로스가 있다. 욕망과 즐거움이 우리를 친구의 삶으로 끌어들여 그 안에 붙잡아둔다. 연인의 사랑이 아닌 친구 사이의 사랑이 표준이 되면 에로스에 성기의 뒤얽힘이 관여하느냐는 그리 중요하지 않은 듯 보인다. 지금 나는 가장 절친한 친구 사이의 친밀한 사랑, 성적 교류가 포함되지 않는 그런 사랑을 뭐라고 불러야 할지 고심하고 있다. 아무래도 그런 표현은 없는 것 같다. "친구"라는 말이 아주 가까운 사이부터 그리 가깝지 않은 사이까지 광범위하게 사용된다는 점을 고려하면 그에 걸맞게 어휘와 상상력을 늘려야 한다. 어떤 형태의 사랑이든 그 깊이와 강도, 관용으로 가치를 매길 수 있다면 연인의 사랑과 친구의 사랑에 순위를 매겨선 안 된다. 이러한 위계가 없어져야만 비로소 우리는 친구 관계의 무한한 가능성을 이해할 것이다.

외로움의 책

사랑

●

인간의 가장 큰 사회적 욕구는 사랑이다. 사랑은 친밀함과 연관되기 때문에 사랑이 없었다면 외로움의 개념도 생겨나지 않았을 것이다. 사랑받는다고 해서 외로움이 사라진다는 뜻은 아니다. 외로움은 친밀함에 대한 갈망이며 여기서 친밀함은 성적인 의미에 국한되지 않고, 그 형태와 강도도 다양하다. 특정한 형태의 친밀함이 없다면 다른 종류의 친밀함이 그 자리를 메울 것이다. 시각 장애인의 뇌가 다른 감각 기관의 기능을 강화함으로써 잃어버린 시력을 상쇄하듯이. 어렸을 때는 가까운 친구가 없으면 부모나 다른 어른의 사랑이 빈자리를 어느 정도 메워준다. 나이가 들면 사랑하는 사람들이 떠나더라도 간병인이나 도우미의 따뜻한 보살핌 또는 반려동물의 조건 없는 헌신이 외로움을 조금은 덜어줄 것이다. 그렇다면 가장 극심한 외로움에 시달리는 사람은 어떤 형태로든 또는 어떤 표현으로든 사랑을 전혀 누리지 못하는 사람, 돌봄과 친절, 다정함조차 누리지 못하는 사람이라고 결론 내릴 수 있다.

사랑이 필요하다는 것은 타인이 우리의 존재를 확인해주어야 한다는 뜻이다. 사랑받는 것은 누군가가 우리의 실체를, 즉 오랜 시간에 걸쳐 우리의 성격을 이루는 생각과 느낌, 선택, 행위의 총합을 알고 그것을 소중히 여기는 것을 의미한다. 몽테뉴는 사랑하는 친구 에티엔 드 라 보에티에 관해 이렇게 말한 것으로 유명하다. "왜 그를 사랑하느냐고 누군가가 다그친다면 '그 친구이기 때문에, 나이기 때문에'라고 답할 수밖에 없을 것 같다."[1] 이런 사랑에는 이유나 목적이 없다. 우리는 그저 우연히 누군가와 가까이서 삶을 공유하며 애착을 키운다. 그 사람이 가진 무언가가 내가 가진 무언가와 맞닿아 있다. 즉 같은 것에 감동하고 관심사와 세계관을 공유한다. 사랑은 서로의 삶의 이야기에서 떼어낼 수 없는 일부가 된다는 뜻이다.

타인을 사랑하는 감정을 어떻게 할 것인가, 즉 그 사람을 대할 때 사랑을 어떻게 행동으로 표현할 것인가는 다른 문제다. 여기에는 우리의 성격과 지금까지 일어난 심리 작용의 모든 측면이 관여한다. 사랑은 언제나 우리가 어떤 사람이고 무엇을 할 수 있는가의 제약을 받기 때문이다. 자신을 사랑하는 사람에게 돌봄이나 동반의 필요를 모두 충족시켜줄 것을 요구할 수는 없다. 사랑하는 사이에도 서로의 필요를 충족시키는 데에는 한계가 있기 때문이다. 절친한 친구라고 해서 나를 완전히 이해하기를, 나의 숨겨진 측면을 모두 볼 수 있기를 기대할 수는 없다. 우리는 스스로도 자신을 온전히 알지 못한다. 바로 이런 이유 때문에 가장 사랑하는 사람들이 이루는 세계를 넘어 더 넓은 세계가 필요한 것이다. 내 경우, 만약 사랑하는 사람 한두 명하고만 교류한다면, 따라서 그들의 좁은 시야로만 나를 경험한다면 자아에 대한 나의 인식은 일차원적이고 고정되어 있을 것이므로 신뢰할 수 없을 것이다. 하나의 측면이 아니라 여러 면에서 나를 알기 위해서는 여러 사람이 필요하다. 그들은 그저 내가 아니라는 이유만으로도 나의 성격을 바꾸고 다듬어줄 것이다. 또한 생존에 필요한 만큼의 돌봄과 애정을 얻기 위해서도 많은 사람과 교류해야 한다.

그러나 무엇보다도 우리에게는 사랑이 필요하다. 사랑의 욕구는 사랑을 주는 것으로 어느 정도 달랠 수 있지만 온전히 대체할 수는 없다. 자신이 어떤 사람인지 확인하는 것, 사랑받을 수 있는 가치와 타인에 대한 감정적 애착을 확인하는 것은 물리적인 친밀함의 표현보다 더 중요하다. 나는 아플 때 나를 돌봐줄 친구와 나를 헤아릴 수 없이 깊이 이해하는 친구 가운데 하나를 택하라면 후자를 고르겠다. 돌봄에 필요한 사회 인프라가 흔들리는 시기에는 이 둘을 구분할 수밖에 없다. 물론 세상이 완벽하게 돌아간다면 사랑과 돌봄 모두 받아들일 것이다.

우리는 사랑하고픈 충동, 사랑이 주는 친밀함을 추구하고픈 충동을 갖고 있다. 그 강도는 사람마다 달라도 애착을 향한 갈망은 대개 강렬하다. 우리는 몸과 마음, 심지어는 자연 세계와의 융합, 즉 둘 사이의 경계가 어디인지 구분되지 않을 만큼 누군가 또는 무언가의 일부가 되는 경험을 갈망한다.

엄마의 무조건적인 사랑을 갈망하는 토니 모리슨의 유령 소녀 빌러비드를 다시 떠올려보자. "나는 그들 사이에 들어가고 싶어…… 나는 합류하길 원해…… 난 혼자야…… 난 우리 둘이 되고 싶어 …… 나는 합류하고 싶어."[2]

합류 　　　　　　　　　　　　　　●

나는 합류의 흥분을 안다.

　성가대에 참여해 소리와 하나 되고 나의 목소리가 다른 모든 목소리와 합쳐져 완벽한 4성부 하모니를 이룰 때 그것을 경험했다. 우리는 모두 하나가 되었다. 불협화음도 없었고 한 개인의 목소리가 두드러지지도 않았다. 날카로운 소프라노 목소리나 스스로 튀고자 하는 테너의 목소리가 삐져나왔다면 이음새 없는 화합이 깨졌을 것이다. 성가대원은 화음과 템포를 따라야 한다. 가장 중요한 것은 노래이고, 전체와 분리된 성가대원은 무의미한 존재가 된다. 노랫소리가 천장까지 소용돌이쳐 올라가는 그 황홀한 순간에 우리는 마치 무용수의 몸이 춤사위와 하나 되듯 또는 화가의 손이 풍경화와 하나 되듯 개개인의 자아를 잃고 노래와 하나가 되었다.

　사랑을 나눌 때, 그 더없이 취약한 순간에 내 몸이 상대에게 활짝 열리는 것을 느낄 때도 그것을 경험했다. 나는 이 독특한 환희를 알고 있다. 사랑과 열정이 끝없이 팽창할 때, 경계가 허물어지고 우리가 잠시나마 개별적인 존재라는 사실을 망각할 때 느끼는 환희. 심지어 그 망각을 의식하지도 못한다. 그 순간 의식은 멈추는 듯하다. 그것은 신체의 망각이다. 우리는 하나가 되었다가 개체로 돌아간다. 사랑은 우리를 결합시킨 뒤 믿을 수 없이 소중한 존재가 되어 자신에게로 돌아가게 한다.

내게 "내 마음의 친구"가 있을 때도 그것을 경험한다. 이는 『빌러비드』에서 식소(Sixo)라는 인물이 자기가 사랑하는 여자, "조각난" 그를 모아서 제대로 맞춰주는 친구를 묘사할 때 쓰는 말이다.[1] 나는 서로를 깊이 이해하고 따로 있을 때보다 함께 있을 때 각자의 사유와 감정을 합친 것보다 더 큰 사유와 감정을 이루는 친구 사이의 친밀한 관계를 "마음의 친구"라고 묘사하고 싶다. 성가대원들처럼 그리고 연인들처럼 이들 역시 흥분의 순간을 경험하지만 이러한 흥분은 목소리나 몸의 융합이 아닌 통찰력과 감정의 융합에서 나온다.

순수한 통합으로 느껴지는 이 짧은 경험을 통해 우리는 어쩌면 처음으로 타인의 신체와 융합되어 있던 상태를 추억하는지도 모른다. 합류가 끝난 뒤 감상에 젖는 것은 이런 이유 때문일 것이다. 그런 식으로 우리는 난생처음 잃어버린 그 융합을 조금씩 애도하는 것이다.

합류의 순간은 언제나 짧다. 이를 망각한다면 우리는 자신에게로 돌아갈 수 없을지도 모른다.

목격자

실라 헤티(Sheila Heti)의 독특한 단편소설 「내 인생은 한 편의 농담 (My Life Is a Joke)」에서 주인공은 죽기 전에 미처 하지 못한 이야기를 들려주려고 이승으로 돌아온다. 그녀는 독자에게 자신이 목격자도 없이 홀로 죽었다고 털어놓는다. 그녀는 결혼한 적이 없고 자식도 낳지 않았다. 고등학교 시절, 남자 친구가 사람은 누구나 삶의 목격자가 필요하다며 결혼하자고 제안했을 때 그녀는 거절했다. "나는 그가 아내를 그런 존재로 여기는 게 싫었다. 그저 옆에서 자신의 삶이 펼쳐지는 것을 지켜보는 존재라니." 그 남자 친구는 결국 다른 목격자를 구한다. 그것도 한 명이 아니라 여러 명이다. 대가족인 여자와 결혼해 아이를 낳고 일가친척과 친구들이 가득한 곳에 정착하기 때문이다. 그들 모두가 그의 삶이 펼쳐지는 것을 지켜보고 그의 실패를 목격하며 어쨌든 그를 사랑할 것이다. 주인공은 죽음에서 돌아와 이제는 알 것 같다고 말한다. "나를 사랑하는 사람이 나의 삶을 목격하고 매일 밤 나와 그 삶에 관해 얘기하는 것은 결코 하찮은 일이 아니다."[1]

이야기는 단순한 통찰로 끝을 맺는다. "목격되는 것은 얼마나 아름다운가."[2] 나는 이것이 헤티가 말하고자 하는 핵심이라고 생각한다. 우리의 일상에서 일어나는 극적인 사건들과 소소한 사건들을 모두 지켜봐줄 목격자가 필요하다는 것. 그날 있었던 시시콜콜한 일과 그에 대해 느낀 점을 얘기할 상대가 필요하다는 것. 내가 혼자 살 때 옆집의 소음과 함께 아쉬워한 부분이기도 했다.

나는 헤티의 통찰을 광범위하게 해석하고 싶다. 목격자가 필요하다는 것은 반드시 하루 일과를 마치고 집에 돌아갔을 때 인사를 나눌 수 있는 누군가와 함께 사는 것을 의미하지는 않으리라고 말이다. 이 짧은 소설의 화자가 단순히 우리에게 결혼이나 동거를 하라고 조언하는 것은 아니라고 믿고 싶다. 그보다는 다른 이들과 **더불어 사는 것**, 오랜 시간 동안 삶이 펼쳐지는 과정을 지켜보는 것을 의미한다. 그저 보이는 것을 보는 수동적인 목격이 아니라 관심을 갖고 지켜보는 목격이다. 그러기 위해서는 서로에게 온전히 존재하는 사람이 되어야 한다.

목격되는 것은 얼마나 아름다운가.

지난 몇 년 동안 나와 외로움을 주제로 대화를 나눈 학생들과 동료들, 친구들, 심지어 모르는 사람들에게도 많은 신세를 졌다. 부지런히 자료를 찾으며 원고 준비를 도와주고 나와 함께 외로움의 모든 조건과 영향에 관해 토론해준 다섯 명의 철학과 학생, 조던 드용(Jordan DeJonge), 얀 워즈니악(Jan Wozniak), 코너 매콜리(Connor MacCaulay), 제너 빌러(Jenna Beehler), 존 차피트(John Czafit)에게 특별히 고마움을 표한다. 이 책의 모든 사유와 개념을 꼼꼼히 편집하고 살펴봐준 언니 캐런 엔스(Karen Enns)에게도 깊이 감사드린다. 그녀가 없었더라면 창작의 과정이 훨씬 더 외로웠을 것이다.

나의 외로움 연구 프로젝트에 기금을 마련해준 캐나다 사회과학 및 인문학 연구회(Social Sciences and Humanities Research Council of Canada)와 한 달 동안 토론토 주민에게는 꿈같은 아름다운 산속에서 글을 쓰도록 지원해준 밴프 예술창작센터(Banff Centre for Arts and Creativity)에도 감사드린다. 블룸즈버리 출판사의 리자 톰프슨(Liza Thompson)과 루시 러셀(Lucy Russell)은 효율적인 데다 유쾌하고 현명하기까지 해서 함께 일하는 동안 무척 즐거웠다. 또한 익명의 서평가 세 분이 사려 깊은 논평을 아낌없이 내주었다. 끊임없이 내 연구를 도와준 안토니오 칼카뇨(Antonio Calcagno), 여름 내내 우리가 사랑해 마지않는 토론토의 여러 도서관에서 함께 사유하고 글을 써준 그에게 무한한 고마움을 표한다.

「조직적인 외로움」과 「노동하는 영혼」, 「기술의 강철 끈」의 일부는 '조직적인 외로움'이라는 제목으로 『트로포스: 해석학과 철학 비평 저널(Tropos: Journal of Hermeneutics and Philosophical Criticism)』 2019년 1호에 이미 발표한 내용이다. 전재를 너그러이 허락해준 가에타노 키우라치(Gaetano Chiurazzi) 편집장에게 감사드린다.

이 책은 아름다운 우정과 사유의 열정으로 헤아릴 수 없는 선물을 준 브라이언 필립스에게 헌정한다.

서문

1   Arundhati Roy, "The Pandemic Is a Portal," *Financial Times*, April 3, 2020, https://www.ft.com/content/10d8f5e8-74eb-11ea-95fe-fcd274e920ca.

제1부 외로움은 무엇인가?

모순(1)

1   Maev Kennedy, "Loo with a View," *Guardian*, December 4, 2003, https://www.theguardian.com/uk/2003/dec/04/arts.artsnews.

2   "Six Things You Need to Know about Monica Bonvicini," *Phaidon*, https://ca.phaidon.com/agenda/art/articles/2014/june/17/six-things-you-need-to-know-about-monica-bonvicini/.

외로운 나

1   See Thomas Dumm, *Loneliness as a Way of Life* (Cambridge: Harvard University Press, 2010); Olivia Laing, *The Lonely City* (London: Picador, 2016); Emily White, *Lonely: Learning to Live with Solitude* (Toronto: McClelland & Stewart, 2010).

2   Clark E. Moustakas, *Loneliness* (Pickle Partners Publishing, 2016), Kindle, Location 171.

3   Ibid., Location 82.

4   Marissa Korda, "The Loneliness Project," http://the lone line ssproject.org/.

5   Diane Enns, "The Other L Word," *Philosophers Zone*, interview by Joe Gelonesi, ABC, April 23, 2017, audio, https://www.abc.net.au/radionational/programs/philosopherszone/the-other-l-word-loneliness/8454692.

낙인

1   Sigmund Freud, "The 'Uncanny'," (1919) in *The Standard Edition of the Complete Psychological Works of Sigmund Freud Volume XVII (1917– 1919): An Infantile Neurosis and Other Works*, ed. and trans. James Strachey (London: Vintage, 2001), 217–56.

2   Ibid., 233.

3   "Vulnerable," *Online Etymology Dictionary*, https://www. etymonline.com/ word/vulnerable.

4   Rollo May, *Man's Search for Himself* (New York: W.W. Norton and Co., 1953), 15.

마을에서

1   Susan Pinker, *The Village Effect: How Face-to-Face Contact Can Make Us Healthier, Happier, and Smarter* (Vintage Canada, 2015), 29.

외로움 연구실에서

1   George Monbiot, "The Age of Loneliness Is Killing Us," *The Guardian*, October 14, 2014, https://www.theguardian.com/commentisfree/2014/oct/14/ age-of-loneliness-killing-us.

2   See John Bowlby, *Attachment. Attachment and Loss*, Vol. 1 (New York: Basic Books, 1969); Clark E. Moustakas, *Loneliness* (Pickle Partners Publishing, 2016), Kindle; Robert S. Weiss, *Loneliness: The Experience of Emotional and Social Isolation* (Cambridge: MIT Press, 1975); and Gregory Zilboorg, "Loneliness," *The Atlantic Monthly* (January, 1938): 45–54.

3   See Joseph Hartog, Ralph Audy, and Yedudi A. Cohen, *The Anatomy of Loneliness* (New York: International Universities Press, 1980); Letitia Anne Peplau and Daniel Perlman, *Loneliness: A Sourcebook of Current Theory, Research and Therapy* (New York: John Wiley & Sons, 1982); and Leroy S. Rouner, ed., *Loneliness* (Notre Dame: University of Notre Dame Press, 1998).

4   Peplau and Perlman, *Loneliness: A Sourcebook*, 2.

5   Ibid., 9–11.

6   Ibid., 3–5.

7   Ibid., 4.

8   Olivia Sagan and Eric Miller, eds., *Narratives of Loneliness: Multidisciplinary Perspectives from the 21st Century* (New York: Routledge, 2017), 2.

9   Epictetus, "Enchiridion," in *Epictetus: Discourses and Selected Writings*, trans. Robert Dobbin (London: Penguin Books, 2008), 234.

10 Judith Shulevitz, "The Lethality of Loneliness," *The New Republic*, May 13, 2013, https://newrepublic.com/article113176/science-loneliness-how-isolation-can-kill-you.

11 John T. Cacioppo and William Patrick, *Loneliness: Human Nature and the Need for Social Connection* (New York: W.W. Norton & Company, 2008), 12, 106.

12 Shulevitz, "The Lethality of Loneliness."

13 Pinker, *The Village Effect*, 206.

14 Ibid., 202.

15 Cacioppo and Patrick, *Loneliness*, 16.

16 Ibid., 15-6.

17 Ibid., 34, 37.

18 Ibid., 31, 34, 37.

19 Lars Svendsen, *A Philosophy of Loneliness* (London: Reaktion Books, 2017), 135.

20 Ibid., 58-9, 129.

21 Pinker, The Village Effect, 270-1.

22 Cacioppo and Patrick, Loneliness, 19.

23 Ibid., 229.

모순(2)

1   Toni Morrison, *Beloved* (New York: Plume, 1987), 116.

외로움은 무엇인가?

1   어빙 싱어(Irving Singer)의 사랑에 관한 연구에서 "수여(bestowal)"의 개념을 차용했음을 밝힌다. See "Appraisal and Bestowal," in *The Nature of Love*, Vol. I: Plato to Luther, 2nd ed. (Chicago: University of Chicago Press, 1984).

2   Frieda Fromm-Reichmann, "Loneliness," *Psychiatry* 22, no. 1 (1959):

1. 이 환자는 완치되었고 훗날 프롬라이히만의 치료를 바탕으로 소설을 썼다. See Hannah Green, *I Never Promised You a Rose Garden: A Novel* (New York: St. Martin's Press, 1964).

3   Fromm-Reichmann, "Loneliness," 3.

4   Ibid., 3.

5   Ibid., 3.

6   Harry Stack Sullivan, *The Interpersonal Theory of Psychiatry* (New York: Norton, 1953), 290. Quoted in Fromm-Reichmann, "Loneliness," 3.

7   Fromm-Reichmann, "Loneliness," 1, 6.

8   Ibid., 2-3.

9   Ibid., 5.

10   Ibid., 7, 5-6.

11   Ibid., 3, 5.

12   Ibid., 5.

13   Ibid., 13.

14   Hannah Arendt, *The Human Condition* (Chicago: The University of Chicago Press, 1958), 198-9; 182-4.

15   Hannah Arendt, *The Origins of Totalitarianism*, New Edition (New York: Harcourt Brace & Company, 1973), 478.

16   Ibid., 474-5.

그레고르 잠자의 소외

1   Franz Kafka, *Metamorphosis and Other Stories*, trans. Michael Hofmann (London: Penguin Books, 2007), 87-8.

2   Ibid., 136.

철학자는 홀로 존재한다

1   Tennessee Williams, *Orpheus Descending*, 1958, 26, http://www.newmoontheatre.org/uploads/2/1/7/6/21764846/orpheus_edit_12-3.pdf.

2   Octavio Paz, *The Labyrinth of Solitude*, trans. Lysander Kemp, Yara Milos, Rachel Phillips Belash (New York: Grove Press, 1985), 9.

3   Ibid., 208.

4   Virginia Woolf, "On Being Ill," in *Selected Essays*, ed. David Bradshaw

(Oxford: Oxford University Press, 2008), 101–10, 104.

5   Ibid., 104.

6   Moustakas, *Loneliness*, Location 82, 222, 747–57.

7   Paul Tillich, "Loneliness and Solitude," in *The Anatomy of Loneliness*, ed.
     Joseph Hartog et al. (New York: International Universities Press, 1980),
     547–53, 551.

8   Ibid., 550, 548.

9   Ibid., 551–3.

10   Moustakas, *Loneliness*, Location 55.

11   Edith Stein, *Philosophy of Psychology and the Humanities*, trans. M. C.
     Baseheart and M. Sawicki (Washington, DC: ICS Publications, 2000),
     145.

12   Antonio Calcagno, *Lived Experience from the Inside Out: Social and
     Political Philosophy in Edith Stein* (Pittsburgh, PA: Duquesne University
     Press, 2014), 40. See also Edith Stein, *On the Problem of Empathy*,
     trans. Waltraut Stein (Washington, DC: ICS Publications, 1989).

13   Jean-Paul Sartre, "The Humanism of Existentialism," *Essays in
     Existentialism* (New York: Citadel Press, 1993), 41.

14   Ibid., 47.

15   Jean-Paul Sartre, "Freedom and Responsibility," *Essays in Existentialism*,
     64–5.

16   Sartre, "The Humanism of Existentialism," 51–2.

17   Sartre, *Being and Nothingness*, trans. Hazel E. Barnes (New York:
     Washington Square Press, 1992), 484.

18   Ibid., 481–2.

19   Jean-Paul Sartre, *No Exit*, in *No Exit and Three Other Plays*, trans. S.
     Gilbert (New York: Vintage International Edition, 1989), 45.

20   Albert Camus, "The Myth of Sisyphus," in *The Myth of Sisyphus and
     Other Essays*, trans. Justin O'Brien (New York: Vintage International,
     1991), 121–3.

21   예를 들면 Franz von Stuck, *Sisyphus*, oil on canvas, 1920 (Galerie Ritthaler,
     München) 참조. https://fineartamerica.com/featured/sisyphus-franz-
     von-stuck.html.

22   Albert Camus, The *Rebel: An Essay on Man in Revolt*, trans. Anthony

Bower (New York: Vintage Books, 1991), 22.

23 Simone de Beauvoir, *The Ethics of Ambiguity*, trans. Bernard Frechtman (New York: Citadel Press, 1976), 8–9.

24 Camus, *The Myth of Sisyphus and Other Essays*, 3–16.

25 Friedrich Nietzsche, *Twilight of the Idols*, trans. Duncan Large (Oxford: Oxford University Press, 1998), 58.

26 Lou Salomé, *Nietzsche*, trans. Siegfried Mandel (Chicago: University of Illinois Press, 2001), 12.

27 Ibid., 10.

28 Melanie Klein, "On the Sense of Loneliness," in *Envy and Gratitude and Other Works 1946–1963*, vol. III, ed. Roger Money-Kyrle (New York: The Free Press, 1975), 311.

29 Ralph Waldo Emerson, "Self-Reliance," 3, 4, 13, 18, 12, https://math.dartmouth.edu/~doyle/docs/self/self.pdf.

30 Ibid., 5, 14, 21.

31 Virginia Woolf, *A Room of One's Own; Three Guineas*, ed. Michèle Barrett (New York: Penguin Books, 1993), 89–90.

독방에서

1 Lisa Guenther, *Solitary Confinement: Social Death and Its Afterlives* (Minneapolis: University of Minnesota Press, 2013), 69.

2 여기서 말하는 CIA 매뉴얼은 Lisa Guenther, *Solitary Confinement: Social Death and Its Afterlives*(Minneapolis: University of Minnesota Press, 2013) 82쪽에 인용된 쿠바르크(KUBARK, 1963)(88)이다. 겐서는 쿠바르크가 릴리(Lilly)를 인용했으나 페이지가 틀렸다고 밝힌다. 82쪽 주석 20 참조.

3 Lawrence E. Hinkle and Harold G. Wolff, "Communist Interrogation and Indoctrination of 'Enemies of the State'" (American Medical Association, 1956), 129, quoted in Guenther, *Solitary Confinement*, 68.

4 Atul Gawande, "Hellhole," *New Yorker*, March 30, 2009, https://www.newyorker.com/magazine/2009/03/30/hellhole.

5 Dana G. Smith, "Neuroscientists Make a Case against Solitary Confinement," *Scientific American*, November 9, 2018, https://www.scientificamerican.com/article/neuroscientists-make-a-case-against-solitary-confinement/.

6   Guenther, *Solitary Confinement*, 164.

7   Jack Henry Abbott, *In the Belly of the Beast: Letters from Prison* (New York: Random House, 1981), 51.

8   Ibid., 52–3.

고독의 양가성

1   Michael Finkel, "Into the Woods; How One Man Survived Alone in the Wilderness for 27 Years," *Guardian*, March 15, 2017, https://www.theguardian.com/news/2017/mar/15/stranger-in-the-woods-christopher-knight-hermit-maine.

2   Paul Willis, "This Reclusive Life: What I Learned about Solitude from My Time with Hermits," *Guardian*, October 6, 2017, https://www.theguardian.com/us-news/2017/oct/06/hermits-solitude-wilderness-new-mexico.

3   Michael Finkel, "The Strange and Curious Tale of the Last True Hermit," *GQ*, August 5, 2014, https://www.gq.com/story/the-last-true-hermit.

4   Finkel, "Into the Woods."

5   Willis, "This Reclusive Life."

6   John Haldane, in Thomas Morris, "The Philosophy of Solitude," *BBC Sounds: In Our Time*, June 19, 2014, https://www.bbc.co.uk/sounds/play/b046ntnz.

7   Arendt, *The Human Condition*, 15.

8   Plato, *Symposium*, trans. Alexander Nehamas and Paul Woodruff (Indianapolis: Hackett Publishing Co., 1989), 207A.

9   Morris, "The Philosophy of Solitude."

10 Mary Wellesley, "The Life of the Anchoress," *Discovering Literature: Medieval*, March 13, 2018, https://www.bl.uk/medieval-literature/articles/the-life-of-the-anchoress.

11 Michel de Montaigne, "Of Solitude," *Essays of Michel de Montaigne*, trans. Charles Cotton, ed. William Hazlitt, https://www.gutenberg.org/files/3600/3600-h/3600-h.htm.

12 Henry David Thoreau, *Walden*, ed. Stephen Fender (New York: Oxford University Press, 1977), 120, 123.

13 Kathryn Schulz, "The Moral Judgments of Henry David Thoreau," *New*

Yorker, October 19, 2015.

14 Finkel, "The Strange and Curious Tale of the Last True Hermit."

15 Anthony Storr, *Solitude: A Return to the Self* (New York: The Free Press, 1988), xiv.

16 Fromm-Reichmann, "Loneliness," 7.

17 Ibid., 7.

18 Ibid., 6.

19 Sara Maitland, *How to Be Alone* (London: Macmillan, 2014), 25-9.

20 Ibid., 57.

21 Ibid., 91.

22 Sara Maitland, "'Savour Solitude—It Is Not the Same as Loneliness,'" *Guardian*, May 17, 2020, https://www.theguardian. com/society/2020/may/17/sara-maitland-savour-solitude-it-is-not-the-same-as-loneliness.

23 Anthony Stevens, "Anthony Storr," *Guardian*, March 20, 2001, https://www.theguardian.com/news/2001/mar/20/guardianobituaries.highereducation.

24 Storr, *Solitude*, xiv, xi-xiv.

25 Ibid., 29, 21.

26 Ibid., xiv.

27 Anthony Stevens, "Anthony Storr."

28 Hannah Arendt, *The Life of the Mind*, One-Volume Edition (New York: Harcourt, Inc., 1971), 175, 185.

29 Storr, *Solitude*, 46.

30 Ibid., xiii, 11, 18, 28.

31 Denise Ryan, "Novelist Says Loneliness Is a 'Very Privileged' Thing," *Vancouver Sun*, February 24, 2017, https://vancouversun.com/entertainment/books/novelist-says-lonesomeness-a-very-privileged-thing.

솔루스

1 Susan Sontag, "Pilgrimage," in *Debriefing: Collected Stories*, ed. Benjamin Taylor (New York: Farrar, Straus and Giroux, 2017), 29.

2 May Sarton, *Journal of a Solitude* (New York: W.W. Norton & Co., 1973), 195-6.

3   Ibid., 113–4.

4   Ibid., 199, 195–6.

5   Ibid., 115, 107.

6   Ibid., 11.

7   Ibid., 108.

함께하는 혼자

1   Sherry Turkle, "Connected, But Alone," *TED*, 2012,
     https://www.ted.com/talks/sherry_turkle_connected_but_alone?language=en.

2   Sherry Turkle, *Alone Together: Why We Expect More from Technology
     and Less from Each Other* (New York: Basic Books, 2011).

3   Stein, *Philosophy of Psychology and the Humanities*, 197, 144, 273, 133.

4   Martin Buber, *Between Man and Man*, trans. Ronald Gregor–Smith (New
     York: Routledge, 2002), 236–44, 242.

5   Moustakas, *Loneliness*, Location 52–6.

제2부 우리는 왜 외로운가?

조직적인 외로움

1   Arendt, *The Origins of Totalitarianism*, 464.

2   Ibid., 473.

3   Ibid., 474.

4   Ibid., 474–5.

5   Ibid., 474.

6   Ibid., 475.

7   Ibid., 474–5.

8   Ibid., 476–7.

9   Ibid., 475; Arendt, *The Human Condition*, 76.

10   Arendt, *The Origins of Totalitarianism*, 478, 465–6, 475–6.

11   Ibid., 478.

12   Hannah Arendt, *The Promise of Politics*, ed. Jerome Kohn (New York:
     Schocken Books, 2005), 201.

13   Arendt, The Human Condition, 248–57.

14   Ibid., 154.

15 『인간의 조건』 결론 부분에서 아렌트는 "만들고 제작하고 건축하는" 일은 현대 세계에서도 인간의 활동으로 지속되지만 이는 "점점 더 예술가의 능력으로 제한되고" 있다고 주장한다. 323.

16 Franco "Bifo" Berardi, *The Soul at Work: From Alienation to Autonomy*, trans. Francesca Cadel and Giuseppina Mecchia (South Pasadena: Semiotext(e), 2009) 21-2. 베라르디가 사용하는 "기호 자본주의"라는 말은 장 보드리야드에게서 차용한 것이다.

17 Luis Suarez-Villa, *Technocapitalism: A Critical Perspective on Technological Innovation and Corporatism* (Philadelphia: Temple University Press, 2009), 3, 32.

18 Shoshana Zuboff, "Big Other: Surveillance Capitalism and the Prospects of an Information Civilization," *Journal of Information Technology* 30 (2015): 75.

19 Suarez-Villa, *Technocapitalism*, 4.

커플의 독재

1 K. D. M. Snell, "The Rise of Living Alone and Loneliness in History," *Social History* 42, no. 1 (2017): 18, 10.

2 Michèle Barrett and Mary McIntosh, *The Anti-social Family* (New York: Verso Press, 2015), 56.

3 Erich Fromm, *The Art of Loving* (New York: Harper & Row, Inc., 2006), 81.

4 See Claudia Card, "Against Marriage and Motherhood," *Hypatia* 11, no. 3 (Summer 1996).

5 Elizabeth Brake, *Minimizing Marriage: Marriage, Morality, and the Law* (Oxford: Oxford University Press, 2012), 5.

6 Ibid., 89, 92-4. 브레이크는 "결혼한 남성들은 비슷한 수준의 직무 능력을 가진 비혼 남성 동료들에 비해 훨씬 더 높은 급여를 받는다"고 설명한다. "뿐만 아니라 싱글들은 야근이나 주말에 근무하거나 장거리 여행이 포함된 직무를 맡을 것으로 기대받으며 기혼자들에 비해 싱글들의 업무 외 활동은 중요하지 않다고 여겨진다." 94.

7 See also Rebecca Traister, *All the Single Ladies* (New York: Simon and Schuster, 2016); Kate Bolick, *Spinster* (New York: Broadway Books, 2016); Eric Klinenberg, *Going Solo* (London: Penguin Books, 2013).

8 See Bella DePaulo, "Single People Aren't to Blame for the Loneliness Epidemic," *The Atlantic: Family*, August 28, 2018,

https://www.theatlantic.com/family/archive/2018/08/single-people-arent-to-blame-for-the-loneliness-epidemic/568786/.

9   See Bella DePaulo, *How We Live Now: Redefining Home and Family in the 21st Century* (New York: Atria Books, 2015).

10 Bella DePaulo, "Why Are You Still Single?: Here's the Best Way to Answer," *Psychology Today*, blog posted July 27, 2019, https://www.psychologytoday.com/ca/blog/living-single/201907/why-are-you-single-here-are-some-my-favorite-answers.

11 Lea Melandri, *Love and Violence: The Vexatious Factors of Civilization*, trans. Antonio Calcagno (Albany: SUNY Press, 2019), 37.

집에서

1   Sameer Rahim, "Doris Lessing: In Her Own Words," *The Telegraph*, Book News, November 17, 2013, https://www.telegraph.co.uk/culture/books/booknews/10455645/Doris-Lessing-in-her-own-words .html.

2   Virginia Woolf, *To the Lighthouse* (London: Grafton Books, 1977), 39.

반사회적 가족

1   Kate Chopin, *The Awakening and Selected Stories* (New York: Penguin Books, 1984), 51.

2   Roland Barthes, *How to Live Together: Novelistic Simulations of Some Everyday Spaces*, trans. Kate Briggs (New York: Columbia University Press, 2013), 5.

3   Ibid., 5.

4   Shivani Vora, "How Neil Patrick Harris and David Burtka Spend Their Sundays," *New York Times*, June 14, 2019, https://www.nytimes.com/2019/06/14/nyregion/neil-patrick-harris-david-burtka.html ?sea rchR esul tPosition=1.

5   Barthes, *How to Live Together*, 5.

6   Storr, *Solitude*, xiii.

7   Barrett and McIntosh, *The Anti-Social Family*, 21-3.

8   Ibid., 29.

9   Ibid., 171.

10 Ibid., 79-80, 77.

11   Ibid., 133-4; 144-52.

공동체에 반하여

1   See "Bolivian Mennonites Jailed for Serial Rapes," *BBC News*, August 26, 2011, https://www.bbc.com/news/world-latin-america-14688458; Andres Schipani, "'The Work of the Devil': Crime in a Remote Religious Community," *Guardian*, September 10, 2009, https://www.theguardian.com/world/2009/sep/10/mennonites-rape-bolivia; Jean Friedman-Rudovsky, "The Ghost Rapes of Bolivia," *Vice*, December 22, 2013, https://www.vice.com/en_ca/article/4w7gqj/the-ghost-rapes-of-bolivia-000300-v20n8.

2   Friedman-Rudovsky, "The Ghost Rapes of Bolivia."

3   Jean Friedman-Rudovsky, "The Verdict in Bolivia's Shocking Case of the Mennonite Rapes," *Time*, August 17, 2011, http://content.time.com/time/world/article/0,8599,2087711,00.html.

4   Friedman-Rudovsky, "The Ghost Rapes of Bolivia."

5   "For the Love of Paradox: Mennonite Morality and Philosophy," in Religious Upbringing and the Costs of Freedom: Personal and Philosophical Essays, eds. Peter Caws and Stefani Jones (Penn State University Press, 2010)와 Love in the Dark: Philosophy by Another Name (Columbia University Press, 2016)에서 나의 메노파교도 배경에 대해 좀 더 광범위하게 다뤘다.

6   Ferdinand Tönnies, *Community and Society*, trans. Charles P. Loomis (New York: Harper, 1963), 47, 65, 49, quoted in Zygmunt Bauman, *Community: Seeking Safety in an Insecure World* (Oxford: Polity Press, 2001), 10.

7   Franco "Bifo" Berardi, *And: Phenomenology of the End* (Semiotext[e], 2015), 67-8.

8   Kwame Anthony Appiah, *The Lies That Bind: Rethinking Identity* (New York: Liveright Publishing Co., 2018), 3.

9   Bauman, *Community*, 3.

10   Arendt, *The Life of the Mind*, 88.

11   Roberto Esposito, *Terms of the Political: Community, Immunity, Biopolitics*, trans. Rhiannon Noel Welch (New York: Fordham University Press,

2013), 61, 62.

12   Bauman, *Community*, 17-8.

13   Ibid., 117.

14   Ibid., 5.

15   Amartya Sen, *Identity and Violence: The Illusion of Destiny* (New York: Penguin Books, 2006), xv–xvi.

16   Ibid., 2.

향수

1   *The Farewell*, dir. Lulu Wang, August, 2019, Ray Productions, https://www.imdb.com/title/tt8637428/.

노동하는 영혼

1   James Bloodworth, "I Worked in an Amazon Warehouse: Bernie Sanders Is Right to Target Them," *Guardian*, September 17, 2018, https://www.theguardian.com/commentisfree/2018/sep/17/amazon-warehouse-bernie-sanders.

2   Zoe Williams, "Do You Want to Feel Really Good This Christmas? Boycott Amazon," *Guardian*, December 3, 2019, https://www.theguardian.com/technology/shortcuts/2019/dec/03/boycott-amazon-christmas-workers-ceo-jeff-bezos.

3   André Spicer, "Amazon's 'Worker Cage' Has Been Dropped, But Its Staff Are Not Free," *Guardian*, September 14, 2018, https://www.theguardian.com/commentisfree/2018/sep/14/amazon-worker-cage-staff.

4   Michael Sainato, "'Go Back to Work': Outcry over Deaths on Amazon Warehouse Floor," *Guardian*, October 18, 2019, https://www.theguardian.com/technology/2019/oct/17/amazon-warehouse-worker-deaths.

5   Karl Marx, *The Economic and Philosophical Manuscripts of 1844*, ed. Dirk J. Struik, trans. Martin Milligan (New York: International Publishers, 1964), 111, 108, 65.

6   Ibid., 110.

7   Berardi, *The Soul at Work*, 115.

8   Ibid., 23.

9   Ibid., 74.

10 Suarez-Villa, *Technocapitalism*, 30-3.

11 Berardi, *The Soul at Work*, 78.

12 Ibid., 79.

13 Ibid., 83.

14 Ibid., 81, 80.

15 Berardi, *And*, 110.

16 Berardi, *The Soul at Work*, 22.

17 Ibid., 21, 115, 133.

18 Ibid., 115.

19 Ibid., 80.

20 See the DoorDash website: https://www.doordash.com/dasher/signup/?source =dx_signup_help_header.

21 Richard Schacht, *Alienation* (New York: Doubleday & Company, Inc., 1971).

22 Jana Costas and Peter Fleming, "Beyond Dis-Identification: A Discursive Approach to Self-Alienation in Contemporary Organizations," *Human Relations* 62, no. 3 (2009): 353-78, 365, 368, 366.

23 Arendt, *The Human Condition*, 126.

24 Ibid., 322.

25 Suarez-Villa, *Technocapitalism*, 35.

26 Phil Daoust, "The New Rules of Eating al desko," *Guardian*, January 10, 2019, https://www.theguardian.com/food/2019/jan/10/the-new-rules-of-eating-al-desko.

27 Berardi, *The Soul at Work*, 24.

사막에서

1   Camus, *The Myth of Sisyphus and Other Essays*, v.

2   Ibid., 12.

3   Arendt, *The Promise of Politics*, 202.

기술의 강철 끈

1   Casey Newton, "The Trauma Floor: The Secret Lives of Facebook Moderators in America," *The Verge*, February 25, 2019, https://www.thev

erge.com/2019/2/25/18229714/cognizant-facebook-content-moderator-interviews-trauma-working-conditions-arizona.

2 Andrew Marantz, "The Dark Side of Techno-Utopianism," *New Yorker*, September 30, 2019, https://www.newyorker.com/magazine/2019/09/30/the-dark-side-of-techno-utopianism.

3 Ibid.

4 Berardi, *And*, 12, 14-8, 13, 23.

5 Ibid., 18, 21-3, 23.

6 Ibid., 18.

7 Zygmunt Bauman and Thomas Leoncini, *Born Liquid: Transformations in the Third Millennium* (Cambridge, UK: Polity Press, 2019), 65, 66.

8 Berardi, *And*, 70.

9 Ibid., 67-8.

10 Ibid., 12, 296-7, 110.

11 주로 일본에서 실시되는 "가족 대여" 서비스를 제외한 나머지 사례는 영국 정부 보고서에서 참고했다. "A Connected Society: A Strategy for Tackling Loneliness—Laying the Foundation for Change," Department for Digital, Culture, Media and Sport, London, October 2018, https://assets.publishing.service.gov.uk/government/uploads/system/uploads/attachment_data/file/750909/6.4882_DCMS_Loneliness_Strategy_web_Update.pdf.

12 Arendt, *The Promise of Politics*, 202, 203.

사회적 결함

1 Anna Fifield, "Cleaning Up after the Dead," *Washington Post*, January 24, 2018, https://www.washingtonpost.com/news/world/wp/2018/01/24/feature/so-many-japanese-people-die-alone-theres-a-whole-industry-devoted-to-cleaning-up-after-them/.

2 Eleanor Ainge Roy, "New Zealand University Student Lay Dead in Room for Nearly Two Months," *Guardian*, 25 September, 2019, https://www.theguardian.com/world/2019/sep/25/new-zealand-university-student-lay-dead-in-room-for-nearly-two-months.

3 Arendt, *The Promise of Politics*, 201.

4 Sachiko Horiguchi, "*Hikikomori*: How Private Isolation Caught the Public Eye," in *A Sociology of Japanese Youth: From Returnees to NEETs*, ed. Roger Goodman, Yuki Imoto and Tuukka Toivonen (New York: Routledge), 127.

5 최근의 한 정부 조사에서는 15~39세 남녀에 비해 40~64세 인구에서 히키코모리의 수가 조금 더 많은 것으로 추정되었다. "613,000 in Japan Aged 40 to 64 Are Recluses, Says First Government Survey of Hikikomori," *Japan Times*, March 29, 2019, https://www.japantimes.co.jp/news/2019/03/29/national/613000-japan-aged-40-64-recluses-says-first-government-survey-hikikomori/.

6 Karin Amamiya, "*'Ikizurasa' nitsuite: hinkon, aidentiti, nashyonarizumu*" (Tokyo: Kobunsha shinsho), quoted in Anne Allison, *Precarious Japan* (Durham: Duke University Press, 2013), 67.

7 Horiguchi, "*Hikikomori*: How Private Isolation Caught the Public Eye," 130.

8 Berardi, *And*, 104-5.

9 Allison, *Precarious Japan*, 73.

10 Horiguchi, "*Hikikomori*: How Private Isolation Caught the Public Eye," 127-8.

11 Weiyi Kai and Simone Landon, "Attacks by White Extremists Are Growing. So Are Their Connections," *New York Times*, April 3, 2019, https://www.nytimes.com/interactive/2019/04/03/world/white-extremist-terrorism-christchurch.html.

12 Elliot Rodger, "My Twisted World: The Story of Elliot Rodger," accessed June 23, 2021, https://www.documentcloud.org/documents/1173808-elliot-rodger-manifesto.html.

13 "George Sodini's Blog: Full Text by Alleged Gym Shooter," *ABC News*, August 5, 2009, https://abcnews.go.com/US/story?id =8258001&page=1.

제3부 우리에겐 무엇이 필요한가?

팬데믹의 잠시 멈춤

1 Cecilia Kang, "The Humble Phone Call Has Made a Comeback," *New York Times*, April 9, 2020, https://www.nytimes.com/2020/04/09/technology/phone-calls-voice-virus.html.

2   Greta Anderson, "Feeling Shortchanged," *Inside Higher Ed*, April 13, 2020, https://www.insidehighered.com/news/2020/04/13/students-say-online-classes-arent-what-they-paid.

3   Masha Gessen, "How the Coronavirus Pandemic Has Shattered the Myth of College in America," *New Yorker*, April 28, 2020, https://www.newyorker.com/news/us-journal/how-the-coronavirus-pandemic-has-shattered-the-myth-of-college-in-america?utm_source=onsite-share&utm_medium=email&utm_campaign=onsite-share&utm_brand=the-new-yorker.

4   이 글을 쓴 시점은 백신이 상용화되기 여러 달 전이었다. 그러나 이제 우리는 백신이 세상의 바람처럼 만병통치약이 아니었으며 차라리 사회적 거리 두기가 무해하게 느껴질 만큼 반사회적인 작용을 낳는다는 것을 알았다.

소속

1   A. K. Ramanujan, *Journeys: A Poet's Diary,* ed. Krishna Ramanujan and Guillermo Rodriguez (Gurgaon: Hamish Hamilton/Penguin), quoted in David Shulman, "Waiting for the Perfect Word," *The New York Review of Books*, September 26, 2019, Vol. LXVI, Number 14, p. 82. Italics added.

2   Koji Tsukino, quoted in Anne Allison, *Precarious Japan*, 3.

3   Arendt, *The Origins of Totalitarianism*, 296.

4   Ibid., 296.

5   Ibid., 302.

6   Ibid.

가까이

1   Jenny Erpenbeck, *Go, Went, Gone*, trans. Susan Bernofsky (New York: New Directions Books, 2017), 121-2.

2   Vivian Gornick, "Letter from Greenwich Village," in *The Best American Essays 2014, ed.* John Jeremiah Sullivan (New York: Houghton Mifflin Harcourt, 2014), 49-65, 65.

멀리

1   Georg Simmel, *On Individuality and Social Forms*, ed. Donald N. Levine

(Chicago: University of Chicago Press, 1971), 335.

2   Atul Gawande, *On Being Mortal: Medicine and What Matters in the End* (Doubleday Canada, 2014), 15.

3   Ibid., 20.

4   Simmel, *On Individuality and Social Forms*, 324.

5   Ibid., 333.

6   de Beauvoir, *The Ethics of Ambiguity*, 91.

7   Barthes, *How to Live Together*, 132.

동네에서

1   Jane Jacobs, *The Death and Life of Great American Cities*, Vintage Books Edition (New York: Vintage Books, 1992), 55, 62, 64.

2   Ibid., 56.

3   Ibid., 59–60, 61.

4   Ibid., 68, 69, 70.

5   Ibid., 116.

6   Jane Jacobs, *Dark Age Ahead* (Toronto: Vintage Canada, 2004), 3–4.

카페에서

1   Stein, *Philosophy of Psychology and the Humanities*, 145.

2   Simmel, *On Individuality and Social Forms*, 329.

시장에서

1   Berardi, *The Soul at Work*, 80.

돌봄

1   Campbell Robertson and Robert Gebeloff, "How Millions of Women Became the Most Essential Workers in America," *New York Times*, April 18, 2020, https://www.nytimes.com/2020/04/18/us/coronavirus-women-essential-workers.html

2   Adam Carter, "Military Report Reveals What Sector Has Long Known: Ontario's Nursing Homes Are in Trouble," *CBC*, May 27, 2020, https://www.cbc.ca/news/canada/toronto/military-long-term-care-home-report-covid-ontario-1.5585844.

3   Julie Ireton, "Covid-19: Majority of Region's Long-Term Care Deaths Occurred in For-Profit Homes," *CBC News*, June 10, 2020, https://www.cbc.ca/news/canada/ottawa/for-profit-nursing-homes-83-percent-of-covid-deaths-eastern-ontario-1.5604880.

4   Simone Weil, *The Need for Roots: Prelude to a Declaration of Duties towards Mankind*, trans. Arthur Wills (New York: Routledge, 2002), 3-5.

우정

1   Simone Weil, *Oppression and Liberty*, trans. Arthur Wills and John Petrie (New York: Routledge, 2001), 94, 79, 81, 79.

2   Plato, *Symposium*, 53, note 79.

3   Plato, *Symposium*, 57.

4   Morrison, *Beloved*, 116.

사랑

1   Michel de Montaigne, *Essays*, trans. J. M. Cohen (London: Penguin Books, 1993), 97.

2   Morrison, *Beloved*, 213.

합류

1   Morrison, *Beloved*, 272-3.

목격자

1   Sheila Heti, "My Life Is a Joke," *New Yorker*, May 11, 2015, https://www.newyorker.com/magazine/2015/05/11/my-life-is-a-joke.

2   Ibid.

Abbott, Jack Henry. *In the Belly of the Beast: Letters from Prison*. New York: Random House, 1981.

ABC News. "George Sodini's Blog: Full Text by Alleged Gym Shooter." August 5, 2009. https://abcnews.go.com/US/story?id =8258001 &page=1.

Allison, Anne. *Precarious Japan*. Durham: Duke University Press, 2013.

Amamiya, Karin, and Kayano Toshihito. *"Ikizurasa" nitsuite: hinkon, aidentiti, nashyonarizumu*. Tokyo: Kobunsha shinsho, 2008.

Anderson, Greta. "Feeling Shortchanged." *Inside Higher Ed*, April 13, 2020. https://www.insidehighered.com/news/2020/04/13/students–say–online–classes–arent–what–they–paid.

Appiah, Kwame Anthony. *The Lies That Bind: Rethinking Identity*. New York: Liveright Publishing Co., 2018.

Arendt, Hannah. *The Human Condition*. Chicago: University of Chicago Press, 1958.

Arendt, Hannah. *The Life of the Mind*. One–volume ed. New York: Harcourt, Inc., 1971.

Arendt, Hannah. *The Origins of Totalitarianism*. Rev. ed. New York: Harcourt Brace & Company, 1973.

Arendt, Hannah. *The Promise of Politics*. Edited by Jerome Kohn. New York: Schocken Books, 2005.

Barrett, Michèle, and Mary McIntosh. *The Anti–Social Family*. New York: Verso Press, 2015.

Barthes, Roland. *How to Live Together: Novelistic Simulations of Some Everyday Spaces*. Translated by Kate Briggs. New York: Columbia University Press, 2013.

Bauman, Zygmunt. *Community: Seeking Safety in an Insecure World*. Oxford: Polity Press, 2001.

Bauman, Zygmunt, and Thomas Leoncini. *Born Liquid: Transformations in the Third Millennium*. Cambridge, UK: Polity Press, 2019.

BBC News. "Bolivian Mennonites Jailed for Serial Rapes." August 26, 2011. https://www.bbc.com/news/world-latin-america-14688458.

BBC Sounds: In Our Time. "The Philosophy of Solitude." Thomas Morris, producer. Melvyn Bragg with Simon Blackburn, John Haldane, and Melissa Lane. June 19, 2014. https://www.bbc.co.uk/sounds/play/b046ntnz.

Beauvoir, Simone de. *The Ethics of Ambiguity*. Translated by Bernard Frechtman. New York: Citadel Press, 1976.

Franco "Bifo" Berardi. *And: Phenomenology of the End*. South Pasadena, CA: Semiotext(e), 2015.

Berardi, Franco "Bifo." *The Soul at Work: From Alienation to Autonomy*. Translated by Francesca Cadel and Giuseppina Mecchia. South Pasadena, CA: Semiotext(e), 2009.

Blackburn, Simon, John Haldane and Melissa Lane. "The Philosophy of Solitude." By Thomas Morris Audio. *BBC Sounds: In Our Time*. June 19, 2014. https://www.bbc.co.uk/sounds/play/b046ntnz.

Bloodworth, James. "I Worked in an Amazon Warehouse: Bernie Sanders Is Right to Target Them." *Guardian*, September 17, 2018. https://www.theguardian.com/commentisfree/2018/sep/17/amazon-warehouse-bernie-sanders.

Bolick, Kate. *Spinster*. New York: Broadway Books, 2016.

Bowlby, John. *Attachment and Loss, Vol. 1: Attachment*. New York: Basic Books, 1969.

Brake, Elizabeth. *Minimizing Marriage: Marriage, Morality, and the Law*. Oxford: Oxford University Press, 2012.

Buber, Martin. *Between Man and Man*. Translated by Ronald Gregor-Smith. New York: Routledge, 2002.

Cacioppo, John T., and William Patrick. *Loneliness: Human Nature and the Need for Social Connection*. New York: W.W. Norton & Company, 2008.

Calcagno, Antonio. *Lived Experience from the Inside Out: Social and Political Philosophy in Edith Stein*. Pittsburgh, PA: Duquesne University Press, 2014.

Camus, Albert. *The Myth of Sisyphus and Other Essays*. Translated by Justin O'Brien. New York: Vintage Books, 1991.

Camus, Albert. "The Myth of Sisyphus." In *The Myth of Sisyphus and Other Essays*, translated by Justin O'Brien, 119–23. New York: Vintage International, 1991.

Camus, Albert. *The Rebel: An Essay on Man in Revolt*. Translated by Anthony Bower. New York: Vintage Books, 1976.

Card, Claudia. "Against Marriage and Motherhood." *Hypatia* 11, no. 3 (1996): 1–23.

Carter, Adam. "Military Report Reveals What Sector Has Long Known: Ontario's Nursing Homes Are in Trouble." *CBC*, May 27, 2020. https://www.cbc.ca/news/canada/toronto/military-long-term-care-home-report-covid-ontario-1.5585844.

Chopin, Kate. *The Awakening and Selected Stories*. New York: Penguin Books, 1984.

CIA. KUBARK Counterintelligence Interrogation. 1963. Quoted in Lisa Guenther. *Solitary Confinement: Social Death and Its Afterlives*. Minneapolis: University of Minnesota Press, 2013.

Costas, Jana, and Peter Fleming. "Beyond Dis-Identification: A Discursive Approach to Self-Alienation in Contemporary Organizations." *Human Relations* 62, no. 3 (2009): 353–78.

Daoust, Phil. "The New Rules of Eating Al Desko." *Guardian*, January 10, 2019. https://www.theguardian.com/food/2019/jan/10/the-new-rules-of-eating-al-desko.

Department for Digital, Culture, Media, and Sport. "A Connected Society: A Strategy for Tackling Loneliness—Laying the Foundation for Change." PDF file. Department for Digital, Culture, Media, Sport. London, October 2018. https://assets.publishing.service.gov.uk/government/uploads/system/uploads/attachment _data/file750909/6.4882 _DCMS_Loneliness_Strategy_web _Update.pdf.

DePaulo, Bella. *How We Live Now: Redefining Home and Family in the 21st Century*. New York: Atria Books, 2015.

DePaulo, Bella. "Single People Aren't to Blame for the Loneliness Epidemic." *The Atlantic: Family*. August 28, 2018. https://www.theatlantic.com/

family/archive/2018/08/single-people-arent-to-blame-for-the-loneliness-epidemic/568786/.

DePaulo, Bella. "Why Are You Still Single?: Here's the Best Way to Answer." *Living Single* (blog). *Psychology Today*. July 27, 2019. https://www.psychologytoday.com/ca/blog/living-single/201907/why-are-you-single-here-are-some-my-favorite-answers.

Doordash. "Sign Up." (website). https://www.doordash.com/dasher/signup/?source =dx_signup_help_header.

Dumm, Thomas. *Loneliness as a Way of Life*. Cambridge, MA: Harvard University Press, 2010.

Emerson, Ralph Waldo. *Self-Reliance*. PDF file. 1841. https://math.dartmouth.edu/~doyle/docs/self/self.pdf.

Enns, Diane. "The Other L Word." Interview by Joe Gelonesi. *Philosophers Zone*. ABC, April 23, 2017. Audio, 25:31. https://www.abc.net.au/radionational/programs/philosopherszone/the-other-l-word-loneliness/8454692.

Epictetus. "Enchiridion." In *Epictetus: Discourses and Selected Writings*, translated by Robert Dobbin, 219–45. London: Penguin Books, 2008.

Erpenbeck, Jenny. *Go, Went, Gone.* Translated by Susan Bernofsky. New York: New Directions Books, 2017.

Esposito, Roberto. *Terms of the Political: Community, Immunity, Biopolitics*. Translated by Rhiannon Noel Welch. New York: Fordham University Press, 2013.

Fifeld, Anna. "Cleaning Up after the Dead." *Washington Post*, January 24, 2018. https://www.washingtonpost.com/news/world/wp/2018/01/24/feature/so-many-japanese-people-die-alone-theres-a-whole-industry-devoted-to-cleaning-up-after-them/.

Finkel, Michael. "Into the Woods: How One Man Survived Alone in the Wilderness for 27 Years." *Guardian*, March 15, 2017. https://www.theguardian.com/news/2017/mar/15/stranger-in-the-woods-christopher-knight-hermit-maine.

Finkel, Michael. "The Strange and Curious Tale of the Last True Hermit." *GQ*, August 5, 2014. https://www.gq.com/story/the-last-true-hermit.

Freud, Sigmund. "The Uncanny" (1919). In *The Standard Edition of the*

Complete Psychological Works of Sigmund Freud Volume XVII (1917–1919): An Infantile Neurosis and Other Works, edited and translated by James Strachey, 217–56. London: Vintage Books, 2001.

Friedman–Rudovsky, Jean. "The Ghost Rapes of Bolivia." *Vice*, December 22, 2013. https://www.vice.com/en_ca/article/4w7gqj/the-ghost-rapes-of-bolivia-000300-v20n8.

Friedman–Rudovsky, Jean. "The Verdict in Bolivia's Shocking Case of the Mennonite Rapes." *Time*, August 17, 2011. http://content.time.com/time/world/article/0,8599,2087711,00.html.

Fromm, Erich. *The Art of Loving*. New York: Harper & Row Publishers, 1956.

Fromm–Reichmann, Frieda. "Loneliness." *Psychiatry* 22, no. 1 (1959): 1–15.

Gawande, Atul. "Hellhole." *New Yorker*, March 30, 2009. https://www.newyorker.com/magazine/2009/03/30/hellhole.

Gawande, Atul. *On Being Mortal: Medicine and What Matters in the End*. Toronto: Doubleday Canada, 2014.

Gessen, Masha. "How the Coronavirus Pandemic Has Shattered the Myth of College in America." *New Yorker*, April 28, 2020. https://www.newyorker.com/news/us-journal/how-the-coronavirus-pandemic-has-shattered-the-myth-of-college-in-america?utm_source=onsite-share&utm_medium=email&utm_campaign =onsite-share&utm_brand =the-new-yorker.

Gornick, Vivian. "Letter from Greenwich Village." In *The Best American Essays 2014*, edited by John Jeremiah Sullivan, 49–65. New York: Houghton Mifflin Harcourt, 2014.

Green, Hannah. *I Never Promised You a Rose Garden: A Novel*. New York: St. Martin's Press, 1964.

Guenther, Lisa. *Solitary Confinement: Social Death and Its Afterlives*. Minneapolis: University of Minnesota Press, 2013.

Hartog, Joseph, Ralph Audy, and Yehudi A. Cohen. *The Anatomy of Loneliness*. New York: International Universities Press, 1980.

Heti, Sheila. "My Life Is a Joke." *New Yorker*, May 11, 2015. https://www.newyorker.com/magazine/2015/05/11/my-life-is-a-joke.

Hinkle, Lawrence E., and Harold G. Wolff. *Communist Interrogation and Indoctrination of "Enemies of the State."* American Medical Association,

1956.

Horiguchi, Sachiko. "*Hikikomori*: How Private Isolation Caught the Public Eye." In *A Sociology of Japanese Youth: From Returnees to NEETs*, edited by Roger Goodman, Yuki Imoto, and Tuukka Toivonen, 122–38. New York: Routledge, 2012.

Ireton, Julie. "COVID-19: Majority of Region's Long-Term Care Deaths Occurred in for-Profit Homes." *CBC NEWS*, June 10, 2020. https://www.cbc.ca/news/canada/ottawa/for-profit-nursing-homes-83-percent-of-covid-deaths-eastern-ontario-1.5604880.

Jacobs, Jane. *Dark Age Ahead*. Toronto: Vintage Canada, 2004.

Jacobs, Jane. *The Death and Life of Great American Cities*. New York: Vintage Books, 1992.

Kafka, Franz. *Metamorphosis and Other Stories*. Translated by Michael Hofmann. London: Penguin Books, 2007.

Kai, Weiyi, and Simone Landon. "Attacks by White Extremists Are Growing. So Are Their Connections." *New York Times*, April 3, 2019. https://www.nytimes.com/interactive/2019/04/03/world/white-extremist-terrorism-christchurch.html.

Kang, Cecilia. "The Humble Phone Call Has Made a Comeback." *New York Times*, April 9, 2020. https://www.nytimes.com/2020/04/09/technology/phone-calls-voice-virus.html.

Kennedy, Maev. "Loo with a View." *Guardian*, December 4, 2003. https://www.theguardian.com/uk/2003/dec/04/arts.artsnews.

Klein, Melanie. "On the Sense of Loneliness." In *Envy and Gratitude and Other Works 1946–1963*, edited by Roger Money-Kyrle, Vol. III, 300–13. New York: The Free Press, 1975.

Klinenberg, Eric. *Going Solo*. London: Penguin Books, 2013.

Korda, Marissa. "The Loneliness Project." http://thelonelinessproject. org/.

Laing, Olivia. *The Lonely City*. London: Picador, 2016.

Maitland, Sara. *How to Be Alone*. London: Macmillan Publishers, 2014.

Maitland, Sara. "Savour Solitude—It Is Not the Same as Loneliness." *Guardian*, May 17, 2020. https://www.theguardian.com/society/2020/may/17/sara-maitland-savour-solitude-it-is-not-the-same-as-loneliness.

Marantz, Andrew. "The Dark Side of Techno-Utopianism." *New Yorker*, September 30, 2019. https://www.newyorker.com/magazine/2019/09/30/the-dark-side-of-techno-utopianism.

Marx, Karl. *The Economic and Philosophical Manuscripts of 1844*. Edited by Dirk J. Struik. Translated by Martin Milligan. New York: International Publishers, 1964.

May, Rollo. *Man's Search for Himself*. New York: W.W. Norton & Company, 1953.

Melandri, Lea. *Love and Violence: The Vexatious Factors of Civilization*. Translated by Antonio Calcagno. Albany: SUNY Press, 2019.

Monbiot, George. "The Age of Loneliness Is Killing Us." *Guardian*, October 14, 2014. https://www.theguardian.com/commentisfree/2014/oct/14/age-of-loneliness-killing-us.

Montaigne, Michel de. "Of Solitude." In *Essays of Michel de Montaigne*, edited by William Hazlitt. Translated by Charles Cotton. Project Gutenberg, 1877. https://www.gutenberg.org/files/3600/3600-h/3600-h.htm.

Montaigne, Michel de. *Essays*. Translated by J. M. Cohen. London: Penguin Books, 1993.

Morrison, Toni. *Beloved*. New York: Plume, 1987.

Moustakas, Clark E. *Loneliness*. N.p.: Pickle Partners Publishing, 2016. Kindle.

Newton, Casey. "The Trauma Floor: The Secret Lives of Facebook Moderators in America." *The Verge*, February 25, 2019. https://www.theverge.com/2019/2/25/18229714/cognizant-facebook-content-moderator-interviews-trauma-working-conditions-arizona.

Nietzsche, Friedrich. *Twilight of the Idol*. Translated by Duncan Large. Oxford: Oxford University Press, 1998.

Paz, Octavio. *The Labyrinth of Solitude*. Translated by Lysander Kemp, Yara Milos, and Rachel Phillips Belash. New York: Grove Press, 1985.

Peplau, Letitia Anne, and Daniel Perlman. *Loneliness: A Sourcebook of Current Theory, Research and Therapy*. New York: John Wiley & Sons, 1982.

Pinker, Susan. *The Village Effect: How Face-to-Face Contact Can Make Us*

Healthier, Happier, and Smarter. Toronto: Vintage Canada, 2015.

Plato. *Symposium*. Translated by Alexander Nehamas and Paul Woodruff. Indianapolis: Hackett Publishing Co., 1989.

Rahim, Sameer. "Doris Lessing: In Her Own Words." *The Telegraph*, November 17, 2013. https://www.telegraph.co.uk/culture/books/booknews/10455645/Doris-Lessing-in-her-own-words.html.

Ramanujan, A. K. *Journeys: A Poet's Diary*. Edited by Krishna Ramanujan and Guillermo Rodriguez. Gurgaon: Hamish Hamilton, 2019.

Robertson, Campbell and Robert Gebeloff. "How Millions of Women Became the Most Essential Workers in America." *New York Times*, April 18, 2020. https://www.nytimes.com/2020/04/18/us/coronavirus-women-essential-workers .html.

Rodger, Elliot. "My Twisted World: The Story of Elliot Roger." PDF file. https://www.documentcloud.org/documents/1173808-elliot-rodger-manifesto.html.

Rouner, Leroy S., ed. *Loneliness*. Notre Dame, IN: University of Notre Dame Press, 1998.

Roy, Eleanor Ainge. "New Zealand University Student Lay Dead in Room for Nearly Two Months." *Guardian*, September 25, 2019. https://www.theguardian.com/world/2019/sep/25/new-zealand-university-student-lay-dead-in-room-for-nearly-two-months.

Ryan, Denise. "Novelist Says Loneliness Is a 'Very Privileged' Thing." *Vancouver Sun*, February 24, 2017. https://vancouversun.com/entertainment/books/novelist-says-lonesomeness-a-very-privileged-thing.

Sagan, Olivia, and Eric Miller, eds. *Narratives of Loneliness: Multidisciplinary Perspectives from the 21st Century*. New York: Rutledge, 2017.

Sainato, Michael. "'Go Back to Work': Outcry over Deaths on Amazon Warehouse Floor." *Guardian*, October 18, 2019. https://www.theguardian.com/technology/2019/oct/17/amazon-warehouse-worker-deaths.

Salomé, Lou. *Nietzsche*. Translated by Siegfried Mandel. Chicago: University of Illinois Press, 2001.

Sarton, May. *Journal of a Solitude*. New York: W.W. Norton & Company,

외로움의 책

1973.

Sartre, Jean-Paul. *Being and Nothingness*. Translated by Hazel E. Barnes. New York: Washington Square Press, 1992.

Sartre, Jean-Paul. "Freedom and Responsibility." In *Essays in Existentialism*, edited by Wade Baskin, 63–8. New York: Citadel Press, 1993.

Sartre, Jean-Paul. "No Exit." In *No Exit and Three Other Plays*, translated by S. Gilbert. New York: Vintage International Edition, 1989.

Sartre, Jean-Paul. "The Humanism of Existentialism." In *Essays in Existentialism*. New York: Citadel Press, 1993.

Schacht, Richard. *Alienation*. New York: Doubleday, 1971.

Schipani, Andres. "'The Work of the Devil': Crime in a Remote Religious Community." *Guardian*, September 10, 2009. https://www.theguardian.com/world/2009/sep/10/mennonites-rape-bolivia.

Schulman, David. "Waiting for the Perfect World." *New York Review of Books* 66, no. 14 (September 26, 2019).

Schulz, Kathryn. "The Moral Judgements of Henry David Thoreau." *New Yorker*, October 19, 2015. https://www.newyorker.com/magazine/2015/10/19/pond-scum.

Sen, Amartya. *Identity and Violence: The Illusion of Destiny*. New York: Penguin Books, 2006.

Shulevitz, Judith. "The Lethality of Loneliness." *New Republic*, May 13, 2013. https://newrepublic.com/article113176/science-loneliness-how-isolation-can-kill-you.

Simmel, Georg. *On Individuality and Social Forms*. Edited by Donald N. Levine. Chicago: University of Chicago Press, 1971.

Singer, Irving. "Appraisal and Bestowal." In *The Nature of Love, Vol. I: Plato to Luther*. 2nd ed., 3–22. Chicago: University of Chicago Press, 1984.

"Six Things You Need to Know about Monica Bonvicini." *Phaidon*. https://ca.phaidon.com/agenda/art/articles/2014/june/17/six-things-you-need-to-know-about-monica-bonvicini/.

Smith, Dana G. "Neuroscientists Make a Case against Solitary Confinement." *Scientific American*, November 9, 2018. https://www.scientificamerican.com/article/neuroscientists-make-a-case-against-solitary-confinement/.

Snell, K. D. M. "The Rise of Living Alone and Loneliness in History." *Social History* 42, no. 1 (2017): 2–28.

Sontag, Susan. "Pilgrimage." In *Debriefing: Collected Stories*, edited by Benjamin Taylor, 1–30. New York: Farrar, Straus and Giroux, 2017.

Spicer, André. "Amazon's 'Worker Cage' Has Been Dropped, But Its Staff Are Not Free." *Guardian*, September 14, 2018. https://www.theguardian.com/commentisfree/2018/sep/14/amazon-worker-cage-staff.

Stein, Edith. *On the Problem of Empathy*. Translated by Waltraut Stein. Washington, DC: ICS Publications, 1989.

Stein, Edith. *Philosophy of Psychology and the Humanities*. Edited by Marianne Sawicki. Translated by Mary Catharine Baseheart and Marianne Sawicki. Washington, DC: ICS Publications, 2000.

Stevens, Anthony. "Anthony Storr." *Guardian*, March 20, 2001. https://www.theguardian.com/news/2001/mar/20/guardianobituaries.highereducation.

Storr, Anthony. *Solitude: A Return to the Self*. New York: Free Press, 1988.

Stuck, Franz von. *Sisyphus*. 1920. Oil on Canvas. Galerie Ritthaler, München. https://fineartamerica.com/featured/sisyphus-franz-von-stuck.html.

Suarez-Villa, Luis. *Technocapitalism: A Critical Perspective on Technological Innovation and Corporatism*. Philadelphia: Temple University Press, 2009.

Sullivan, Harry Stack. *The Interpersonal Theory of Psychiatry*. New York: W.W. Norton & Company, 1953.

Svendsen, Lars. *A Philosophy of Loneliness*. London: Reaktion Books, 2017.

Thoreau, Henry David. *Walden*. Edited by Stephen Fender. New York: Oxford University Press, 1977.

Tillich, Paul. "Loneliness and Solitude." In *The Anatomy of Loneliness*, edited by Joseph Hartog, J. Ralph Audy, and Yehudi A Cohen, 547–53. New York: International Universities Press, 1980.

Tönnies, Ferdinand. *Community and Society*. Translated by Charles P. Loomis. New York: Harper & Row, 1963.

Traister, Rebecca. *All the Single Ladies*. New York: Simon & Schuster, 2016.

Turkle, Sherry. *Alone Together: Why We Expect More from Technology and*

Less from Each Other. New York: Basic Books, 2011.

Turkle, Sherry. "Connected, But Alone." February 2012. TED video. https://
www.ted.com/talks/sherry_turkle_connected_but_alone?language=en.

Vora, Shivaji. "How Neil Patrick Harris and David Burtka Spend
Their Sundays." *New York Times*, June 14, 2019. https://
www.nytimes.com/2019/06/14/nyregion/neil–patrick–harris–david–
burtka.html?searchResultPosition=1.

"Vulnerable." *Online Etymology Dictionary*. https://www.etymonline.com/
word/vulnerable.

Wang, Lulu, dir. *The Farewell*. Ray Productions, 2019. https://
www.imdb.com/title/tt8637428/.

Weil, Simone. *The Need for Roots: Prelude to a Declaration of Duties towards
Mankind*. Translated by Arthur Wills. New York: Routledge, 2002.

Weil, Simone. *Oppression and Liberty*. Translated by Arthur Wills and John
Petrie. New York: Routledge, 2001.

Weiss, Robert S. *Loneliness: The Experience of Emotional and Social
Isolation*. Cambridge, MA: MIT Press, 1975.

Wellesley, Mary. "The Life of the Anchoress." *Discovering Literature:
Medieval*, March 13, 2018. https://www.bl.uk/medieval–literature/
articles/the–life–of–the–anchoress.

White, Emily. *Lonely: Learning to Live with Solitude*. Toronto: McClelland &
Steward, 2010.

Williams, Tennessee. *Orpheus Descending*. PDF file. 1958. http://
www.newmoontheatre.org/uploads/2/1/7/6/21764846/orpheus
_edit_12–3.pdf.

Williams, Zoe. "Do You Want to Feel Really Good This Christmas?
Boycott Amazon." *Guardian*, December 3, 2019. https://www.
theguardian.com/technology/shortcuts/2019/dec/03/boycott–amazon–
christmas–workers–ceo–jeff–bezos.

Willis, Paul. "This Reclusive Life: What I Learned about Solitude from
My Time with Hermits." *Guardian*, October 6, 2017. https://
www.theguardian.com/us–news/2017/oct/06/hermits–solitude–
wilderness–new–mexico.

Woolf, Virginia. *A Room of One's Own; Three Guineas*. Edited by Michèle

Barrett. New York: Penguin Books, 1993.

Woolf, Virginia. "On Being Ill." In *Selected Essays*, edited by David Bradshaw, 101–10. Oxford: Oxford University Press, 2008.

Woolf, Virginia. *To the Lighthouse*. London: Grafton Books, 1977.

Zilboorg, Gregory. "Loneliness." *Atlantic Monthly*, January 1938, 45–54.

Zuboff, Shoshana. "Big Other: Surveillance Capitalism and the Prospects of an Information Civilization." *Journal of Information Technology* 30, no. 1 (2015): 75–89. https://doi.org/10.1057/jit.2015 .5.

옮긴이 박아람

전문 번역가. 영국 웨스트민스터 대학에서 문학 번역에 관한 논문으로 영어영문학 석사 학위를 받았다. KBS 더빙 번역 작가로도 활동했다. 『대놓고 다정하진 않지만』, 『빙하여 안녕』, 『제가 된 여자들』, 『신들의 양식은 어떻게 세상에 왔나』, 『프랑켄슈타인』(휴머니스트 세계문학), 『마션』, 『내 아내에 대하여』, 『해리 포터와 저주 받은 아이』, 『이카보그』를 비롯해 70권이 넘는 영미 도서를 우리말로 옮겼다. 2018년 GKL 문학번역상 최우수상을 공동 수상했다.

외로움의 책

다이앤 엔스 지음
박아람 옮김

초판 1쇄 발행 2025년 4월 7일

발행 책사람집
디자인 오하라
제작 세걸음

ISBN 979-11-94140-05-4 (03100)

책사람집

출판등록 2018년 2월 7일
(제 2018-000269호)
주소 서울시 마포구 토정로 53-13 3층
전화 070-5001-0881
이메일 bookpeoplehouse@naver.com
인스타그램 instagram.com/book.people.house/